U0904498

马克思哲学:人的存在的现象学

孙成竹　著

山东大学出版社

中共山东省委党校创新工程科研支撑项目成果

（项目编号：2017CXD018）

前　言

马克思的哲学革命究竟发生在何处？也许，这一问题注定不会有终极答案。世纪交替之际，我们又获得了一次重新理解马克思哲学的难得的历史契机。首先，伴随德国古典哲学研究的深入，精神现象学作为马克思哲学的直接理论来源的问题得到深度挖掘。其次，19 世纪历史意识在当代哲学背景下的再体认，唤醒了马克思哲学与诠释学传统之间的思想史关联。再次，海德格尔“此在”现象学对马克思哲学所提供的巨大开启性。这些都为重新理解马克思哲学及其革命性提供了难得的历史契机。

现象学是近代哲学的“隐秘憧憬”，是哲学回归本己内在性的必然要求。现象学之“现象”，就是“显现”“敞开”，现象背后没有本质，因为它本就没有背后，“现象”就是一切。现象学的基本精神——“面向实事本身”，其源头可追溯到黑格尔精神现象学。海德格尔的“此在”现象学旨在为哲学找到一个源头——人的始源性存在，从而使哲学回归本己的内在性。它之所以成为马克思哲学及其革命性的诱因，正在于“此在”的生成性对于马克思“实践”哲学的巨大开启性。

“实践”作为人的存在方式，具有“活动出……来”（“让……在出来”）的品格。它使包括自然和社会在内的一切可能的在者得以生成和敞开。在这个意义上，“实践”成为“现实的个人”和现存感性世界的缔造者和开启者。它意味着马克思对思辨哲学关于人的存在的逻辑根据的悬置以及对旧唯物主义“时间在先”的发生学思维方式的否定。从“实践”切入“人的存在的现象学”，意味着：“实践本体论”只有作为“人的存在的现象学”才是可能的；“历史”作为人的存在之敞开，不过是“现实的个人”的活动而已。这一方面使“世界”的存在得以澄明，从而消解了近代哲学关于“人对世界的认识何以具有客观性”的难题；另一方面又使人的本质真正获得了朝向未来的生成性，从而在根本上颠覆了形而上学人道主义。就此而言，意识形态批判作为马克思哲学的历史使命，既是“人的存在的现象学”的题中之义，又提示着马克思哲学的现象学性质。马克思的意识形态批判彰显着其现象学方法的独特性，即拨开意识形态的遮蔽，让人的存在的真实经验得以显现。当然，马克思是从物质生活的生产切入人的现实存在，进而揭开人类历史和意识之谜的。对国民经济学家、青年黑格尔派和蒲鲁东非历史态度的批判，是马克思意识形态批判的时代内容；辩证法作为人的存在的生成样式，其内容是“历史”朝向“自由”而敞开；三段式是人的存在得以历史地敞开的辩证形式。典型的三段式有三个：自由的有意识的活动—异化劳动—异化劳动之扬弃；人的依赖关系占统治地位的阶段—以物的依赖关系为基础的人的独立性的阶段—建立在个人全面发展和他们的共同的社会生产能力成为他们的社会财富这一基础上的自由个性阶段；个人的以自己劳动为基础的私有制—资本主义私有制—在协作和对土地及靠劳动本身生产的生产资料的共同占有的基础上的个人所有制；经济学作为“人的存在的现象学”的历史叙事，是马克思哲学内在的、不可或缺的环节。“属人”性是马克思经济学对国民经济学的根本超越，它根源于“人的存在的现象学”的人本主义性质。

马克思哲学作为“人的存在的现象学”，成为现象学运动的重要组成部分。在今天，其“改变世界”的品格依然焕发出勃勃生机和活力。

目 录

绪　论

从现象学视角阐释马克思哲学注定是一次思想的冒险。因为现象学作为一种方法,经历了由古典到现代的复杂的生成流变。虽然这一流变中贯穿着一以贯之的脉络和精神,但是古典现象学和现代现象学的不同脸谱还是显而易见的。这就允诺了现象学视角中的马克思哲学必定拥有极其宽广的阐释空间。

一、国外学者关于马克思哲学的现象学阐释

(一)黑格尔现象学视角中的马克思哲学

1. 卢卡奇对马克思哲学的阐释

较早从黑格尔现象学视角阐释马克思哲学的国外学者当属针对梅林、普列汉诺夫等人过高评价费尔巴哈作为黑格尔与马克思之思想中介作用的倾向,卢卡奇试图加以矫正。“对任何想要回到马克思主义的人来说,恢复马克思主义的黑格尔传统是一项迫切的义务。《历史与阶级意识——关于马克思主义辩证法的研究》代表了当时想要通过更新和发展黑格尔的辩证法和

方法论来恢复马克思理论的革命本质的也许是最激进的尝试。”[①]卢卡奇认为,历史本身是历史辩证法的逻辑起点,而“历史”就是客体与主体、客观性与辩证性的统一。“总体性”是历史辩证法的核心,物化批判是历史辩证法的主题,唤醒无产阶级的阶级意识、拯救主体是历史辩证法的目标。根据卢卡奇的看法,马克思在历史发展问题上秉承了黑格尔的方法,正是历史的整体——政治、经济、意识形态、法律等,才使某一孤立现象具有了意义,即历史作为整体在逻辑上是先于事实的,社会的总体性必定能够被作为部分的事实所再现。由此出发,卢卡奇批判了经验主义,认为经验主义是修正主义和工人运动中的改良主义思想的理论基础。卢卡奇认为,辩证法是以作为整体的社会概念为先决条件的。只有本身就作为一个“整体”的社会代表,即马克思说过的“普遍的阶级”,才能从孤立分散的现象当中发现“整体”。因而,马克思主义不是只要能够正确地应用逻辑规则就能接受的关于历史现实的科学描述,它只不过是成熟的革命工人阶级的理论意识。无产阶级的阶级意识不是对一个独立的历史过程的纯粹反映,而是这一过程的必要推动力。[②] 卢卡奇晚年意识到过分强调马克思思想的黑格尔因素所带来的唯心主义危险,在《历史与阶级意识》1967 年的新版序言中,他坦率地承认:“将无产阶级看作真正人类历史的同一的主体—客体并不是一种克服唯心主义体系的唯物主义实现,而是一种想比黑格尔更加黑格尔的尝试,是大胆地凌驾于一切现实之上,在客观上试图超越大师本身。”这是因为,“这里的同一的主体—客体是不是比纯粹形而上学的构造更真实呢?真正同一的主体—客体能为自

① 〔匈〕卢卡奇著,杜章智、任立、燕宏远译:《历史与阶级意识——关于马克思主义辩证法的研究》,商务印书馆 1999 年版,第 16 页。

② 参见〔波兰〕科拉科夫斯基著,侯一麟、张玲霞译:《马克思主义的主要流派》第 3 卷,黑龙江大学出版社 2015 年版,第 255 页。

我认识(无论怎样充分,怎样真正基于对社会的全面认识,也就是无论怎样完美)所创造吗？只要我们精确地提出问题,便会看出,对此必须作出否定的回答”[①]。如果黑格尔哲学的地基未曾得到认真地清理,如果“实践”与“绝对精神”质的规定性的差异未曾从存在论上加以廓清,那么关于马克思哲学的种种阐释,最终必然会落入近代形而上学的窠臼。卢卡奇对梅林、普列汉诺夫阐释路向的矫正最终达到的是“总体在方法论上的核心地位与经济的优先性对立起来”[②]。吴晓明教授指出:“它(《历史与阶级意识》——引者注)试图通过总体性这一范畴,使‘主观性’或‘主观方面’本质重要地进入到马克思哲学的本体论基础之中。正是由此出发,卢卡奇才有可能激烈抨击‘经济宿命论’,才有可能尖锐地批判现代社会的机械论性质和‘物化现象’,并且高度估价无产阶级的‘自我意识’。”[③]由此,卢卡奇“极为重要地在马克思哲学的阐释中建立起黑格尔对于费尔巴哈的‘优先权’”[④]。尽管这种阐释带有“学徒期”的种种幼稚,但毕竟成为引发马克思哲学的现象学阐释的宝贵契机。

2. 葛兰西对马克思哲学的阐释

葛兰西受到新黑格尔主义者克罗齐的影响,将马克思哲学界定为“实践哲学”。葛兰西认为“实践哲学”是一种超越了传统唯物主义与唯心主义的现代哲学:“不可把实践哲学同其他一切哲学等量齐观或降低到它们的水平上,它的独创性不仅表现在

---

① 〔匈〕卢卡奇著,杜章智、任立、燕宏远译:《历史与阶级意识——关于马克思主义辩证法的研究》,第 18 页。

② 〔匈〕卢卡奇著,杜章智、任立、燕宏远译:《历史与阶级意识——关于马克思主义辩证法的研究》,第 15 页。

③ 吴晓明:《马克思的哲学革命与全部形而上学的终结》,《江苏社会科学》2000 年第 6 期。

④ 吴晓明:《思入时代的深处——马克思哲学与当代世界》,北京师范大学出版社 2006 年版,第 10 页。

对先前哲学的超越上,而且首先表现在它开辟了一条崭新的道路,使理解哲学的整个方式从头到尾焕然一新。"[①]葛兰西指出,应当从《关于费尔巴哈的提纲》出发来理解和阐释马克思主义哲学:"实践哲学是以格言和实践标准的形式产生的,这纯粹出于偶然的原因;它的创始人把全部精力投入到对其它问题特别是经济问题的研究,但在这些实践标准和格言中暗含着一套完整的世界观,即一种哲学。"[②]"实践哲学"是一种"绝对历史主义"的哲学,这既体现在它是历史文化的产物,也体现在它总是以"历史主义"的方式提出问题。葛兰西强调:"拿一个极普通的词[历史唯物主义]来说,重音应该放在头一个词——'历史'上,而不是具有形而上学根源的第二个词上,这一点一直被人所遗忘。"[③]葛兰西的解读值得重视之处,不仅在于对马克思哲学的本根概念——"实践"和"历史"的全新看法,而且暗含对马克思经济学之学科归属的重新思考。葛兰西否认"自在自为"的"实在"的存在,认为所谓"实在"只是与变革它的人们有着历史关系的"实在"。这里蕴含的"人的存在的现象学"意蕴耐人寻味。他说道:

> 能设想有一种在历史和人类之外的客观性吗?然而,谁来断定这种客观性呢?谁采用了"自在世界"(universe in itself)这种观点呢?这种观点会意味着什么呢?这恰恰在于认为我们在这里的所作所为都与关于上帝的观点的残余有关,尤其是与未被认识的上帝这种概念有关。……"客观"总是意指"人的客观",后者也许确切地对应于"历史的客观",即"客观"会意指"普遍的主观"。……在形而上学唯

---

① 〔意〕葛兰西著,中共中央编译局编译:《葛兰西文选(1916~1935)》,人民出版社1992年版,第537页。

② 〔意〕葛兰西著,中共中央编译局编译:《葛兰西文选(1916~1935)》,第500~501页。

③ 〔意〕葛兰西著,中共中央编译局编译:《葛兰西文选(1916~1935)》,第538页。

物主义那里，“客观性”这一概念显然是有意指一种既在我们之外又在我们之内存在的客观性。但是，当我们谈到某种人类还未出现就存在了的实在时，我们不是使用隐喻就是陷于某种神秘主义。我们所能认识的实在只是与人类有关的实在；因为人是历史地发展变化的，所以真正的认识、实在、客观性等等同样也是发展变化的。①

这些观点在国内西方马克思主义的研究中似乎没有引起足够的重视。仰海峰教授认为，国内关于葛兰西的研究，除毛韵泽先生的《葛兰西——政治家、囚徒和理论家》（求实出版社 1987 年版）一书之外，只是一些非专题性论文。毛韵泽先生更多地侧重于对葛兰西生平的介绍，对葛兰西的哲学思想并未作深入分析。仰海峰教授指出，当前葛兰西研究的主要问题是方法的陈旧。在传统学科分类中，葛兰西的实践哲学被划归到哲学，而其关于市民社会的讨论则被划归为政治学或科学社会主义，其霸权思想则主要被文化研究的学者所关注。这对于理解葛兰西非常不利。② 葛兰西关于马克思哲学的现象学取向及其特有的历史主义视野的洞见是深刻的。因而，重读葛兰西是完全必要的。

（二）现象学与马克思哲学的对话

1. 海德格尔与马克思哲学的对话

海德格尔与马克思在关于历史理解方面的对话虽然极其有限，但却是非常深刻的。我们从中可以领略这位现象学大师对马克思哲学的基本理解。现将有代表性的论述摘录如下：

马克思要求我们去认识和肯定“合人性的人”。他在“社会”中发现了合人性的人。对马克思来说，“社会的”人

---

① 转引自〔波兰〕科拉科夫斯基著，侯一麟、张玲霞译：《马克思主义的主要流派》第 3 卷，第 222～223 页。

② 参见仰海峰：《重读葛兰西》，《中国图书评论》2008 年第 1 期。

就是“自然的”人。在“社会”中,人的“自然本性”,亦即人的全部“自然需要”(食、衣、繁殖、经济生活),都均匀地得到了保障。①

马克思的人道主义毋需回溯到古代。②

绝对的形而上学连同马克思和尼采对它所作的颠倒,都归属于存在之真理的历史。源自这种历史的东西,是不能通过各种反驳来抵制、甚至消除的。这种东西只有被接受,这是由于它的真理更原初地隐回到存在本身之中,并且逸离了那个纯然属人的意见之区域。③

马克思在某种根本的而且重要的意义上从黑格尔出发当作人的异化来认识的东西,与其根源一起又复归为现代人的无家可归状态了。这种无家可归状态尤其是从存在之天命而来在形而上学之形态中引起的,通过形而上学得到巩固,同时又被形而上学作为无家可归状态掩盖起来。因为马克思在经验异化之际深入到历史的一个本质性维度中,所以,马克思主义的历史观就比其他历史学优越。但由于无论胡塞尔还是萨特尔——至少就我目前看来——都没有认识到在存在中的历史性因素的本质性,故无论是现象学还是实存主义,都没有达到有可能与马克思主义进行一种创造性对话的那个维度。④

人们可以用形形色色的方式来对待共产主义的学说及其论证,但在存在历史上可以确定的是:一种对世界历史性地存在着的东西的基本经验,在共产主义中表达出来了。谁如若只把“共产主义”看作“党派”或者“世界观”,他就想

---

① 〔德〕海德格尔著,孙周兴译:《路标》,商务印书馆 2000 年版,第 374 页。
② 〔德〕海德格尔著,孙周兴译:《路标》,第 376 页。
③ 〔德〕海德格尔著,孙周兴译:《路标》,第 396 页。
④ 〔德〕海德格尔著,孙周兴译:《路标》,第 400～401 页。

得过于短浅了，犹如那些仅仅而且还贬低地把“美国主义”看作一种特殊生活方式的人们那样目光短浅。[①]

在《哲学——这是什么?》一文中，海德格尔说道：

近代哲学的完成出现在什么地方？我们到什么地方去寻找这个近代哲学的完成？在黑格尔那里吗？或是在谢林晚年哲学中才找得到？在这个问题上马克思和尼采又是什么情况？马克思和尼采都摆脱近代哲学的轨道了吗？如果没有摆脱，那么又如何来确定他们两人的立足点呢?[②]

在《论根据的原则》一文中，海德格尔提出：

需从在的历史的角度去加以思考的辩证法，而今变成历史的辩证的唯物主义了。而且从多方面规定着今天的人类历史。在我们时代中的世界历史的较量源远流长，比当前肤浅的政治经济权力斗争所能说服我们的更加深远。[③]

在《黑格尔与希腊人》一文中，海德格尔指出：

黑格尔论哲学之完成的话并不是说哲学到达意指停止与中断的终点了。此一完成倒是恰恰才开辟出可能性来通过各种造型以至于达到最单纯的形态：干脆的倒转与坚决的对立。马克思与克尔凯郭尔是黑格尔学派中两个最伟大的人物，两人都是有违意志而成为如此人物。哲学的完成并不是哲学的终结，也不是哲学在思辨唯心主义的特殊体系中完成了。此其完成只是指开端与完成，亦即黑格尔与希腊人一样仍然具有本质性的哲学史的整个过程。[④]

在《康德的关于在的论题》一文中，海德格尔说：

今日有什么东西在，而且是作为在者出现在我们面前，

---

① 〔德〕海德格尔著，孙周兴译：《路标》，第401～402页。

② 参见熊伟：《自由的真谛——熊伟文选》，中央编译出版社1997年版，第154页。

③ 参见熊伟：《自由的真谛——熊伟文选》，第154页。

④ 参见熊伟：《自由的真谛——熊伟文选》，第155页。

> 又作为可能的不在威胁着我们，关于这个问题，康德的关于在的论点对我们的启发都是抽象而干巴巴的。康德以来的时代，人们已向哲学提出要求，要它不可再局限于解释世界而只在抽象思辨中转来转去，而是要争取在实践中改变世界了。然而，如此想到的改变世界首先要求思想本身起变化，要在上述要求背后已经有一番思想的改变出现了。①

海德格尔对"历史唯物主义"、人的"异化"以及共产主义学说的严肃肯认，反映了他对马克思哲学的深刻理解。在他看来，历史唯物主义、人之异化以及共产主义是"在在中认识到历史事物的本质性"，所以马克思的历史观比其他的历史观优越。但海德格尔同时也表现出极大的误读——把马克思指认为形而上学家，即"形而上学就是柏拉图主义。尼采把自己的哲学标示为颠倒了的柏拉图主义。随着这一已经由卡尔·马克思完成了的对形而上学的颠倒，哲学达到了最极端的可能性。哲学进入其终结阶段了"②。因而，"马克思达到了虚无主义的极致"③。海德格尔指认马克思关于人的规定从根本上归属于形而上学，即"合人性的人"，其依据在于青年马克思正在生长中的一个命题："所谓彻底就是抓住事情的根本。而人的根本就是人本身。"实际上，1844 年，马克思对人的本质之理解就开始超越形而上学了。这表现在他对人的存在方式——"实践"对整个现存感性世界之开启的理解中。这种理解在《德意志意识形态》中进一步走向成熟。因而，马克思哲学不属于形而上学谱系。海德格尔的误读恰恰是未从生成性角度看待马克思哲学的结果。

2. 马尔库塞对马克思现象学的阐释

马尔库塞曾师从胡塞尔和海德格尔，他对马克思哲学的阐

---

① 参见熊伟：《自由的真谛——熊伟文选》，第 155 页。

② 参见吴晓明：《思入时代的深处——马克思哲学与当代世界》，第 22 页。

③ 丁耘摘译：《晚期海德格尔的三天讨论班纪要》，《哲学译丛》2001 年第 3 期。

释以《1844年经济学哲学手稿》为切入点，认为《手稿》"使关于历史唯物主义的由来、本来含义以及整个'科学社会主义'理论的讨论置于新的基础之上"①；马克思对政治经济学的批判决非简单的经济批判，在本质上是一种哲学批判，从而体现出马克思对资产阶级国民经济学的超越。因为"国民经济学从私有财产的事实出发。它没有给我们说明这个事实。它把私有财产在现实中所经历的物质过程，放进一般的、抽象的公式，然后把这些公式当作规律。它不理解这些规律，就是说，它没有指明这些规律是怎样从私有财产的本质中产生出来的"②。这不仅掩盖了资本主义社会的异化根源于私有制这一事实，而且把人的异化归结为商品经济的规律，从而为资本主义社会的异化作论证和辩护。"资产阶级的政治经济学从来不把人当作它的主体，所以它必须在批判中加以彻底的改造。它忽视人的本质及人的历史，因而从最深刻的意义上说，它不是一门'人的科学'，而是一门非人的科学，一门非人的物品和商品世界的科学。"③"劳动"在马克思哲学中具有本体论意义。人只有通过劳动才真正成为"合人性"的人。马尔库塞强调，必须反对马克思主义哲学解读的两种倾向：一是停留于旧唯物主义的立场解释马克思哲学，看不到马克思哲学的本质在于是要通过消除异化来实现人的解放，从而把马克思哲学归结为一种经济主义；二是看不到马克思的哲学批判和政治经济学批判二者之间的内在联系，忽视了马克思哲学批判的现实基础，把马克思的哲学批判归结为抽象的理论批判，从而否定了马克思哲学的革命性和实践性。上述两种倾向的共同点在于割裂了马克思的哲学批判、政治经济学批

---

① 〔美〕马尔库塞：《历史唯物主义的基础》，《西方学者论〈1844年经济学哲学手稿〉》，复旦大学出版社1983年版，第93页。

② 〔德〕马克思：《1844年经济学哲学手稿》，人民出版社2000年版，第50页。

③ 〔美〕马尔库塞：《历史唯物主义的基础》，《西方学者论〈1844年经济学哲学手稿〉》，第99页。

判和革命实践之间的内在联系,必然不能真正科学地解释马克思哲学。马尔库塞赞同卢卡奇关于马克思主义与黑格尔哲学传统的联系的观点,但是,如何理解这种联系的实质,马尔库塞却与卢卡奇大异其趣。前者认为,黑格尔辩证法与马克思辩证法的根本基础不是主体与客体趋于同一的运动,而是趋于现实理性的运动,实现理性同时也就是实现自由与幸福。①

《1844 年经济学哲学手稿》的确体现出鲜明的人本主义性质。不仅如此,人本主义还贯穿于马克思哲学的始终。

紧随其后,亨·德曼的《新发现的马克思》一文将马克思哲学定性为:"这个马克思是实在论者,而不是唯物主义者。拒绝哲学唯心主义并没有使他把物质的最高实在同所谓思想的最高实在对立起来;相反,他使这两种现实从属于包罗万象的、作为消极的和积极的、无意识的和有意识的整体的生活现实。他不想用'物质的原因'来排挤'精神的原因',而是认为两者都是一个唯一的、完整的和有生命力的过程的一些局部现象的受时间制约的对象化和独立化。"亨·德曼的结论是:马克思是"人道主义的马克思"②。

3.20 世纪 70 年代前后,现象学与马克思主义的比较研究

20 世纪 70 年代前后,基于德国作为马克思主义和现象学发源地的自豪感和责任感,一些德国学者试图进一步达成现象学与马克思主义之间的对话。虽然此前对话早已开始——法兰克福学派对马克思主义哲学的重新解读就是其中杰出的成果。这种努力的结果就是 *Phenomenology and Marxism* 一书的产生。

本书德文版由 J. Claude Evans 译出,包括 12 篇论文。其

---

① 参见〔波兰〕科拉科夫斯基著,侯一麟、张玲霞译:《马克思主义的主要流派》第 3 卷,第 381 页。

② 参见王东:《马克思学的新奠基》,北京大学出版社 2006 年版,第 113 页。

代表性观点主要有:第一,在“批判”的意义上,马克思主义与现象学不仅可以达成“和解”,而且相辅相成,即前者可以防止后者陷于对现实描述的表面化和变形之中,而后者可以抵制前者陷于狭隘的客观主义和青年黑格尔派以及与其相同的因物质进步和技术主导而沾沾自喜的知性思维方式。第二,如果诠释学在最宽泛的意义上是指批判和阐释的活动和能力,那么它与马克思主义无疑已经合流了。因为历史唯物主义的实质(或辩证的马克思主义哲学)在于理解可见现象的隐蔽意义,而这只有在历史本体论的前提下才是可能的,即不能首先把历史学看作认识论或者将其视为“物质”的反映。这就要求破除自然科学的马克思主义阐释模式而代之以诠释学模式。Marek J. Siemek 认为马克思主义历史辩证法的复兴不能没有诠释学,诠释学与马克思主义之间的对话应在更深意义、更广泛围上进行。第三,马克思和胡塞尔的哲学都表现出超越唯物主义和唯心主义分裂对立的品格。马克思是通过诉诸历史唯物主义来实现的。在他那里,“自然”作为历史的生成和敞开,与“历史”本就是一回事。这种思想在马克思的著作中一以贯之,从《1844 年经济学哲学手稿》到《资本论》都体现出马克思对“自然”概念超越旧唯物主义乃至整个形而上学的全新理解。虽然这不得不仍旧通过近代哲学的术语来表达。正是在这一点上,恩格斯与马克思存在着根本差别。整体来说,恩格斯并没有脱离思维与存在二元分裂的哲学前提,他只是就这个传统形而上学问题给出一种解答方式而已,并没有从根本上颠覆问题本身。胡塞尔则诉诸现象学来解决唯物主义与唯心主义的对立。不过他完全是在“唯心主义”的框架内来克服二者对立的。这与马克思的解决方式在形式上极为相似,即“回到实事本身”,但实质上却具有根本的差别:胡塞尔是回到“逻辑的实事”,而马克思则是回到“实事的逻辑”。

在法兰克福学派研究的基础上,*Phenomenology and Marxism* 论者提出的观点富有启发性。它引导我们进一步思考马克思主义和现象学的内在关联,并且从某种程度上为其指引了方向,值得重视。美中不足的是:作为一本探讨现象学与马克思主义的论文集,海德格尔现象学与马克思哲学的视域融合以及前者对后者视野的开启似乎并未得到实质性重视。

国外关于马克思哲学现象学视野的研究,基本遵循两种理路:一是从黑格尔现象学的意指层面来阐释马克思哲学的现象学取向,提示黑格尔对马克思的深刻启示以及后者对前者的根本超越;二是从现代现象学,特别是胡塞尔现象学视角来阐释马克思哲学的现象学取向,揭示二者的视域融合及对近代形而上学的超越。上述研究无疑十分必要,然而必须认识到:马克思哲学与现象学内在关联之所以可能的前提,在于对现象学运动的源头追溯和整体把握。以往研究对此恰恰未曾予以足够重视。如果精神现象学作为现象学运动源头这一事实得到澄清,不仅会使马克思哲学现象学视野的阐释来得“名正言顺”,而且也使其作为现象学运动的重要环节变得“顺理成章”;如果现象学的基本精神——“面向事情本身”得到恰当理解,那么海德格尔现象学作为马克思哲学及其革命性得以敞开的诱因,就具有正当性。本书试图探索这一“思”之可能性,以求更为本真地敞开马克思哲学及其革命性的实质。

二、国内学者关于马克思哲学的现象学阐释

在国内哲学界,将马克思哲学冠以“现象学”之名并从运思层面加以揭示的研究,开始于 20 世纪八九十年代。其中,代表性观点有:

第一,在自身“显现”的意义上,将马克思哲学界定为“人的存在的现象学”。一方面凸显黑格尔现象学对马克思的深远影响以及后者对前者的革命性超越;另一方面在对人的存在方式的理解上,强调海德格尔现象学对解蔽马克思哲学及其革命性

的诱发作用，特别是“此在”的本质——生存(“让存在”)对理解人的存在方式——“实践”的开启性。何中华教授认为：首先，黑格尔哲学从两个方面启发了马克思，那就是现象学和辩证法，而现象学有着比辩证法更为根本的维度，因为它是辩证法展开自身且内在引申出历史维度的前提。将精神现象学改造为人的存在的现象学，是马克思对黑格尔哲学革命性超越的集中表现。[①] 其次，海德格尔提示的“当下上手状态”作为一种诱因，是马克思实践唯物主义的全部奥秘得以彰显的富有启示性的契机。它通过唤醒“实践”作为存在者之存在的理解纬度，激活了马克思哲学的现象学视野。最后，“实践”作为马克思哲学的原初范畴，具有本体论的意义。这是因为，“实践开启了一切可能的存在者之存在。就此而言，它成为存在者之存在的召唤者。一切存在者的‘是其所是’，皆成就于实践境遇的开启之中……实践乃是存在之源，它让存在者‘出场’、‘显示’、‘澄明’、‘绽放’……总之让其‘在’起(出)来”[②]。因此，实践所特有的内在性和生成性特征，恰恰是马克思人的存在的现象学的旨趣所在。[③] 这一艰难而充满魅力的研究指引出本真地领悟马克思哲学革命的新方向。

第二，在黑格尔现象学批判的意义上，揭示马克思思想成熟时期经济学语境中的哲学话语，即“历史现象学”。张一兵教授认为在马克思思想形成过程中出现过三个理论制高点，分别是“人学社会现象学”、广义历史唯物主义和历史辩证法、历史现象学。历史现象学作为最伟大的理论制高点，是指马克思以狭义

① 参见何中华：《“重读马克思”：可能性及其限度》，《山东社会科学》2004 年第 11 期。

② 何中华：《实践唯物主义的奠基之作——再读马克思〈关于费尔巴哈的提纲〉》，《东岳论丛》2006 年第 3 期。

③ 参见何中华：《实践唯物主义的奠基之作——再读马克思〈关于费尔巴哈的提纲〉》，《东岳论丛》2006 年第 3 期。

历史唯物主义观点去透视古典经济学的意识形态之蔽,拨开一层层现象和假象,揭露资本主义生产方式中颠倒的社会关系,并说明这种颠倒是如何历史地形成的。[①] 张一兵教授指出,马克思的经济学研究发现:直接面对资本主义经济现象学中的资本、货币、价值、商品等,常识性的眼睛是看不清它们的本质的,因为那是一种颠倒的、歪曲的社会现象。透视这种颠倒的假象,需要非直观和非现成的批判性现象学,以揭开意识形态之蔽。恰恰是在这里,马克思从黑格尔现象学那里得到深刻的启示。[②] 黑格尔现象学给予马克思深刻而持久的影响。张一兵教授凸显马克思经济学中的哲学话语,揭示了经济学的现象学维度恰恰是马克思超越古典经济学之所在。

第三,从胡塞尔现象学视角阐发马克思的人学思想。邓晓芒教授提出马克思"人学现象学"的观点。他认为,一方面马克思哲学包含胡塞尔现象学的原则。马克思在《巴黎手稿》中已是站在当代现象学的思维水平上来思考人的问题了,具体表现在:首先,马克思以"现象学还原"的方法确立了人与自然本源地相统一的"事情本身",这具有任何人无法否认的直观明证性;其次,对象化和人化自然是人的本质的意向性结构;最后,主体间性即人的本质的社会性,它是对人的存在的本体论证明:"人的对象性的实践存在(通常称之为'实践本体')是一种在感性中直接给予的明证性,是通过现象学还原后真正的、终极的'现象学剩余',它是不可追溯、不可诘问的,是第一性的。"[③]另一方面马克思的人学现象学与胡塞尔现象学在两个层面上具有本质区别:前者立足于本体论,后者立足于认识论;前者立足于感性现

① 参见张一兵:《回到马克思——经济学语境中的哲学话语》,江苏人民出版社 1999 年版,第 7～8 页。

② 参见张一兵:《回到马克思——经济学语境中的哲学话语》,第 573、577 页。

③ 邓晓芒:《实践唯物论新解:开出现象学之维》,武汉大学出版社 2007 年版,第 100 页。

实，后者立足于“先验性”。上述研究开启了马克思哲学所蕴含的现象学视野，搭建起马克思哲学与当代哲学对话的桥梁。但以胡塞尔现象学的特定术语来界说马克思哲学是否恰当，有待继续探讨。

第四，在当代哲学特别是海德格尔现象学背景下，阐释马克思哲学。吴晓明教授认为，马克思的哲学革命首先表现为存在论领域的革命，即将哲学的原初出发点拉回到前主客、前概念、前逻辑的人的感性对象性活动本身。在这里，为近代形而上学所坚持的“意识的内在性”得到决定性的攻破。也正是在这里，人的感性对象性活动——实践，在马克思哲学中具有本体论的意义。《1844 年经济学哲学手稿》是马克思哲学的秘密和诞生地。马克思哲学属于当代，其基础是后黑格尔（“后”显然不是就时间意义而言，它指涉的乃是逻辑意义——引者注）而非前康德的。[①] 应当承认，从哲学的根基挖掘马克思对近代形而上学的根本改造，对真切领悟马克思哲学革命及其当代性具有重要意义。

第五，马克思哲学包含和超越了现象学的原则。王德峰教授认为，当我们在当代语境中重读马克思的时候，会惊讶地发现，在近代理性主义观念（包括旧唯物主义观念）的重重包围之中，马克思单枪匹马地向主客体分立的近代形而上学挑战，在这场战斗中，他表述了关于人的本质力量对象性的理论，开辟了社会存在本体论的新视域，从而在原则上预见了半个世纪之后才出现的现象学运动，并以比后者更为广阔的见识预告了现象学原则的局限性。因此，在当代人类为摆脱文明危机而展开的对真理的严肃追求中，任何绕开马克思或者对马克思作近代哲学式的诠释的做法，都是对这种追求的否定。对于正确地估计胡

① 参见吴晓明：《思人时代的深处——马克思哲学与当代世界》，第 1～11 页。

塞尔之后的当代哲学之尝试的真正意义和前景来说,单单揭示胡塞尔现象学的自身难题是不够的,必须同时揭示马克思在扬弃近代思维传统时所展示的哲学新维度。马克思与胡塞尔同是在当代哲学的起点上克服近代传统的思想大师,在这两位大师之间构成了不仅真实而且必要相互解读。只有他们之间的相互解读,才真正完整地构成了理解现象学运动之后的哲学努力的出发点。① 马克思哲学对胡塞尔现象学的包含和超越主要表现为:一是“人的本质力量的对象性”与“意识的意向性”的原则同构;二是“社会存在”对“纯粹现象”的包含与超越。同时,海德格尔基础存在论对我们重新领会历史唯物主义存在论的境遇具有益启示。② 王德峰教授对马克思哲学与现象学运动内在关联的洞察是深刻的,并对马克思与胡塞尔之间的相互解读做出了可贵的尝试。

就开启马克思哲学的现象学视野来说,国内学者的研究所指示的两种进路——黑格尔现象学和现代现象学,无疑具有重要价值:一方面,作为马克思哲学的直接理论来源之一,黑格尔现象学对马克思运思方式的影响超过了同时代所有其他哲学,特别是其现象学方法具有巨大历史感。就解蔽马克思哲学及其革命性而言,忽视这一维度就是无法原谅的偏离。另一方面,马克思哲学的原初出发点——人的感性活动,毕竟与黑格尔的精神有着根本的异质之处。这种异质性的敞开需要与别种哲学的对话方能达成。现代现象学,特别是海德格尔哲学恰恰可以充当这样一种诱因。这取决于二者可能的视域融合。

在“显现”的意义上,黑格尔现象学与现代现象学之间有无

① 参见王德峰:《论马克思哲学对现象学原则的包含和超越》,《复旦学报(社会科学版)》1997 年第 5 期。

② 参见王德峰:《海德格尔与马克思:在历史之思中相遇——论历史唯物主义的存在论境域》,《天津社会科学》1999 年第 6 期。

法割断的血脉联系。这一点如果得不到认真对待,那么现象学的基本精神——“面向实事本身”的来龙去脉就难以厘清。在这方面,国内研究尚显薄弱。同时,马克思哲学对现代现象学原则的包含和超越,即它对人的存在的理解究竟在多大程度上是对现代现象学,特别是此在的现象学原则的包含和超越则有待具体化和深化。本书试图循此方向进一步对马克思哲学的现象学视野进行阐释。

第一章 问题的提出

有一种马克思哲学研究的奇怪现象，即当人们因每一次的跨越而欣喜之时，却蓦然发现那个原初的问题依然横亘眼前：马克思的哲学革命究竟意指什么？今天我们对这个问题有答案了吗？仍然没有。这不仅是马克思哲学研究，而且也是整个哲学研究的极大尴尬。由于特定的历史原因，中国马克思主义哲学阐释曾长期遭受苏联理论模式的桎梏。20世纪80年代初始，一批富有思想洞察力的学者借助现象学的启示，试图对马克思哲学作出更为恰当的阐释。本书意在沿着学术前辈开启的思想路标，打开马克思哲学的“人的存在的现象学”视界。

一、关于马克思哲学革命的两种理解及其局限

整体来说，马克思哲学及其研究在西方始终未曾占据显学地位，但德里达这位20世纪后现代主义大师却发出了“没有马克思的遗产，也就没有将来”的呐喊。他说：“不去阅读且反复阅读和讨论马克思——可以说也包括其他一些人——而且是超越学者式的阅读和讨论，将永远都是一个错误，而且越来越成为一个错误，一个理论的、哲学的和政治的责任方面的错误。当教条的机器和‘马克思主义’的意识形态机构（……）全都处在消失的过程中时，我们便不再有任何理由，其实只是借口，可以为逃脱

这种责任辩解。没有这种责任感，也就不会有将来。不能没有马克思，没有马克思，没有对马克思的记忆，没有马克思的遗产，也就没有将来：无论如何得有某个马克思，得有他的才华，至少得有他的某种精神。……他的著作应当列入我们西方政治哲学的伟大经典之中。回到马克思，最终把他当做一位大哲学家来阅读他的作品。”[①]究竟何种品格成就了马克思哲学的不可超越性？这个问题在今天仍然有待深思。弗洛姆曾就美国社会对马克思哲学的无知和成见做过激烈批评。他说：“历史上特有的讽刺之一就是：即使在一个对于接触某些理论的泉源来说不受任何限制的时代里，有些人仍然对这些理论横加曲解，达到没有止境的地步。最近几十年来马克思的理论所遭遇的情况，可以说是这种现象中一个最突出的例子。在报刊上，在政治家的演说中，在有名望的社会科学家和哲学家所写的书籍和文章中，经常提到马克思和马克思主义；可是，除了极少数人之外，似乎政治家们和新闻记者从来没有浏览一下马克思的著作，某些社会科学家也满足于对马克思的一知半解……”[②]对马克思主义的一知半解，在我们这个以马克思主义理论为指导的国家又何尝不存在呢！或许，更为严重和可怕的是，对形而上学的理解模式对马克思哲学有增无减的误解和败坏。谈起马克思，人们只会想到教科书中那些干瘪而僵硬的原理。似乎能够背诵一本哲学教科书的原理，就是一个马克思主义者了。这不能不说是一种巨大的危险。

马克思主义哲学传入中国后，逐渐形成两种阐释模式：一是马克思通过对费尔巴哈唯物主义和黑格尔辩证法的批判改造，

---

① 〔法〕德里达著，何一译：《马克思的幽灵：债务国家、哀悼活动和新国际》，中国人民大学出版社 1999 年版，第 21、45 页。

② 〔美〕E. 弗洛姆：《马克思关于人的概念》，《西方学者论〈1844 年经济学～哲学手稿〉》，复旦大学出版社 1983 年版，第 20 页。

确立了既唯物又辩证的哲学立场,即“唯物主义+辩证法=马克思哲学”,或者“黑格尔+费尔巴哈=马克思哲学”;二是马克思哲学不是一般的唯物主义,它通过凸显“实践”在哲学上的首要地位而创建了唯物主义的新形态——“实践的唯物主义”。前者典型体现在传统马克思主义哲学教科书中;后者则是最近30年来国内学界诠释马克思哲学的重要成果。应该说,后者比前者更具有合理性。但就本真地敞显马克思哲学及其革命性来说,两种模式都有自身难以克服的局限:前者在时代的挑战面前早已无力招架;后者亟待从更为深广的层面加以展开,以便可以更好地与时代对话。

(一)“唯物主义+辩证法”模式:机械二元论的困境

这种阐释模式意在凸显马克思哲学对黑格尔与费尔巴哈的超越,但其机械性和弊端也显而易见:一方面它将马克思哲学机械地分割为相互封闭而难以融通的几部分,损害了这种哲学本身的有机性和整体性,造成二元论的困惑;另一方面,抽象而机械的物质本体论将马克思哲学人为地拉回到18世纪机械唯物主义的水平。这种退行性的理解将马克思哲学的革命性层层遮蔽了。

(二)“实践的唯物主义”模式:存在论意义有待澄清

与前者相比,这种模式显然恰当得多。它宣布“实践的观点是马克思主义哲学首要的和基本的观点”[①],凸显了“实践”在马克思主义哲学中的重要地位,也日益动摇着“唯物主义+辩证法”的传统堡垒。但是,由于未曾从根本上澄清“实践”的存在论意义,这种阐释模式最终仍难以避免落入近代哲学的视野。“实

---

① 李秀林、王于、李淮春主编:《辩证唯物主义和历史唯物主义原理》,中国人民大学出版社2004年版,第19页。

践唯物主义”,强调马克思对旧唯物主义的批判,即“从前的一切唯物主义(包括费尔巴哈的唯物主义)的主要缺点是:对对象、现实、感性,只是从客体的或者直观的形式去理解,而不是把它们当作感性的人的活动,当作实践去理解,不是从主体方面去理解。因此,和唯物主义相反,能动的方面却被唯心主义抽象地发展了,当然,唯心主义是不知道现实的、感性的活动本身的”[①]。另一方面,“实践唯物主义”把“实践”的原初性理解为:“人类的实践活动是主体与客体、主观与客观所构成的矛盾运动。”[②]这样一来,对“实践”的存在论理解,最终又回到了认识论层面。因而,马克思哲学同人的感性生活之间不得不外在地加以勾连。这是“实践”的存在论意义付诸阙如的结果。实际上,马克思哲学并不需要外在地强调自己同现实生活的联系。从人的感性活动出发就已经建立了马克思哲学与现实生活的内在关联。因此,“实践唯物主义”阐释模式仍然有待澄清“实践”之存在论意义。

二、重新理解马克思哲学革命的契机

马克思哲学及其革命性被掩蔽似乎是一种历史命运,正如它的敞开也同样如此。近年来,马克思哲学思想史资源的深度研究、历史意识觉醒在当代哲学背景下的再体认,现象学特别是海德格尔现象学的持续火热,为更恰当地阐释马克思哲学提供了历史性契机。

---

① 参见李秀林、王于、李淮春主编:《辩证唯物主义和历史唯物主义原理》,第19页。

② 李秀林、王于、李淮春主编:《辩证唯物主义和历史唯物主义原理》,第21页。

(一)马克思哲学思想史资源的广义理解

1999 年 9 月,英国广播公司举行了一次全球范围的“千年思想家”网上评选活动,公开征询投票的结果是:马克思位居第一。

这究竟是源于马克思高尚的人格魅力,还是源于他对现代社会的敏锐洞察与深刻批判以及在此基础上对未来社会的价值指认和制度设计?似乎两者都有。关于前者,每读到下面这段文字,我总会情不自禁地热泪盈眶:“如果我们选择了最能为人类而工作的职业,那么,重担就不能把我们压倒……那时我们所享受的就不是可怜的、有限的、自私的乐趣,我们的幸福将属于千百万人,我们的事业将悄然无声地存在下去,但是它会永远发挥作用,而面对我们的骨灰,高尚的人们将会洒下热泪。”①当时的马克思还只是一个 17 岁的少年!马克思逝世时仍然有许多敌人:“马克思是当代最遭嫉恨和最受污蔑的人。各国政府——无论专制政府或共和政府,都驱逐他;资产者——无论保守派或极端民主派,都竞相诽谤他,诅咒他……而我可以大胆地说:他可能有过许多敌人,但未必有一个私敌。”②在西方哲学史上,以高尚的人格魅力著称的大有人在。其中,斯宾诺莎堪称典范。罗素和黑格尔都对斯宾诺莎大加赞赏。罗素说道:“斯宾诺莎是伟大哲学家当中人格最高尚、性情最温厚可亲的。按才智讲,有些人超越了他,但是在道德方面,他是至高无上的。”③我想,马克思之所以在今天仍拥有“千年思想家”的桂冠,更多在于后者,即他对现代社会的深刻批判中所提示的人本主义的永恒尊严。

马克思这位伟大思想家究竟吸收了古希腊以来哪些人类思

---

① 《马克思恩格斯全集》(第 2 版)第 1 卷,人民出版社 1995 年版,第 459～460 页。

② 《马克思恩格斯文集》第 3 卷,人民出版社 2009 年版,第 602～603 页。

③ 〔英〕罗素著,马元德译:《西方哲学史》(下),商务印书馆 1982 年版,第 92 页。

想，实在难于从统计学上做出准确考量。就此而言，马克思哲学思想史资源的研究，在未来相当长的时间内仍将是未竟的事业。随着这项事业的推进，马克思哲学革命的阐释也必将发生会有种种可能的形态。邓晓芒教授曾提到一种奇怪的现象：在西方，马克思主义哲学和黑格尔哲学，是与青年黑格尔派密不可分的，它们的关系呈现为一个具有内在逻辑的必然发展过程，研究马克思哲学的专家同时也是研究黑格尔的专家；但是在中国，研究黑格尔哲学的和引进马克思主义哲学的却不是同一拨人，对马克思主义哲学的接受与对黑格尔哲学的研究似乎毫无关系。[①]。这种违反思想史规律的情况，无疑是造成国内马克思主义哲学研究滞后的重要原因。西方哲学，特别是德国古典哲学的研究不论为哪一拨人所为，毕竟在或直接或间接的意义上成为马克思哲学研究的破冰工作。

毫无疑问，黑格尔思辨哲学于费尔巴哈人本学是马克思哲学的直接理论来源。然而，关于马克思哲学的直接理论来源的探究就此止步，却过于简单了。我们不仅应当明确马克思在其思想发展的某一时刻已经超越了他的前辈——黑格尔和费尔巴哈，需要进一步说明的是：这种超越究竟发生在哪里？它是怎样完成的？恰恰在这里，许多问题尚未澄清。

普列汉诺夫发现了一条马克思哲学阐释的还原和回溯之路，即从马克思哲学的理论来源来阐释这种哲学本身。这一条路在凸出哲学创造的传承性的同时，又把创造和传承之间的关系抹平了。正如拉宾所说，普列汉诺夫在自己的大多数哲学史著作中都贯彻了一个二位一体的原则：一方面，他一丝不苟地弄清楚在马克思和恩格斯的先驱者们的著作中所包含的以某种形式为马克思和恩格斯所接受的有价值的东西，从而证明了马克

---

① 参见邓晓芒：《黑格尔辩证法讲演录》，北京大学出版社 2005 年版，第 2 页。

思主义哲学是以前的人类思想成果的总结;另一方面,他力图说明,哲学的基本问题只有在马克思主义哲学中才得到了科学的解决。因此,马克思主义哲学是哲学发展中的更高阶段。然而,普列汉诺夫的研究由于过分强调马克思主义哲学同它以前的各种哲学,尤其是18世纪唯物主义哲学的联系而耽搁了对马克思哲学实质的凸显。[①] 吴晓明教授指出,普列汉诺夫阐释之路的根本缺陷在于没有从存在论上澄清马克思哲学与18世纪唯物主义和费尔巴哈人本学的根本分野,而是对此做了简单的退行性规定,把马克思导回到费尔巴哈,把费尔巴哈导回到斯宾诺莎,把斯宾诺莎导回到德谟克利特,即马克思→费尔巴哈→斯宾诺莎→德谟克利特。[②] 这种"退回"式理解有值得肯定之处:它看到了马克思哲学革命与其理论来源的内在关联,即"不了解马克思主义的理论前提,首先是黑格尔哲学和唯物主义史,这是不理解当代唯物主义即马克思主义哲学的实质的主要理论根源"[③]。显而易见,普列汉诺夫的阐释之路极易遮蔽马克思哲学革命的本质所在。

一旦追问马克思哲学的思想史资源,就不得不再次面对马克思与黑格尔现象学和费尔巴哈人本学的关系。

列宁认为:"马克思主义的哲学就是唯物主义……但是,马克思并没有停止在18世纪的唯物主义上,而是把哲学向前推进了。他用德国古典哲学的成果,特别是用黑格尔体系(它又导致了费尔巴哈的唯物主义)的成果丰富了哲学。这些成果中主要的就是辩证法,即最完备最深刻最无片面性的关于发展的学说,这种学说认为反映永恒发展的物质的人类知识是相对的。"[④]

---

① 参见〔苏〕尼·伊·拉宾著,马哲译:《论西方对青年马克思思想的研究》,人民出版社1981年版,第23页。

② 参见吴晓明:《形而上学的没落》,人民出版社2006年版,第52页。

③ 〔苏〕尼·伊·拉宾著,马哲译:《论西方对青年马克思思想的研究》,第22页。

④ 《列宁全集》第23卷,人民出版社1990年版,第42页。

“马克思加深和发展了哲学唯物主义，而且把它贯彻到底，把它对自然界的认识推广到对人类社会的认识。马克思的历史唯物主义是科学思想中的最大成果。”①“从1844—1845年马克思的观点形成时起，他就是一个唯物主义者，首先是路·费尔巴哈的信奉者，就是到后来他（指马克思——引者注）还认为，费尔巴哈的弱点仅仅在于他的唯物主义不够彻底和全面。”②可以说，列宁仅仅关注的是马克思对黑格尔辩证法的继承和改造，忽略了对黑格尔现象学的追究。这在很大程度上导致马克思“人的存在的现象学”研究的耽搁。在黑格尔那里，辩证法只有作为现象学才是可能的。脱离现象学就无以言说辩证法。现象学与辩证法的一而二、二而一的关系，意味着遮蔽现象学就是对辩证法的折损。在黑格尔看来，作为理念的自在自为运动的自我意识形式，现象学与辩证法是真实的和严肃的。黑格尔曾对费希特的绝对“自我”以及基于“自我”哲学的浪漫主义进行了义正词严的批判：

> 费希特的主观性观点带着以非哲学的方式发挥出来的倾向，所以这个观点的完成依靠着一些属于感觉的形式，而这些形式有时也力求超出主观性，虽然它又不能够超出主观性。——自我是费希特的原则，它停留在主观的形式里；然而它又要求打破这种限制。在费希特那里，限制〔或阻力〕不断地产生出来。自我对这限制起反作用，企图使自己得到安静；安静应该是具体的，但它只是一种消极的安静。这种形式——讽刺（Ironie）——以弗里德里希·封·希雷格尔为倡导人。主体知道自己在自身内是绝对的，一切别的东西在主体看来都是虚幻的、由主体自己对正义、善等所作出的种种规定，它也善于对这些规定又去一个一个加以

① 《列宁全集》第23卷，第45页。

② 《列宁全集》第26卷，人民出版社1988年版，第52～53页。

摧毁。主体可以嘲笑自己，但它只是虚幻的、伪善的和厚颜无耻的。讽刺善于掌握一切可能的内容；它并不严肃对待任何东西，而只是对一切形式开玩笑。①

就此而言，黑格尔现象学某种程度上是反浪漫主义的。它追求必然性意义上的自由，而不是任性，因为任性是幼稚的和可笑的。这一点深深影响了马克思。在《1844 年经济学哲学手稿》中，马克思辛辣地嘲讽了浪漫主义的感伤。比如，竞争使旧贵族逐渐没落的同时，也使金钱贵族最后形成。马克思说道："浪漫主义者为此流下的感伤的眼泪，我们可没有。他们总是把土地的买卖中的卑鄙行为同土地私有权的买卖中包含的那些完全合理的、在私有制范围内必然的和值得期待的后果混为一谈。"②在此，马克思指出了浪漫主义者无法认真对待历史发展进程中理性与非理性的界限，总是使历史蒙上一层矫情的、朦胧的雾影。直到今天，黑格尔现象学对马克思的运思层面的影响，并没有受到国内学者的足够重视。马克思哲学的某种目的论和决定论的面孔，都可以从黑格尔现象学的影响中得到解释。

费尔巴哈人本学究竟如何影响了马克思？回答主要有两个方面：一是费尔巴哈人本学作为马克思哲学的理论来源之一，对马克思产生了重要影响。这种说法最早见于恩格斯，后为列宁所继承。二是费尔巴哈对马克思产生过影响，但这种影响并不是决定性的，甚至是无关紧要的。波兰学者兹维·罗森认为："费尔巴哈对马克思的影响只表现在这样一个问题上，即改变了马克思对黑格尔的态度，使其由肯定变为批判，有时甚至是否定。但就是在这一点上，费尔巴哈的影响也是有限的，因为马克思还受到了其他人的影响……当然，马克思在其他一些领域中

---

① 〔德〕黑格尔著，贺麟、王太庆译：《哲学史讲演录》第 4 卷，商务印书馆 1978 年版，第 335～336 页。

② 〔德〕马克思：《1844 年经济学哲学手稿》，第 44 页。

也使用过费尔巴哈的术语，比如自然主义、人本主义、类存在物等等，但这些术语背后的内容已与费尔巴哈的原意有很大的不同。”[①]国内学者深受这种倾向的影响。俞吾金教授认为：“对于马克思哲学思想的发展来说，费尔巴哈归根到底是不重要的……值得注意的是，在对自己思想发展的回顾中，马克思提到了黑格尔，但没有提到费尔巴哈。”[②]赵敦华教授亦持相似的看法：“列宁认为，马克思哲学的主要来源是黑格尔的辩证法和费尔巴哈的唯物主义，这却不是在陈述一个历史事实，而是对马克思哲学与黑格尔和费尔巴哈哲学有着密切联系这一历史事实做出了自己的解释。在我看来，这种解释，一方面缩小了黑格尔对马克思的影响，另一方面又扩大了费尔巴哈的影响。”[③]显然，上述两种看法都要求向黑格尔倾斜。笔者认为，只有具体而微地澄清费尔巴哈究竟在何处启示了马克思以及马克思究竟在何处超越了费尔巴哈，问题才变得通敞起来。实际上，费尔巴哈的全部贡献首先在于完成了对思辨哲学的“颠倒”，确立起人和自然感性存在的本体论地位，从而使哲学由天国下降至多灾多难的现实人间。正是在这里，马克思获得了至关重要的启示。但是，马克思把人的现实存在并不当作“感性直观”，而是当作“感性活动”来理解，从而能够使人的存在在历史中得以敞开。这是马克思对费尔巴哈的根本超越。

作为青年黑格尔派的重要成员，马克思的思想成长从该派中获益良多。戴维·麦克莱伦和 B. A. 马利宁、B. И. 申卡鲁克以及兹维·罗森等人的研究填补了这项思想史的空白。在《青年黑格尔派与马克思》一书中，麦克莱伦指出，尽管马克思有时

---

① 〔波兰〕兹维·罗森著，王谨等译：《布鲁诺·鲍威尔和卡尔·马克思》，中国人民大学出版社 1984 年版，第 267 页。

② 俞吾金：《重新理解马克思》，北京大学出版社 2005 年版，第 56 页。

③ 赵敦华：《研究马克思哲学与西方哲学的“正本清源”方案》，《学术研究》2006 年第 3 期。

不声不响地袭用了青年黑格尔派其他成员的一些思想,但这并不会贬低他理论的重要性和独创性,反而让人捕捉到一个真实而鲜活的马克思。兹维·罗森认为,无视布鲁诺·鲍威尔对马克思的影响,不仅对鲍威尔是一种遮蔽,对马克思亦是一种歪曲。他指出,马克思在其宗教概念、异化思想以及意识形态批判中都有鲍威尔的特色。① 鲍威尔在《文学总汇报》中认为,除了自由的人的自我意识之外,再没有什么东西拥有真理,因此,连用"无神论"这个名称去称呼自由的人也是不适当的。因为"无神论"这个概念还包含着已被否定的那个对象,即异化了的宗教意识所假定的神。② 马克思对"无神论"的理解的确带有明显的鲍威尔特色。1844 年,马克思表达过对无神论的看法:

> 无神论,作为对这种非实在性(指凌驾于人和自然界之上的存在物——引者注)的否定,已不再有任何意义,因为无神论是对神的否定,并且通过这种否定而设定人的存在;但是,社会主义作为社会主义已经不再需要这样的中介;它是从把人和自然界看作本质这种理论上和实践上的感性意识开始的。社会主义是人的不再以宗教的扬弃为中介的积极的自我意识,正像现实生活是人的不再以私有财产的扬弃即共产主义为中介的积极的现实一样。③

因此,过分强调费尔巴哈而忽略其他青年黑格尔派的影响,对马克思思想的成长历程亦是一种遮蔽。

如果仅限于黑格尔、费尔巴哈和青年黑格尔派的范围来解析马克思哲学的思想史资源,那将会极大地扭曲这位"千年思想家"的成长历程。事实上,马克思与整个西方传统的思想渊源至

---

① 参见〔波兰〕兹维·罗森著,王谨等译:《布鲁诺·鲍威尔和卡尔·马克思》,第 159、194、215 页。

② 参见熊伟:《自由的真谛——熊伟文选》,第 255~256 页。

③ 〔德〕马克思:《1844 年经济学哲学手稿》,第 92~93 页。

今仍是有待于澄清的。

澄清马克思哲学的直接理论来源，呈现一个真实的马克思，不仅是共产主义信仰的需要，也是领悟马克思哲学革命的本真意义的要求。

（二）马克思哲学与诠释学传统的追溯

诠释学有一个很长的历史。马克思虽然生活在浪漫主义诠释学的活跃时期，但他似乎并未过地多关注浪漫主义诠释学。据德国学者桑德库勒统计，在马克思的几乎所有经典文本中，只有马克思在1858年致恩格斯的信中使用过“诠释学”（Hermeneutik）的字样，即他在批判拉萨尔时略带贬义地提到了“诠释学”：诠释学的法学习惯帮助拉萨尔得以对某些字句进行解释和比较。[①] 可以肯定，诠释学进入过马克思的视野，但未引起马克思足够的关注。对此，潘德荣教授进行了一番猜测：“对于马克思而言，诠释学既没有‘吸收’的价值，也没有批判的必要，就是说，无论对于理论建设还是革命实践，它在当时都是没有意义的。”[②]从1858年马克思致恩格斯那封信的口吻来看，马克思之所以没有调动诠释学的思想资源，是因为他对诠释学的理解显然停留在文本领会和解释的层面，而没有意识到这个学派正在引领生存论潮流。孕育于德国古典哲学的浪漫主义诠释学，更多地关注感性的个体生命以及理解的历史性和整体性，威廉·洪堡和施莱尔马赫从个体生命和理解的角度极大地推动了这一

---

① 参见《马克思恩格斯全集》第29卷，人民出版社1972年版，第257页。原文在中译本中为：“看样子这本书（指拉萨尔的《爱非斯的晦涩哲人赫拉克利特的哲学》——引者注）充满了老年黑格尔派的精神。在对某些字句进行解释和比较时，看来解释法律的习惯帮助了他。”潘德荣教授认为，此译似不妥，因此另外给出了笔者正文中引用的译法。（参见潘德荣：《西方诠释学史》，北京大学出版社2013年版，第445页注）

② 潘德荣：《西方诠释学史》，第446页。

潮流。马克思思想成长的轨迹表明,他更直接地是经过费尔巴哈的走向实践的唯物主义,这是完全符合思想史规律的。

马克思哲学与诠释学之间的思想渊源缺乏文本学的根据,这是一个事实。然而,这并不意味着马克思哲学与诠释学传统未曾发生过思想的共鸣。

19 世纪前 30 年,德国古典哲学的绝对地位是毫无争议的。然而,在古典哲学的边缘地带,一股关注现实人生、"面向实事"的历史意识也在悄然觉醒。虽然,历史意识发出的炫目之光是在很久之后才被人们看到的。

历史意识的觉醒源于诠释学对感性个体的唤醒。诠释学的本己含义在于理解,而理解则必须以被理解之物的自身敞开为前提。对诠释学来说,至关重要的是找到那从源头处涌流着的生成和敞开之物,以便让其自身显现、自我诉说。而这也正是现象学的旨趣所在。恰恰是人的生存——"历史",才具有此种性质。因而,历史意识的觉醒,诠释学与现象学的合流,似乎都是思想史中的水到渠成。马克思哲学无疑也携带着诠释学传统的基因,但以往学界对此并未给予足够的重视。

1. 诠释学与感性个体的出场

19 世纪初,威廉·洪堡、施莱尔马赫以及狄尔泰对感性个体的呼唤犹如一股清泉,沁人心脾。

威廉·洪堡以个体的存在为基础的政治哲学和哲学人类学。作为一位政治活动家,洪堡表现出对国家问题的极大兴趣。针对专制国家维护民族权力和民族财产的抽象目的,他明确提出,国家的唯一目的在于维护个人的利益。那种声称保卫民族幸福和利益的国家正是"最恶劣、最令人压抑的专制主义"①。通过对现存国家的观察,洪堡发现国家对人的真正终极的目的

① 参见靳希平、吴增定:《十九世纪德国非主流哲学——现象学史前史札记》,北京大学出版社 2004 年版,第 18 页。

漠不关心，正日益把人变成机器。国家期望将个人塑造成为彻底认同自己意志的工具性存在。为此，洪堡强调："真正的理智并不希望人处于别的其他状况，它只希望给人带来这样的状况：不仅每一个单一的人享受着从他自身按照其固有特征发展自己的、最不受束缚的自由，而且在其中，身体的本质不会从人的手中接受其他的形态，每一个个人都根据他的需要和他的喜好，自己随心所欲地赋予它一种形态，这样做时仅仅受到他的力量和他的权利局限的限制。"①在国家制度建构与历史政治事件的根源上，洪堡反对从抽象的理性出发，强调"偶然性"的作用，而所谓"偶然"就是指现实的个人活动的多样性。理性的作用在于对各种偶然性的规整和调节，使其取得最佳效能。他说道："努力争取把各种单一的、往往是逐一受过训练的力量统一起来，在他生命的每一阶段，让几乎熄灭的和只有在未来才熊熊燃烧的星星之火同时发挥作用，而不是通过结合，使他发挥影响的力量，以及他对之产生影响的对象不断增多。在这里，个人当下同未来和过去联系在一起的东西，也就是他在社会中把自己同他人联系在一起的东西。"②威廉·洪堡反对从概念出发和进行逻辑推导的思辨哲学的方法论，主张哲学应当从个体存在的境遇出发，对在世之人生进行阐释。由此，洪堡朦胧地把个体存在的时间性与社会性联系起来。他认为，哲学就是解释、理解、领会、就是人的一种不间断的、自我理解的尝试，是一切艺术、文化和科学不可或缺的先决条件。③ 洪堡之所以强调哲学与自然科学区别，并不是要反对自然科学，而是要强调自然科学研究方法的限度，防止自然科学方法的无限扩展所导致的误用。

---

① 〔德〕威廉·洪堡著，窦凯滨译：《论国家的作用》，华中科技大学出版社 2016 年版，第 35 页。

② 靳希平、吴增定：《十九世纪德国非主流哲学——现象学史前史札记》，第 19 页。

③ 参见靳希平、吴增定：《十九世纪德国非主流哲学——现象学史前史札记》，第 30～31 页。

1900年,狄尔泰《解释学的诞生》的发表,使施莱尔马赫作为哲学解释学奠基人的地位得以肯定。施莱尔马赫解释学逐渐成为显学。

施莱尔马赫解释学经历了由文本解释到"理解的艺术"的转变。文本解释,是指语法把握与艺术把握(对作家风格特征的把握)以及二者的相互"共振"。理解的艺术由两部分组成:一是针对某种文化共同具有的话语特性,即语法的解释;二是针对作品的思想如何从作者的人生过程中生成的所谓作者信息的个性,即心理学的解释。关于语法解释与心理学解释二者的关系,施莱尔马赫的认识似乎是游移不定的。一方面,他强调从"语法的解释"到"心理学解释"的转变,因为只有心理学解释才能更好地突出作者的个性风格,即"我们可以在其中发现我们所预期的任何东西的作者乃是绝对逻辑和非个人性的作者,但当然是糟糕的作者。创造性精神总是产生某种未预期的东西"①。"某种未预期的东西"无疑产生于作者特定的生活境遇。另一方面,他又强调"这两种解释同样重要,如果我们说语法的解释是低级的解释,而心理学的解释是高级的解释,这是不正确的。(1)心理学解释是高级的解释,仅当我们认为语言只是个人传达思想的工具;这样,语法的解释就只是清楚暂时的困难。(2)语法的解释也可以是高级的解释,如果我们认为语言是决定一切个人思想的东西,个人只是语言的处所,以及个人的话语只是语言呈现自身的手段。这样,心理学的解释就成为完全从属的,有如个人的此在本身一样"②。这无疑已经触及语言与人的存在的关系。沿着这条道路,海德格尔与伽达默尔都将语言提升为人的存在方式。可以说,成就施莱尔马赫诠释学奠基人地位的是其"心理

---

① 洪汉鼎主编:《理解与解释——诠释学经典文选》,东方出版社2001年版,第38页。

② 洪汉鼎主编:《理解与解释——诠释学经典文选》,第51页。

学解释”。正是通过心理学解释，他者的生命得到充分肯定。而对他者生命的肯定，反过来就是对自身生命的肯定，因为人是通过在他之外的另一个人来经验自己的个体性的。然而，施莱尔马赫对此似乎并没有自觉意识，他想把思辨的东西与经验的东西和历史的东西统一在一起时，只提到解释的重要前提——“我们必须自觉地脱离自己的意识而进入作者的意识”[①]，并未意识到理解者首先处身于“历史”境况，这种处境正是解释的前提得以可能的基础。

在狄尔泰之前，克尔凯戈尔的“孤独个体”也值得一提。克尔凯戈尔是丹麦人，但其哲学思想却具有德国特点。他的哲学活动是以对黑格尔的批判开始的。克尔凯戈尔激烈反对黑格尔漠视个体以及他所构建的无所不包的体系。他说：“一个思想家建立起一座巨大的建筑，一个体系，一个包容着全部存在、世界历史等等的体系；然而，如果考虑到他的个人生活，令我们诧异的可怕而可笑的发现是，他自己却不亲自住在这座巨大的圆顶宫中，而是住在宫殿旁边的小棚子里，或在一个狗舍里，或最好也就是住在看门人的住所里。哪怕只有一个字使他想起这种矛盾，他就会感到受了侮辱。因为，只要他完成这体系，哪怕是凭借这错误来完成他就根本不在乎处于错误中。”[②]在克尔凯戈尔看来，哲学只要游离于人的感性生存，就无法达到本己的内在性。黑格尔从“绝对精神”出发构建体系的努力，对于哲学内在性来说犹如南辕北辙；只有个体才是真实的、独一无二的存在。因而，哲学只有以孤独的个人存在为对象，才能把握人生的意义。他说：“人们可以说我是人体的一刹那，但我不愿是一个体

---

① 洪汉鼎主编：《理解与解释——诠释学经典文选》，第 23 页。

② 〔丹麦〕克尔凯戈尔著，张祥龙、王建军译：《致死的疾病》，工人出版社 1997 年版，第 38 页。

系中的一章或一节。”[①]这位敏于感受、钟情于心灵战栗的哲学家,为自己撰写了这样的碑文:“日报是国家的灾难,群体是世界的恶魔——那个个人。”[②]靳希平先生认为,克尔凯戈尔“是从具体个体的分析出发,从分析个人的生命、存在、幸福出发”,他“关心主体性的自我,但是,这个自我不是理性的自我,而是基础性的带肉身的自我;不是自我意识,而是自我感知;不是我思故我在,而是我在故我思:因为我在此,生存中有理解,所以我思想,而且想到,我是在此”[③]。克尔凯戈尔从肯定感性个体的生存开始,进入一个充满神秘体验的宗教世界中,致力于做一个虔诚的基督徒,从而阐发了一种新哲学。萨特认为:

> 他的确不是一个哲学家;这个称号。就连他自己也是不接受的。事实上,他是一个不愿意让自己禁闭在一个体系里的基督徒,他不断地肯定实际生活的不可还原性和特殊性,以此来反对黑格尔的“主知主义”。[④]

针对康德的纯粹理性的无根基状态和形而上学性,狄尔泰提出其历史理性批判,目的在于解决历史科学的可能性问题。据谢地坤教授的考察,对狄尔泰而言,历史理性批判是精神科学的另一种名称。在狄尔泰“开始自己哲学事业的时候,也就是在布雷斯劳时期,已经试图把研究人的问题的不同学科集中起来,并使之与自然科学加以比较和区分,建立一门崭新的精神科学。他论证了这门科学的理论、方法、对象、目标等问题,并想在此基础上构造这门科学的结构和体系。按照他自己原来的设想,他打算建立的这个体系应当仿照康德的批判哲学,拟称为‘历史理

---

① 〔法〕华尔著,马清槐译:《存在主义简史》,商务印书馆1962年版,第3页。

② 参见〔丹麦〕克尔凯戈尔著,晏可佳、姚蓓琴译:《克尔凯戈尔日记选》,上海社会科学院出版社2002年版,第92页。

③ 靳希平、吴增定:《十九世纪德国非主流哲学——现象学史前史札记》,第188页。

④ 〔法〕萨特著,徐懋庸译:《辩证理性批判》,商务印书馆1963年版,第9页。

性的批判’。他的好友约克伯爵……不同意狄尔泰用这个名称来表示自己的哲学，而是建议用‘精神科学’这个概念。狄尔泰采纳了他的建议，并在出版的《精神科学导论》第一卷的扉页上写上‘献给瓦滕堡的约克伯爵’”①，以表谢意。今天我们阅读狄尔泰时，存在诸多关于文化背景和学科视野的障碍，往往不知道狄尔泰要说什么。因而，像这样诠释性的研究是必不可少的。

狄尔泰注意到，在自然科学旁边，从生活本身的问题中自然地生长出一组知性认知的结果。它们因为其共同的对象而联系在一起。历史学、政治经济学、法学-政治学、关于宗教、文学、诗歌、造型艺术和音乐的研究，关于世界观与哲学体系的研究，以及心理学等都是这样一些科学。它们都涉及同一个伟大的实在物——人类。“当人类的状态得到体验，当这些状态表现于生命表达式中，当这些表现为人们所理解时，人类就成为精神科学的对象。”②因而，狄尔泰精神科学的基本对象包括体验、表达和理解。可以肯定，狄尔泰和马克思都有一种“大历史”或广义历史的观念，即一切经由人的活动的创造之物都归结为历史科学的范畴。在狄尔泰那里，历史学、经济学、政治学、宗教、艺术、诗歌等人文学科都被归结为“历史科学”。在马克思那里，就连自然科学也成为历史科学的一部分了。早在《1844 年经济学哲学手稿》中，马克思就强调：“历史本身是自然史的即自然界生成为人这一过程的一个现实部分。自然科学往后将包括关于人的科学，正像关于人的科学包括自然科学一样：这将是一门科学。”③在《德意志意识形态》中，马克思说道：“我们仅仅知道一门惟一的科学，即历史科学。历史可以从两个方面来考察，可以把它划

① 谢地坤：《走向精神科学之路——狄尔泰思想研究》，江苏人民出版社 2008 年版，第 1～2 页。

② 〔德〕狄尔泰著，安延明译：《精神科学中历史世界的建构》，中国人民大学出版社 2010 年版，第 79 页。

③ 〔德〕马克思：《1844 年经济学哲学手稿》，第 90 页。

分为自然史和人类史。但这两个方面是不可分割的;只要有人存在,自然史和人类史就彼此互相制约。"[1]在这种意义上,作为历史科学的唯物史观,实质上从社会生产方式的道路通达了精神科学如何可能——这一狄尔泰终生为之殚精竭虑的问题。

狄尔泰宣称,一切科学都是经验科学,都植根于历史中。[2]自黑格尔以来,"经验"一词就在两种不同意义上被使用,即活生生的经验(Erlebnis 或 Erlebnisse 或 Lived experience)和科学的经验(Erfahrung 或 Scientific experience)。前者指的是主体与对象的原初统一,是不可重复和不可还原的。而后者则指主客二分意义上,主体对于对象的经验,具有可重复性和证实性。活生生的经验属于存在论,科学的经验属于认识论。就《精神现象学》在 1807 年出版时所用的标题——《意识的经验的科学》来看,黑格尔显然是在第一种意义上使用"经验"的。海德格尔则直接将经验阐释为"存在者之存在"。对狄尔泰而言,"一切科学都是经验科学"之"经验",首先是指活生生的经验,其次才在派生的意义上指谓科学经验。所谓"历史理性",指"人类的一种认识自身存在、历史和社会的能力"[3]。"历史理性批判"就哲学史意义而言具有更深刻的意味,它以大无畏的姿态对西方传统特别是启蒙运动以来理性的至上进行矫正。靳希平教授认为,历史理性批判"一方面是指,理性以理解历史过程为目的,通过批判,指明历史知识的可能性以及存在的问题,但另一方面,历史还指理性对理性自己的历史性批判。对狄尔泰来说,理性的使用本身就具有历史特征,不存在一个与历史理性并行的非历史理性。所以,在这个批判中,从事批判的理性本身也是历史性

---

① 〔德〕马克思:《德意志意识形态》(节选本),人民出版社 2003 年版,第10 页。

② 参见靳希平、吴增定:《十九世纪德国非主流哲学——现象学史前史札记》,第 312 页。

③ 洪汉鼎:《诠释学——它的历史和当代发展》,人民出版社 2001 年版,第 99 页。

的。理性在批判中突出了理性自身的历史性，并且重构了自己在人生世界中的历史形成过程，于是人们也就认清了理性自己的范围和界限。人类理性这种返回自身、重构自身的历史条件的过程就是主体在历史中突出自身的方式。理性的历史化就是主体自身的启蒙运动。所以，它同历史上的启蒙运动是一致的。这是狄尔泰的历史主义的基本特征”①。

狄尔泰认为，康德的纯粹理性无力把握精神科学，因为精神科学的对象是人的感性存在，其不可还原性在于它自身就是历史。因为“人是什么，惟有历史才能告诉我们”，“人是什么，他想什么，这些只有通过千万年以后以及最后永远不能完成的他的本性的发展，他才会体验得到。他决不能在客观的概念中而只有从他自己存在深层踊跃的活生生的经验中才会体验到”②。因此，“生活是最基本的事实，它必须构成哲学的出发点，它是从内部熟知的东西；不可以再追问它后面是什么的东西；生活是不可以站到理性法官的审判桌前的”③。在狄尔泰看来，纯粹理性本身的历史性尚有待于生成，它怎么可能先于现实人生而成为精神科学的出发点呢？

精神科学理应诉诸理解和领会，所谓“我们说明自然，我们理解心灵”。在此，狄尔泰不可回避的问题是：精神科学的客观性如何得以保证？为此他不得不回到黑格尔那里，借助“客观精神”来解决：

> 我已说明了客观精神对精神科学认识的可能性意义。我所理解的客观精神是这样一些不同的形式：在这些形式中，存在于个人之间的共同性已将自身客观化在感觉世界

---

① 靳希平、吴增定：《十九世纪德国非主流哲学——现象学史前史札记》，第313页。

② 参见洪汉鼎：《诠释学——它的历史和当代发展》，第116页。

③ 靳希平、吴增定：《十九世纪德国非主流哲学——现象学史前史札记》，第313页。

> 中,在这种客观精神中,过去对我们来说是不断持续的现在。客观精神的范围从共同体所建立的生活方式、交往形式以及目的性关系到道德、法律、宗教、艺术、科学和哲学。因为创造性的作品也体现了一个时代和地区的观念、内心生活和理想的共同性。从我们呱呱坠地,我们就从这个客观精神世界获取营养。这个世界也是一个中介,通过它我们才得以理解他人及其生命表现。因为,精神客观化于其中的一切东西都包含着对于你和我来说是共同性的东西……个人就是这样在客观精神世界中进行理解的。由此,产生了一个对理解十分重要的后果:个人所理解的生命表现对他来说通常不只是一个个别的表现,而且仿佛充满了一种对共同性的知识,充满了存在于该表现中的与一种内部东西的关系。[①]

在狄尔泰那里,客观精神对精神科学认识的意义基于这样的前提:人是作为"类"而存在的。唯有如此,客观精神的存在才是可能的,我的生命精神才有可能与他人的生命精神发生共鸣。这里,狄尔泰表现出一种摇摆不定:一方面他坚决驳斥黑格尔从理性出发的思辨哲学,另一方面又借助客观精神来确立精神科学的可能性。伽达默尔指出,虽然在精神科学中追求客观性的想法强烈激励着他,"但他仍然不能摆脱这一事实,即认识主体,亦即进行理解的历史学家不可能简单地面对他的对象、面对历史生活;相反,历史学家乃是被同一种历史生命的运动所推动。尤其在他的晚年,狄尔泰越来越认为唯心主义的同一哲学具有正确性,因为在唯心主义的精神概念中我们可以设想主体和客体、我与你之间有一种实质性的共同性,正如狄尔泰自己的生命概念中所存在的那种共同性一样"[②]。诠释学自我"诉说"的存

---

① 洪汉鼎主编:《理解与解释——诠释学经典文选》,第97～98页。

② 洪汉鼎主编:《理解与解释——诠释学经典文选》,第184页。

在论诉求必然导向它与“历史”的亲近，以及对唯心主义同一哲学的推崇。狄尔泰将这种诉求决定性地推进了一步。它犹如一盏明灯，为后继者照亮了方向。对此，伽达默尔评价道：

> J. G. 德罗伊森在他的《历史学》中设计了一种很有影响的历史科学方法论，其目的全在于和康德的任务相吻合，而发展历史学派真正哲学的狄尔泰则很早就以明确的意识追随历史理性批判的任务。就此而言，他的自我理解仍是一种认识论的理解。显然，他在一种摆脱了自然科学过多影响的“描述的和分析的”心理学中看到了所谓精神科学的认识论基础。可是在执行这项任务的过程中狄尔泰却被导向了去克服他自己本来的认识论起点，从而他成就了开创诠释学的哲学时代的人。①

狄尔泰始终表现出一种从生命本身出发的努力，以保障诠释学的基础，但他并不认为生命本身就是理解。在他看来，理解必须以生命的客观化，即以“表达”为中介才是可能的。这正是狄氏诠释学过渡性的体现。海德格尔沿着这条道路，将生命对其本身的理解加以现象学的处理，从而使诠释学“自我诉说”的存在论要求得到满足。此即诠释学与现象学之“合流”。

2. 诠释学与现象学的视域融合

追溯诠释学的漫长发展史，不是本书的目标。笔者只想指出，诠释学与现象学在思想史中的“合流”，对于开启马克思哲学的新视界提供了难得的历史契机。

狄尔泰关于历史意识和历史理解的理论为海德格尔和伽达默尔等人的工作奠定了基础，通过他们，理解和解释问题成为当代学术界备受关注的焦点。狄尔泰认为：

> 自然科学同精神科学的区别，是由于自然科学以事实

① 参见洪汉鼎：《诠释学——它的历史和当代发展》，第97～98页。

> 为自己的对象,而这些事实是从外部作为现象和一个个给定的东西出现在意识中的。相反,在精神科学中,这些事实是从内部作为实在和作为活的联系更原本地出现。人们由此为自然科学得出这样一个结论:在自然科学中,自然的联系只是通过补充性的推论和假设的联系给定的,相反,人们为精神科学得出的结论则是,在精神科学中,精神的联系,作为一种本原上给定的联系,是理解的基础;它,作为理解的基础,无处不在。我们说明自然,我们理解精神。①

就自然科学与精神科学的对象而言,二者划界的根据在于"外在事实"与"内在事实"的区别。也就是说,在精神科学中,参与社会历史活动的个体既是主体,又是自身的客体。他们一方面怀有感情、观念与目的,另一方面又作为塑造社会历史的一部分彼此交互作用。精神科学应该探究这些有目的、有动机的行为。因而,理解是精神科学认识的基本形式。诠释学应该是各种精神科学的通用方法。海德格尔从形式上把狄尔泰的研究工作分为三个领域:人文科学理论及其与自然科学的界划研究,关于人、社会与国家的诸门科学的历史研究以及心理学方面的研究工作。据海德格尔的理解,狄尔泰打算在这里表现出"人这一整体事实":

> 狄尔泰关于科学理论、科学历史与诠释学的心理学的诸项探索始终互相渗透交切。这三种眼界有时其一作主导,其他则同时就是题材与手段。有些东西好像是分裂,是偶然而不可靠的"实验",其实则是一种基本的不安,其目的在于把"生命"带向哲学的领会,以及从"生命本身"出发为这种领会保障诠释学基础。一切集中于"心理学";而他的心理学是要在生命历史的发展联系与作用联系中把生命同时领会为人借以存在的方式、人

---

① 参见洪汉鼎:《诠释学——它的历史和当代发展》,第105页。

文科学的可能对象与这些科学的根本。[①]

海德格尔声明，自己对历史性问题所做的分析是从消化了狄尔泰的工作后总结出来的。事实上，狄尔泰关于人的存在的历史性领悟深受维科的启发，他曾援引维科的观点，强调“历史科学可能性的第一个条件在于：我自身就是一种历史的存在，探究历史的人就是创造历史的人”[②]。令人惊讶的是，马克思关于人类历史的重要命题——人是“剧中人”，也是“剧作者”的说法，与维科的观点惊人地相似。

诠释学“自我诉说”的存在论要求，必然诉诸“生命”问题的解决。施莱尔马赫作为认识论诠释学的集大成者，其“心理学的解释”开辟了诠释学的新境界，即通过将体现作者时代性和民族性的信息个性纳入解释过程，使诠释学因进入人的生存视域而获得新的发展可能性。狄尔泰将这种可能性向前推进了一大步，由此成为哲学诠释学的先驱。狄尔泰认为，哲学乃是对个体生命的表达。这种表达总是以对他人的理解为前提。“对一直固定了的生命表现的合乎技术的理解，我们称之为阐释（Auslegung）或解释（Interpretation）。”[③]就这样，“生命”与“体验”给诠释学注入了新的生机。“体验”类似于“经验”的第一种意义，含有“亲历”以及由之而来的持存的意思。在伽达默尔看来，体验“一方面是直接性，这种直接性先于所有解释、处理或传达而存在，并且只是为解释提供线索，为创造提供材料；另一方面是由直接性中获得的收获，即直接性留存下来的结果”[④]。体验本已地内在贯通于生命，生命通过体验不断解释着自身。就此而言，“人是一种诠释学的存在”。对他人生命及其表现的理解，折射

① 参见〔德〕海德格尔著，陈嘉映、王庆节译：《存在与时间》，三联书店 1987 年版，第 467 页。

② 参见洪汉鼎：《诠释学——它的历史和当代发展》，第 99 页。

③ 洪汉鼎主编：《理解与解释——诠释学经典文选》，第 77 页。

④ 转引自洪汉鼎：《诠释学——它的历史和当代发展》，第 111 页。

出狄尔泰对人的存在的历史性的敏锐洞察。“体验”又使他特别推崇“自传”对个体自身解释的重要性。他说:

> 把握和解释自身的生命,要经历许多阶段,自传是对自身生命的最完善的解释。在自传中,自我能把握自身的生命历程,以致自我能意识到人的基础和他生活于其中的历史关系。最后,自传能发展成为历史的画卷;只有自我能把他的局限性和意义展现给他的同类,自我由体验来体现,并且从这个深度出发,自我和他同世界的关系才可理解。①

然而,狄氏的局限性也早已为同时代的约尔克伯爵所指出:狄尔泰的探索“太少注重存在者层次上的东西与历史学上的东西(也有译作历史性的东西)之间的发生上的差别”②。所谓“存在者层次上的东西”,是指现成的东西;而“历史学上的东西”则指过去并未封闭,仍然处于一种可能性的未完成状态。可以说,狄尔泰对他人生命的理解,仍有难以摆脱的外在性。洪汉鼎先生指出:“狄尔泰最后被分化为生命主义者和实证主义者,作为前者,他目向把过去带回生命,而作为后者,他又把过去认为是那种进行观察的纯理论的主体的对象,因而在狄尔泰这里,历史性从未真正影响理解的行为。”③尽管如此,以生命及体验为基础的狄尔泰诠释学,无疑迈出了冲破传统形而上学和实证主义的重要一步。如海德格尔指出:

> 狄尔泰强调了人生的结构是历史性的,本真的历史性存在是人的生存。他只关注人生结构关系的继承过程,即它的历史性。他没有具体追问,什么是生活本身的现实特性;没有追问,我们自己人生的存在中的含义到底是什么。传统中继承下来的对存在意义的理解把事实本身给掩盖

① 转引自洪汉鼎:《诠释学——它的历史和当代发展》,第114页。

② 转引自〔德〕海德格尔著,陈嘉映、王庆节译:《存在与时间》,第451页。

③ 洪汉鼎:《诠释学——它的历史和当代发展》,第182页。

了，以为答案已经找到。于是忘记了对事物本身的提问。[①]正是在这里，海德格尔看到了自己的目标：

> 我们若不把"存在者层次上的东西"与"历史学上的东西"一道带入一种更源始的统一以便能比较与区别它们，又怎样才能以与存在者层次上的东西相区别的方式从哲学上来把握历史性并"从范畴上"来理解历史性呢？但要获得这种更源始的统一，就要先洞见到，1.追问历史性的问题是一个追问有历史性的存在者的存在建构的存在论问题；2.追问存在者层次上的东西的问题是一个追问非此在式的存在者的、最广意义上的现成事物的存在建构的存在论问题；3.存在者层次上的东西只是存在者的一个领域。存在的观念才是那必须'从发生学上加以区别的'东西。[②]

真正使诠释学从认识论层面进入存在论层面的是海德格尔。海德格尔通过"此在"的存在重新阐释了存在的意义，因为存在论只有作为现象学才是可能的。现象学是由"现象"和"逻各斯"两部分构成。"现象"具有"就其自身显示自身者"的意义；而"逻各斯"则具有"把某种东西展示出来让人看"的功能。因而，现象学是"让人从显现的东西本身那里如它从其本身所显现的那样来看它"，即"面向事情本身"；现象学是"存在者的存在"的科学，而此在作为通达存在唯一可能的在者，具有在存在论及存在者层次上的优先地位。海德格尔认为：

> 现象学描述的方法论意义就是解释。此在现象学逻各斯具有诠释的性质。通过诠释，存在的本真意义与此在本己存在的结构就向居于此在本身的存在之领会宣告出来。

---

① 靳希平、吴增定：《十九世纪德国非主流哲学——现象学史前史札记》，第335～336页。

② 〔德〕海德格尔著，陈嘉映、王庆节译：《存在与时间》，第455～456页。

此在的现象学就是诠释学。[1]

从此在的在世来看,理解和解释乃是"此在"对自身各种可能性进行的自我筹划。因为"理解于它本身就具有我们称之为筹划(Entwurf)的那种生存论结构。理解把此在之在向着此在的'为何之故'加以筹划,其源始性就如把此在之在向着那个使此在的当下世界成为世界的意蕴加以筹划"[2]。如此一来,理解就具有人类生命本身原始的存在性质,就是给出在者的意义,而意义不是作为一种依附于在者、躲在在者"后面"或作为中间领域飘游在什么地方的属性而存在,它是此在的一种生存论性质。也就是说,"只有此在能够是有意义的或是没有意义的"[3]。在此语境中,所有不具有此在的存在方式的在者都必须被理解为无意义的在者。如果我们追问存在的意义,"这种探究却不会因此更有深意,它也并不会因此去寻思任何藏在存在后面的东西。只要存在进入此在的理解,追问存在的意义就是追问存在本身。我们决不能够把存在的意义同在者对立起来,或同作为承担着在者的'根据'的存在对立起来,因为'根据'只有作为意义才是可以通达的,即使'根据'本身是没有意义的深渊也罢"[4]。所以,某种东西得到理解就是给出"此在"筹划的所向。在此,就描述人的生存的境缘性而言,此在的生存论结构、意义、理解就成为对同一种结构——此在的在世存在的不同向度的理解。利科尔认为,海德格尔诠释学存在论的建构走的是一条"捷径",即它与任何方法论的讨论截断关系,它直接把自身带到有限存在的存在论层次,以便在那里重新恢复理解,使之不再作为一种认识方式,而是作为一种存在方式。[5] 至此,诠释学与现象学最终达

① 〔德〕海德格尔著,陈嘉映、王庆节译:《存在与时间》,第 44 页。

② 洪汉鼎主编:《理解与解释——诠释学经典文选》,第 113 页。

③ 洪汉鼎主编:《理解与解释——诠释学经典文选》,第 121 页。

④ 洪汉鼎主编:《理解与解释——诠释学经典文选》,第 121~122 页。

⑤ 参见洪汉鼎主编:《理解与解释——诠释学经典文选》,第 249 页。

成了视域融合。

按照利科尔的理解，诠释学与现象学之间原本就存在着联系，甚至是一种与生俱来的联系。首先，他们都是探讨意义问题；其次，现象学的方法本身就是诠释学的方法。[①] 存在论诠释学的产生实际上就是诠释学与现象学"合流"的过程。这一过程可能的前提在于可诠释的东西必然是可自身敞开的，即自身的绽放、自身打开着的展现。而原发地可自身敞开的只有人的生存。因而，诠释学与现象学的"合流"乃是诠释学发展的归宿。二者"合流"的曙光在狄尔泰那里已经依稀可见了。海德格尔则从希腊传统中找到了诠释学的源头——存在，一种根本性的生成和开启。也可以说，马克思比海德格尔更早地完成了对人的存在——这一涌流着的源头的阐发，并将其如自身敞开那样揭示出来。这就是马克思对人的存在的那种特有的"观看"，即在"去蔽"的意义上，让"历史"得以敞开并展示给人看。在这个意义上，马克思哲学也是诠释学。因而，追溯马克思哲学的诠释学传统，对于恰当地阐释这种哲学来说是必要的。

3.海德格尔哲学提供的历史契机

有这样一种哲学，必须依赖一种契机才能真正敞开自身。马克思哲学就是如此。在我国，马克思哲学在哲学学科中似乎高高在上。实际上，它在遭受边缘化的危机中日益幽闭。海德格尔的"此在"现象学，提供了重新开启马克思哲学的难得契机。

在海德格尔那里，"现象"意味着某种东西的别具一格的照面方式，即就其自身显现其自身。现象学就是让人从显现的东西本身那里如它从其本身所显现的那样来看它。这意味着：第一，显现者必须具有自身显现，而且如它从其本身所显现的品格。第二，以描述的方式将现象之显现加以展示。前者在于找

① 参见洪汉主鼎：《诠释学——它的历史和当代发展》，第 294 页。

到可以本真显现的显现者,后者则要付诸诠释学。海德格尔找到的正是"此在"。唯有"此在"具有始源的显现欲求。因而,"此在的现象学就是诠释学"①。"此在"的现象学基于一种使命——探问存在的意义。在海德格尔看来,哲学的对象是"存在"而非存在者。而"此在"是通达存在的唯一可能的存在者。就此而言,现象学不仅是一种方法,而且是存在论的可能形式:"存在论与现象学不是两门不同的哲学学科,并列于其它属于哲学的学科。这两个名称从对象与处理方式两个方面描述哲学本身。哲学是普遍的现象学存在论。"②"此在"的存在结构事关重大。因为"现象学的阐释必须把源始开展活动之可能性给予此在本身,可以说必须让此在自己解释自己。在这种开展活动中,现象学阐释只是随同行进,以便从生存论上把展开的东西的现象内容上升为概念"③。因而,对"此在"的本质——生存(绽出之生存)的诠释,就成为海德格尔现象学的基础性工作。

在海德格尔看来,黑格尔之所是最大的形而上学家,是因为:第一,黑格尔哲学从意识出发。而意识并非始源性的存在,没有"绽出"之品格,不具备本己的历史性。只有历史性的"此在"之存在才能够"现象"(这里,"现象"为动词)。第二,意识只是存在者之一种,而且是非此在式的存在者——不具有"让存在"的结构。也就是说,黑格尔将"存在"理解为存在者之根据,达到了形而上学的极致。相反,"此在"的现象学真正是"面向事情本身"的:第一,"此在"是历史性的存在。第二,"此在"的存在具有"让存在"的结构。海德格尔对胡塞尔的超越,正如他自己所言:"现象学以胡塞尔的《逻辑研究》开山。下面的探索(指《存在与时间》一书——引者注)只有在胡塞尔奠定的地基上才是可

① 〔德〕海德格尔著,陈嘉映、王庆节译:《存在与时间》,第 44 页。

② 〔德〕海德格尔著,陈嘉映、王庆节译:《存在与时间》,第 45 页。

③ 〔德〕海德格尔著,陈嘉映、王庆节译:《存在与时间》,第 163 页。

能的。对现象学的先行概念的界说表明：从本质上说，现象学并非只有作为一个哲学'流派'才是现实的。比现实性更高的是可能性。对现象学的领会惟在于把它作为可能性来把握。"[①]现象学并非仅有一种，而是存在多种可能的形态。胡塞尔进入了艰难而深奥的意识领域，建构了意识现象学。海德格尔并未紧随其师，而是抽身而出，涉入"此在"的存在，直指存在的意义。这样一来，他就找到了一条通往"存在"的捷径。事实上，海德格尔正是通过重新诠释"存在"的意义而沟通了"此在"与存在。因此，"此在"的本质性阐释必须确保问题的恰当提法，即"我们要获得存在者层次上及存在论上的命题，这样就可以从存在者本身的存在方式来进行现象展示。但最为自明的答案自古流行至今，从这些答案中又派生出问题的种种提法。从将要提出的问题来看，我们若要在这种种答案和种种问题提法面前保持现象展示的优越性，此在的现象学阐释就必须始终谨防问题提法的颠倒"[②]。"始终谨防问题提法的颠倒"至关重要。通过始源性的"此在"之存在，存在的意义才得以开启，人道主义才真正获得了"人"的规定。

"此在"的现象学开启了通往历史之门。但是，"此在"现象学终究并非现实的历史本身，它只是为描述现实历史提供了一种方法。因为"此在"只是"现实的个人"的摹本。关于这一点，保罗·蒂里希看得分明。他说：

> 海德格尔的概念表面上显出[与超历史的概念]对立的一面，即历史性的概念。但他把人从一切真实的历史中抽象出来，让人自己独立，把人置于人的孤立状态之中，从这全部的故事之中他创造出一个抽象概念，即历史性概念，或者说"具有历史能力"的概念。这一概念使人成为人。但是

---

① 〔德〕海德格尔著，陈嘉映、王庆节译：《存在与时间》，第 45 页。

② 〔德〕海德格尔著，陈嘉映、王庆节译：《存在与时间》，第 133 页。

这一观念恰好否定了与历史的一切具体联系。[①]

但这并不妨碍海德格尔现象学对马克思哲学的开启性意义。就马克思哲学而言,如果说它的遮蔽是一种历史命运,那么它的再度开启也同样属于命运。海德格尔现象学很大程度上成为这种命运转机的催生剂。马克思在批判旧唯物主义时说过:

> 从前的一切唯物主义(包括费尔巴哈的唯物主义)的主要缺点是:对对象、现实、感性,只是从客体的或者直观的形式去理解,而不是把它们当作感性的人的活动,当作实践去理解,不是从主体方面去理解。因此,和唯物主义相反,唯心主义却把能动的方面抽象地发展了,当然,唯心主义是不知道现实的、感性的活动本身的……[②]

应当承认,在相当长的时间内,这种新的哲学观并未得到恰当的理解。直到海德格尔的"此在"现象学的诞生,它才倏地在我们面前打开了。

在海德格尔看来,"此在"的存在方式是"在世"。"在世"之在意指此在向来已经"在外":"按照它本来的存在方式,此在一向已经'在外',一向滞留于属于已被揭示的世界的、前来照面的存在者。"[③]海德格尔强调,此在与世界的关联不能被看作作为这一个存在者的此在与作为另一个存在者——世界的关系,世界不是一个存在者,它应当归属于此在。无论是把世界表达为用作表示自然界之全体的名称(自然的世界概念),还是把它用作表示人类共同体的称号(人格性的世界概念),都是同样荒谬的。毋宁说,世界只是"作为某个此在之缘故的当下整体性,是通过这个此在自身而被带到这个此在自身面前来的",即此在

---

① 〔美〕保罗·蒂里希著,何光沪选编:《蒂里希选集》上卷,三联书店 1999 年版,第 57～58 页。

② 《马克思恩格斯文集》第 1 卷,人民出版社 2009 年版,第 499 页。

③ 〔德〕海德格尔著,陈嘉映、王庆节译:《存在与时间》,第 73 页。

"让世界发生,与世界一道表现出某种源始的景象(形象),这种景象并没有特别地被掌握,但恰恰充当着一切可敞开的存在者的模型,而当下此在本身就归属于一切可敞开的存在者中"[①]。海德格尔召唤人们重新"思",认为最值得思考的问题是人们尚未思考存在自身,亦即倾听存在的呼声。作为通达存在可能的在者,"此在在世"可以唤出一切可能的在者,从而使非此在式存在者及其他此在式存在者前来照面。这是"此在"现象学最富启示性的地方,它激活了马克思哲学的生命力。在这种"思"的开启中,马克思把对象、现实、感性当作感性的人的活动,当作实践去理解,就是对人的在世之在的现象学叙事。海德格尔哲学之所以成为开启马克思哲学革命的历史性契机,正是因为其对始源性存在的追索,即让哲学回到那涌流着的生命源头:在前者那里是"此在",在马克思那里是"现实的个人"。

有这样的哲学——它的开启有赖于某种诱因。如果缺乏这种诱因,它就会永远处于幽闭之中。某种程度上,尼采哲学就承受了如此这般的命运。当现代性正高歌起舞之时,尼采窥见了虚无主义的深渊。在这深渊中,原始的生命意志陡然勃发,充盈的生命在狄奥尼索斯的欢歌中永恒地轮回。没有恐惧,没有战栗。当时,人们断然:尼采疯了。在刺骨的冷漠中,尼采对自己说:"我的时代还没有到来。有的人死后方生。"[②]一个世纪之后,现代性的虚无主义面孔展露无遗,人们才蓦然读懂了尼采。马克思哲学则是在另一种意义上遭遇冷漠:人们自以为非常"熟知"这位"千年思想家",可事实如何呢?弗洛姆曾就美国社会对马克思的无知和成见进行过严厉的批评。他说:"历史上特有的讽刺之一就是:即使在一个对于接触某些理论的源泉来说不受

① 〔德〕海德格尔著,孙周兴译:《路标》,第 185 页。

② 参见周国平:《尼采:在世纪的转折点上》,上海人民出版社 1986 年版,第 2 页。

任何限制的时代里,有些人仍然对这些理论横加曲解,达到没有止境的地步。最近几十年来马克思的理论所遭遇的情况,可以说是这种现象中一个最突出的例子。在报刊上,在政治家的演说中,在有名望的社会科学家和哲学家的所写的书籍和文章中,经常提到马克思和马克思主义;可是,除了极少数人之外,似乎政治家们和新闻记者从来没有浏览一下马克思的著作,某些社会科学家也满足于对马克思的一知半解……"[①]历史终究给出了命运般的契机,让马克思哲学得以重新敞开。胡塞尔和海德格尔的现象学就是这种诱因。王德峰教授认为:"现在这样的时机已经来到。通过胡塞尔,我们发现了使马克思发动存在论革命得以可能的现象学原则;借助海德格尔对基础存在论的阐发,我们重新领会了历史唯物主义的存在论境域以及马克思在这一境域中对人的历史的生存论描述。由此,我们才有可能彻底消除笼罩在关于历史唯物主义之诠释上的近代思想迷雾。"[②]

问题是,海德格尔与马克思之间的思想开启与"以海解马"是一回事吗?回答是否定的。"以海解马"与"以恩解马""以苏解马"的相同之处在于:它使马克思哲学有所解蔽的同时亦有所遮蔽。因为两种哲学之间的可能的视界融合,并不意味着其视野的完全重合。"以海解马"难以避免的后果是马克思哲学的海德格尔化。吴晓明教授指出:

> 虽说海德格尔(还有伽达默尔)在颇有卓识地提示马克思哲学之意义的同时仍然错估了这种哲学的根本性质(他们都认为马克思哲学并未超出形而上学——引者注),但其基础存在论的制定和开展却确凿无疑地提示了超越现代性

---

① 〔美〕E. 弗洛姆:《马克思关于人的概念》,《西方学者论〈1844 年经济学哲学手稿〉》,第 20 页。

② 王德峰:《海德格尔与马克思:在历史之思中相遇——论历史唯物主义的存在论境域》,《天津社会科学》1999 年第 6 期。

> 阐释的可能性，在这种阐释的可能性中根本地要求着终止形而上学的种种倒退，并令此等倒退成为哲学上的"丑闻"。这样说决不意味着要把马克思哲学的当代性置入海德格尔的基础存在论。我所说的只是"提示"……"可能性"；而这种可能性的意义首先在于避开危险，亦即避开令阐释重归形而上学的危险。正是在这样一种意义上，马克思哲学之当代意义的阐释将不可避免地与海德格尔形成对话。[①]

这就是海德格尔基础存在论对马克思哲学的开启性与"以海解马"的失当性之间的原则区别。显然，"以海解马"不但没有给出马克思应有的思想高度，反而使之矮化。这是马克思与海德格尔的对话研究中尤其需要注意的问题。

海德格尔认为："仅从现象学的最本己的方面来说，现象学并不是一个学派，它是不时地自我改变并因此而持存着的思的可能性，即能够符合有待思的东西的召唤。如果现象学是这样地为人们所理解和坚持的话，那么它作为一个哲学标题就可以不复存在了，但是它会有益于思的事情。"[②]黑格尔将意识的发展史称为"精神现象学"；胡塞尔以先验主体性重构意识对象的明证的被给予性；海德格尔构建了"此在"的现象学……马克思则从未将自己的学说冠以"现象学"之名，他更多的是在否定的层面，即黑格尔批判的意义上使用这一术语。因此，澄清以下几个问题是必要的：现象学究竟是什么？如果它只是一种思维方法，那么，其中一以贯之的精神是什么？

---

① 吴晓明：《思入时代的深处——马克思哲学与当代世界》，第 507 页。

② 〔德〕海德格尔著，陈小文、孙周兴译：《面向思的事情》，商务印书馆 1996 年版，第 98 页。

第二章　现象学及其基本精神之审视

作为最伟大的哲学事件之一，现象学的诞生对哲学及其他人文学科产生了和正在产生了深远的影响。许多学者认为现象学方法仍将成为21世纪最有影响力的理论构想。那么，什么是现象学？它的基本精神是什么？其源头何在？马克思哲学革命的阐释为何选择现象学的视角？这些问题，人们时时问及，却没有最终答案。

一、再问什么是现象学？

黑格尔并非“现象学”一词的发明者。据贺麟、王玖兴先生考证，德国启蒙思想家朗贝尔特(J. H. Lambert)在他的《新工具》(1764)一书中就已用过“现象学”一词。此后，赫尔德(Herder)在他的《批评的丛林》第4卷中用过“美的现象学”和“真的现象学”的提法。康德《自然科学的形而上学基础》一书也有一章以“现象学”为标题。可以肯定，上述种种“现象学”并非真正意义上的现象学，因为它还没有被作为一种规范而普遍的“思”之方法。

黑格尔是第一个将现象学作为一种运思方式的哲学家。在他那里，“现象”就是“显象”“显现”。精神现象学就是精神的自我显现。精神如果不是自我显现和展开，就无以通达真理，因为

“真理是过程”。由此看来,精神现象学之“现象”与近代哲学之现象截然不同:后者是指客观存在在人的意识中形成的表象,它同隐而不显的本质是相对立的,因为认识的任务就是通过现象揭示其本质;而前者则意味着自身显现。现象之后并没有与其相对的本质。现象就是本质,就是显现者的自身显现。

内在性是哲学的本己特性,它要求哲学从原初的“实事”,而不是派生意义上的“事实”出发。现象学就是“面向实事本身”的方法。然而,给出现象学的定义是极其困难的。1945 年,梅洛·庞蒂依然追问:“什么是现象学? 在胡塞尔最初著作半个世纪以后,还提出这个问题,可能显得很奇怪。可是这问题离解决还远着呢。”①伽达默尔说:“几乎每一个可以划到现象学运动中去的学者都提出过‘现象学是什么?’这个问题,并且对问题的回答都各不相同。”②倪梁康教授揶揄道:这是现象学的“耻辱”。尽管如此,笔者还是想展示几种关于现象学的理解,以更好地领略胡塞尔开创的现象学所特有的“观看”。作为现代现象学之父的胡塞尔,一生迷恋于研究意识体验的问题,曾长期经受哲学的绝望和沮丧的折磨。对胡塞尔而言,首要的永远是神秘的主体性,客体永远是一种特殊的“意识成就”。因为,“意识是一切体验的基础,它的显现样式似乎不可中断地联系于时间本身的性质。甚至没有意识就不能有体验,意识进入每一体验。从此活生生的意识流中出现了观念性、无时间性的意义的‘成就’,对超越性的客体和真理的把握”③。而意识永远被特殊化为某人的意识,于是研究意义发生的“远处领域”的过程必定从某人自身

① 倪梁康编:《面对实事本身——现象学经典文选》,东方出版社 2000 年版,第 710 页。

② 〔德〕伽达默尔著,夏镇平、宋建平译:《哲学解释学》,上海译文出版社 2004 年版,第 143 页。

③ 〔爱尔兰〕德尔默·莫兰著,李幼蒸译:《现象学:一部历史的和批评的导论》,中国人民大学出版社 2017 年版,第 73 页。

开始,从严格的自我检验开始。胡塞尔现象学的主旨与诉求,在于为知识形成中意识和主体性的基础作用进行严格而科学的辩护。因此,胡塞尔作为现代现象学的开创者,在其哲学生涯中不断地面临矛盾和谬误。尽管如此,这条现象学道路还是越走越宽,现象学方法也开出了炫目的思想之花。虽然,海德格尔另辟蹊径,逐渐远离胡塞尔的意识领域,但并没有否定现象学方法。相反,他宣称"哲学是普遍的现象学存在论"[①],本体论只有作为现象学才是可能的。海德格尔认为,现象学应该关注人类生存的事实本身,这一工作事关重大。莫兰认为:"海德格尔改变了20世纪哲学的形态。他(海德格尔——引者注)通过其对人的生存或'此在'的彻底反主观主义的和反人类学的论述,否定了流行的唯心主义(不论是新康德主义的还是胡塞尔的)。《存在与时间》被看作对于何者为人的问题,提出了最强有力的反笛卡尔、反主观主义、反二元论和反唯智主义的探讨,以及人类如何以充满关切的态度交遇世界,人束缚于诸情境中,却从这些情境中向前投射自身。"[②]"此在"的现象学,是又一曲人道主义的高歌!舍勒则更为宽泛地规定了现象学"看"。他认为,这里所涉及的是这样一种"观察",即"被体验者和被直观者仅只在体验和直观行为本身中、在此行为的进行中'被给予':它在此行为之中,并且仅仅在它之中显现出来。它并非处于此,让人们去观察它,以至于实事的这个或那个特征在不改变事实的情况下显露出来。在这里,如何使某物得以显现,这是无关紧要的"[③]。我国现象学研究的开山者熊伟先生认为:"现象学要做的事不是要认识现成的现象,而是要研究如何让无论是什么的认识对象出

---

① 〔德〕海德格尔著,陈嘉映、王庆节译:《存在与时间》,第492页。

② 〔爱尔兰〕德尔默·莫兰著,李幼蒸译:《现象学:一部历史的和批评的导论》,第217页。

③ 倪梁康编:《面对实事本身——现象学经典文选》,第176页。

现在当前，要现象出来，成为我们感性的眼睛或智慧的眼睛的对象。这就是现象学的事情本身……”①

“面向实事本身”！现象学就是要寻找合适的方式面向“实事”。譬如，在刺骨的寒冷中，你渴望温暖、渴望一颗温热的心灵，那么该如何迎向温暖？也许，古老的灯火意象就是一个穿透寒冷和坚硬的现象学指引。试想，在元宵之夜，只要你愿意，你仍然可以出神地观望一盏盏灯火，在郊野，在祖先的坟茔，在广袤的大地上闪闪烁烁。在这跳动升腾的火光中，天、地、人神聚拢在这里。你油然而生一种神圣的亲密感。因这跳动的灯火，你冰冷的胸膛渐渐温热，你坚硬的内心也会慢慢柔软。于是，你重新回到了那个共属的世界。尽管，这个世界在安德森看来是“想象的”。

面向一盏油灯与面向历史性“此在”，在现象学的路上会有不同吗？

德尔默·莫兰认为：“现象学从未发展出一套教义或凝聚为一个系统。它首先自称是研究哲学的一种彻底的方法，一种实践，而非一个体系。现象学最好被理解为一种彻底的、反传统的哲学实践风格，它强调通过描述现象达至事物真理的企图，现象在最广义上即任何在其呈现方式中，即当其显现于意识、显现于经验者时所呈现者。于是现象学的第一个步骤就是设法避免一切预先强加于经验的曲解，无论这些强加的曲解是来自宗教的或文化传统，来自常识习俗，或哪怕来自科学本身。在现象被从内部理解之前不应强加以任何解释。”②现象学在于摒除一切自然的和历史的观点对原初经验的解释性重构，而专注于经验自身的显现和建构。就是说，在现象学的视域中，我们通常所谓的

① 熊伟：《自由的真谛——熊伟文选》，第166页。

② 〔爱尔兰〕德尔默·莫兰著，李幼蒸译：《现象学：一部历史的和批评的导论》，第4页。

“经验”由于掺杂了人的各种处境性的解释和重构而丧失了最初的纯粹，因而已经不是经验自身了。这就是“面向实事本身”的实质。然而，这一现象学原则的贯彻却并不容易，因为：“一种彻底的现象学态度不仅是对自然观点（普通人的意见）和经验科学观点的悬搁，而且在自身中还必须包含对历史及语言的清理和批判。描述者不仅需要在经验的本源（≠原因）处直观这一经验，还必须反省他的观看方式、他的描述所采取的语言和范畴的历史起源，看看它们是否切中了实事。在每一个重要的语词和概念中，都包含着历史性的变化轨迹，它们的含义的变迁史就是世界图景和人类经验方式的变迁。理解这些变迁史如何发生的，对于我们理解人类经验的本质结构极为重要。”[①]如此看来，现象学的丰富内涵甚至超出了我们通常的理解，其使命还远远没有完成。就人的存在的原初经验的结构而言，海德格尔和马克思分别给出了各自的现象学阐释。他们二人都想在现代性的逼仄中寻找一条通往自由的道路，但哪一种最切中人的存在本身，最有可能获得自由的期许呢？

现象学是近代哲学发展的内在要求。“哲学究竟要做什么和应该做什么？”德国古典哲学关于哲学本性的反思，反映出哲学回归本己的内在性的冲动和要求。内在性犹如哲学之家园，是哲学自己的事情。

第一，从西方哲学发展的内在逻辑来看，现象学是近代哲学的“隐秘憧憬”。

近代主客二分的思维模式在推动科学主义和实证主义勃兴的同时，也造成了哲学对自身根基的遗忘。黑格尔与胡塞尔都已敏锐地洞察到由此造成的科学本身的危机。黑格尔说道：“人们完全没有认识到，在任何一门知识或科学里按其内容来说可

---

① 王凌云：《来自共属的经验——现象学与哲学文集》，中国社会科学出版社2017年版，第45页。

以称之为真理的东西，也只有当它由哲学产生出来的时候，才配得上真理这个名称；人们完全没有认识到，其他的科学，它们虽然可以按照它们所愿望的那样不要哲学而只靠推理来进行研究，但如果没有哲学，它们在其自身是不能有生命、精神和真理的。”[①]胡塞尔也为欧洲科学的危机而焦虑不安。他认为：“在十九世纪后半叶，现代人让自己的整个世界观受实证科学支配，并迷惑于实证科学所造就的‘繁荣’。这种独特现象意味着，现代人漫不经心地抹去了那些对于真正的人来说至关重要的问题。只见事实的科学造就了只见事实的人……实证科学正是在原则上排斥了一个在我们的不幸的时代中，人面对命运攸关的根本变革所必须立即作出回答的问题：探问整个人生有无意义。这些对于整个人类来说是普遍和必然的问题难道不需要从理性的观点出发加以全面思考和回答吗？”[②]强烈的使命感让胡塞尔担负起使哲学成为严格科学的探索。在回忆布伦塔诺的影响时，胡塞尔说道：“从布伦塔诺的讲座中，我获得了一种信念，它给我勇气去选择哲学作为终生的职业，这种信念就是：哲学也是一个严肃工作的领域，哲学不仅可以并且也必须以一种严格科学的精神来进行研究。”[③]科学根基的丧失，不仅使哲学家深受折磨，就连科学家自己也深感痛苦。荷兰著名物理学家洛伦兹说道：“在今天，许多人提出同昨天说过的话完全相反的主张，在这样的时期，真理已经没有标准了，也不知道科学是什么了。我很悔恨我没有在这些矛盾出现的前五年死去。”[④]哲学可以成为真正严格的科学吗？笛卡尔、康德曾为之殚精竭虑，但只有在黑格尔

---

① 〔德〕黑格尔著，贺麟、王玖兴译：《精神现象学》上卷，商务印书馆 1979 年版，第 46 页。

② 〔德〕胡塞尔著，张庆熊译：《欧洲科学危机和超验现象学》，上海译文出版社 2005 年版，第 7 页。

③ 洪汉鼎：《诠释学——它的历史与当代发展》，第 123 页。

④ 转引自赵鑫珊：《科学·艺术·哲学断想》，三联书店 1985 年版，第 11 页。

那里,问题才得到真正的解决,即哲学踏上"内在性"的陆地,成为严格的科学的枢机是"思维与存在的同一"。由此,叶秀山先生断言,自近代以来,欧洲的哲学思想朝着分析与综合两个方何已有了长足的发展。从综合方面来说,康德以后,有费希特、谢林、黑格尔这一古典唯心主义系统。从这个系统发展下来,必定走现象学的路子。

第二,从哲学自身的发展来看,现象学是哲学求"真"的必然结果。

黑格尔现象学与胡塞尔开创的现代现象学固然存在着巨大的差异,但在哲学关于"真"的诉求上,它们却表现出惊人的相似:对主客体分裂对立的厌烦和对回归始源性存在的渴望。黑格尔与胡塞尔都试图诉诸"内在性",达成哲学之"真"。在他们看来,现象学就是哲学内在性的实现。黑格尔在《精神现象学》的序言中提出,真理乃为科学的体系:

> 因为事情并不穷尽于它的目的,而穷尽于它的实现,现实的整体也不仅是结果,而是结果连同其产生的过程;目的本身是僵死的共相,正如倾向是一种还缺少现实性的空洞的冲动一样;而赤裸的结果则是丢开了倾向的那具死尸。——同样,差别毋宁说是事情的界限;界限就是事情终止的地方,或者说,界限就是那种不复是这个事情的东西。因此,像这样地去说明目的或结果以及对此一体系或彼一体系进行区别和判断等等工作,其所花费的气力,要比这类工作乍看起来轻易得多。因为,像这样的行动,不是在掌握事情,而永远是脱离事情;像这样的知识,不是停留在事情里并忘身于事情里,而永远是在把握另外的事情,并且不是寄身于事情,献身于事情,而毋宁是停留于其自身中。①

① 〔德〕黑格尔著,贺麟、王玖兴译:《精神现象学》上卷,第3页。

在这段长长的引文中，黑格尔分析了近代主客二分的哲学所造成的主体与客体的互隔以及主体性的迷失。他试图以思维与存在的同一来拯救主体性的尊严。换句话说，就是以理性的自主性来矫正文艺复兴以来人道主义的肤浅、傲慢和自负。“停留在事情里并忘身于事情里”就是使“事情”自身显现，自我完成。

胡塞尔关于欧洲科学危机的诊疗，大体上表达了同样的意图。在胡塞尔看来，时代危机的根源“可以追溯到文艺复兴时期。一方面，在文艺复兴时期，欧洲人性的自主性通过新的哲学观念的确立而形成；另一方面，在文艺复兴时期所产生的物理主义的客观主义及其变种如实证主义、二元论、怀疑论，对欧洲文化产生越来越大的影响，而追求理性的、普遍的哲学的理念则日益黯淡下去”①。1906 年的笔记透露了胡塞尔内心遭受的哲学的模糊和怀疑的巨大折磨。他说道：“如果我能够称自己为哲学家，那么我首先提到的是我必须为自己解决这个一般的任务。我指的是理性批判。如果我不在大致的轮廓中弄清理性批判的意义、本质、方法、主要观点，如果我还没有设想、计划、确定和阐述它的一般纲领，我就不能真正而真实地生活。我已经受尽了模糊性、左右摇摆的怀疑的折磨。我必须达到内在的坚定性。我知道，这是事关重要的事情。我知道，伟大的天才们曾在这里失败过，如果我想和他们去比较的话，那么从一开始我就不得不绝望……”②在胡塞尔看来，这种无法容忍的模糊和怀疑，根源于哲学对本己内在性的疏离和遗忘。同时，他认为历史主义是自然主义在人文科学领域的变种，而怀疑主义是历史主义不可避免的命运。他说道：“很容易看清的是，历史主义如果将它的观点贯彻到底，就会陷入极端的怀疑论的相对主义。真理、理论

① 〔德〕胡塞尔著，张庆熊译：《欧洲科学危机和超验现象学》，第 4 页。

② 〔德〕胡塞尔著，倪梁康译：《现象学的观念》，上海译文出版社 1986 年版，第 1～2 页。

与科学概念,就会像所有其他的观念一样,丧失它们的绝对有效性。”[①]历史主义在历史生成的意义上反对任何永恒的真理和价值,彰显出现代性无与伦比的创造性与解构性。关于现代性的这种气质,马克思曾作过十分传神的描述:“生产的不断变革,一切社会状况不停的动荡,永远的不安定和变动,这就是资产阶级时代不同于过去一切时代的地方。一切固定的僵化的关系以及与之相适应的素被尊崇的观念和见解都被消除了,一切新形成的关系等不到固定下来就陈旧了。一切等级的和固定的东西都烟消云散了,一切神圣的东西都被亵渎了。人们终于不得不用冷静的眼光来看他们的生活地位、他们的相互关系。”[②]现代性对一切神圣之物和永恒之物的解构,必然带来意义世界和信念世界的坍塌。这恰恰是人的存在的本质性危机。胡塞尔直指历史主义的落脚点,即历史主义基于精神的经验生活的事实领域,而这个领域是未经明证的,因而,其确定性是有问题的。为此,他主张区分两种态度:自然的思维态度和哲学的思维态度。前者不假思索地预设了某种东西的存在,特别是预设了主体和客体的分裂对立。在这种态度中,认识的任务就是达到认识主体与客观对象的符合;相反,哲学的思维态度则要求回到前主客二分的原初状态,寻求认识的绝对明证的被给予性,以确保认识之“真”。

应该说,胡塞尔关于近代哲学的诊断是深刻的。他认为,在康德之前,近代哲学家从未将人的主观思维与客观世界贯通起来。经验论者和唯理论者都独断地认为已经解决了“认识如何可能”的问题,实际上,压根儿还未曾与问题照面!真正触及这个问题的是康德。正是康德表达了德国古典哲学那种“隐秘的

① 参见涂成林:《现象学运动的历史使命》,中央编译出版社 2007 年版,第 36 页。

② 《马克思恩格斯文集》第 2 卷,人民出版社 2009 年版,第 34～35 页。

渴望”[①],即克服主体与客体、唯物与唯心、思维与存在的二元分裂的憧憬与渴望。应该说,康德提示了解决问题的思路,但并未彻底解决问题。因为在他那里,“现象”和“物自身”之间仍然处于分裂状态。只有黑格尔的精神现象学才满足了哲学向内在性的回归。在这里,胡塞尔觉得“精神”的绝对明证性仍然是成问题的。他试图以“意识的意向性”来为认识的绝对明证性奠基,这就是所谓现象学的“工作方法”。胡塞尔认为,这种方法能够克服神秘主义和非理性主义,从而将哲学以及自然科学从堕落的危机中救起。他说:“我想用这种方法来反对神秘主义和非理性主义,以建立一种超理性主义,这种超理性主义胜过已不适合的旧理性主义,却又维护它最内在的目的。”[②]在胡塞尔看来,黑格尔解决哲学内在性的方案是有问题的,因为思维与存在的同一预设了理性的先天正当性与合法性,其症结在于缺乏“理性批判”。也就是说,理性的绝对明证性尚是有待追问的。胡塞尔说道:人性对纯粹而绝对知识的不懈追求要求哲学成为最高尚、最严格的科学,但哲学在它发展的任何时期都没有能力实现这种要求。近代哲学宁可凭借批判性的反思与更深刻的方法论研究来把自己构成严格的科学,而不愿朴素地受哲学冲动的左右。这种情形只是在浪漫主义哲学那儿才出现了变化。尽管黑格尔坚持他的方法和学说的绝对有效性,但他的体系仍然缺乏一种理性批判。[③] 而这正是任何试图成为科学的哲学所必须解决的首要问题。难怪黑格尔一边说哲学史所昭示给我们的是一系列的高尚的心灵,是许多理性思维的英雄们的展览,一边又说全部哲学史成了“一个战场,堆满着死人的骨骼。它是一个死人的王

① 参见张祥龙:《朝向事情本身》,团结出版社2003年版,第6页。

② 倪梁康主编:《面对实事本身——现象学经典文选》,第8页。

③ 参见〔德〕胡塞尔著,吕祥译:《现象学与哲学的危机》,国际文化出版公司1988年版,第63～70页。

国,这王国不仅充满着肉体死亡了的个人,而且充满着已经推翻了的和精神上死亡了的系统,在这里面,每一个杀死了另一个,并且埋葬了另一个"[①]。黑格尔自己无法逃脱这种命运,也照样被杀死了。思想的厮杀令人唏嘘!不过,这种厮杀并不像战场上敌对双方之间的肉体消灭,它是一种思想埋葬另一种思想、一种精神遮蔽另一种精神。在这里,杀死对方必须借助对方的思想。在这个意义上,每个哲学路途中的行者,都无法越过以往哲学史的学习。恩格斯在更为一般的意义上强调了这一点。他说道:"一个民族要想站在科学的高峰,就一刻也不能没有理论思维","但是理论思维无非是才能方面的一种生来就有的素质。这种才能需要发展和培养,而为了进行这种培养,除了学习以往的哲学,直到现在还没有别的办法。"[②]

某种意义上,哲学没有历史,一切都要从头开始;或者说,哲学史不过是哲学家转换思维方式的历史。但是,这并不意味着哲学运思的每一次转换可以天马行空,无所遵循。恰恰相反,它需要牢牢把握自己的思想史资源。没有这个前提,任何哲学上的革命都是枉然。因而,"任何思想,不管是哲学的、美学的、还是别的什么,都有两个来源。一个来源是该思想的思想史前提和出发点。……另一个来源是该思想的现实内容,它向形式转化推动着历史形式的变革与发展。前者保证了思想的历史继承性,后者保证了思想的现实创造性。前者和后者的关系,在思想领域内,是解释学的关系"[③]。可以说,笛卡尔和黑格尔就是胡塞尔现象学的思想史资源。笛卡尔对胡塞尔的影响是巨大的。

---

① 〔德〕黑格尔著,贺麟、王太庆译:《哲学史讲演录·导言》第1卷,商务印书馆1959年版,第21~22页。

② 〔德〕恩格斯著,中共中央著作编译局编译:《自然辩证法》,人民出版社2015年版,第42、43页。

③ 张志扬:《门——一个不得其门而入者的记录》,同济大学出版社2004年版,第86页。

晚年胡塞尔在《巴黎演讲》中表达了对笛卡尔的由衷敬意:“过去的哲学家没有一位像勒奈·笛卡尔——法兰西最伟大的思想家那样决定性地影响了现象学的意义。现象学应该给他以真正创始人的荣誉。我必须明确地说,对笛卡尔《沉思录》的研究已经直接影响了正在发展中的现象学的构架并给予它以目前所见的形式,照这样看来,现象学几乎可以说是一种新的、20 世纪的笛卡尔主义。”①这位现代现象学之父的心声却暴露了胡塞尔现象学所面向的“实事”本身——“纯粹意识”。黑格尔对胡塞尔的影响可以从胡氏现象学的根基——“先验意识”上得到确证。在黑格尔那里,意识的成长史就是“绝对精神”的诞生史。两位哲学家对严格科学的哲学的不懈追求,要么朝向意识的绝对性,要么朝向意识的纯粹性。这实在是很有趣的现象。胡塞尔,这位严肃的职业哲学家在精神气质方面与黑格尔有许多相似之处。同时,他对黑格尔的批判,不应被理解为简单的否定。

二、现象学的基本精神:面向实事本身

早在现象学运动之初,胡塞尔就提出了“面向事情本身”的主张,这一主张成为“那种将现象学运动各成员联系在一起的东西”。现象学之所以被视为一种哲学运动,就在于形态各异的现象学家们对这一态度和基本精神的秉持和坚守。“面向事情本身”——它在不同的现象学家那里有不同的叫法。“胡塞尔将它称之为一种‘思维态度’;舍勒将它称之为一种‘观点’(观看之点——编者注),海德格尔将它称为一种‘趋向’或‘路标’,梅洛·庞蒂将它称之为一种‘风格’”②。无论是“思维态度”“观点”

---

① 参见涂成林:《现象学的历史使命》,第 50 页。

② 倪梁康:《何谓现象学精神——〈中国现象学与哲学评论〉第 1 辑代序》,《中国现象学与哲学评论》第 1 辑,上海译文出版社 1995 年版,第 1～6 页。

“路标”还是“风格”,都是要挣脱形而上学的思维方式,“回到实事本身”。胡塞尔在《纯粹现象学通论》中说道:“合理化和科学地判断事物就意谓着朝向事物本身(Sachen selbst),或从语言和意见返回事情本身,在其自身所与性中探索事物并摆脱一切不符合事物的偏见。”[①]值得注意的是,现象学的“事情本身”并不等同于经验事实。胡塞尔强调:

> 不可从一开始就将这样一些“实事”(Sachen)等同于经验的“事实”(Tatsachen),即在那些以如此大的范围在直接的直观中绝对被给予的观念面前佯装盲目。我们所受到成见的束缚过深,它们自文艺复兴以来便产生了。对于一个无成见的人来说,一个确定是源自于康德还是托马斯阿奎那,是源自于达尔文还是亚里士多德,是源自于赫尔姆霍茨还是把拉塞尔苏斯,这都是无关紧要的……只要哲学是在向最终的起源进行回溯,它的本质便恰恰在于:它的科学工作是在直接直观的领域中进行;而我们这个时代所迈出的最大一个步伐便是,它认识到,借助于正当意义上的哲学直观,借助于现象学的本质把握,一个无限的工作领域便显露出来,一门科学便显露出来,它不带有任何间接的符号化和数学化的方法,不带有推理和证明的辅助,但却获得大量最严格的并且对所有进一步的哲学来说决定性的认识。[②]

在胡塞尔看来,“经验事实”的获得由于诸种偏见的干扰而缺乏纯粹性和严谨性,无法上升为成为科学。在诸种偏见中,自然的态度是根深蒂固的。按照胡塞尔的理解,“自然的态度”是一种伴随我们一切思想和意识活动的“存在信念”或“存在设定”。恰

① 〔德〕胡塞尔著,李幼蒸译:《纯粹现象学通论》,商务印书馆 1992 年版,第 75 页。

② 〔德〕胡塞尔著,倪梁康译:《哲学作为严格的科学》,商务印书馆 1999 年版,第 69～70 页。

恰是这种“存在信念”或“存在设定”，造成了认识论上的巨大困惑，即“作为世界一部分的意识，如何能够反过来站在世界之外来认识世界本身？在胡塞尔看来，自笛卡尔和康德以来的整个现代认识论哲学之所以无法实现其彻底的先验主体性之理想，就是因为他们囿于‘自然态度’，陷入一种‘自然主义’的谬误，不仅不言自明地相信世界的存在，而且把意识或主体本身也看成是世界的一部分”①。而“事情本身”则是通过“原初给予的直观”而获得。“直接的看，不只是感性的、经验的看，而是作为任何一种原初给予的意识的一般看，是一切合理论断的最终合法根源。这一根源具有其给与合法性的功能，只因和只就它是原初给与的而言。”②在这个意义上，“事情本身”具有彻底的明见性和实证性。胡塞尔曾将“实事”的“实证”性说过这样的话：“如果‘实证主义’相当于有关一切科学均绝对无偏见地基于‘实证的’东西，即基于可被原初地加以把握的东西的话，那么我们就是真正的实证主义者。”③就此而言，只有“事情本身”具有实质的重要性，因为“研究的动力必定不是来自各种哲学，而是来自实事与问题”④。有趣的是，在评价费尔巴哈人本学时，马克思也几乎是在相同的意义上，强调人的感性存在的“实证”性意味。他说：“对国民经济学的批判，以及整个实证的批判，全靠费尔巴哈的发现给它打下真正的基础。从费尔巴哈起才开始了实证的人道主义的和自然主义的批判。”⑤显然，这里的“实证”是就“原初的可被把握的东西”而言，并非实证科学意义上的“实证”。可见，胡塞尔和马克思都不是在实证科学的意义上使用“实证”一词的。

---

① 倪梁康等编著：《胡塞尔与意识现象学》，上海译文出版社2009年版，第98页。

② 〔德〕胡塞尔著，李幼蒸译：《纯粹现象学通论》，第77页。

③ 转引自洪汉鼎：《诠释学——它的历史和当代发展》，第161页。

④ 〔德〕胡塞尔著，倪梁康译：《哲学作为严格的科学》，第69页。

⑤ 〔德〕马克思：《1844年经济学哲学手稿》，第4页。

对于胡塞尔而言,“事情本身”就是“先验自我”及其关于世界的意向性构成作用。然而,在后来的现象学家看来,胡塞尔毋宁是在背离“事情本身”。因为“胡塞尔的‘自我’并不是一个黑格尔式的万能主体或上帝,而自我的意向性构成也并非意味着无中生有的创造。对他来说,自我的意向性构成作用不过是让‘事情本身’显示出来。但问题在于,任何显示或‘自身被给出’总是以某种不可显示的‘预先被给定物’作为前提。因此,不管胡塞尔将自我的意向性构成作用拓展得多深、多远,但总有某种‘预先被给定’的东西是自我的意向性构成无法触及的深渊”①。可见,胡塞尔囿于一门严格的本质科学的追求,始终未曾摆脱现象学哲视理论主义的视域,即“在胡塞尔的话语中存在着某种注视的权威、某种哲视理论权威,虽然他最关注的并非是哲视理论而是实践性或审美性的价值哲学态度,即意向性,不过,总有那么一个哲视理论重新占领那并非哲视理论者的时刻,或者就有这种可能性。这里是存在着一种现象学哲视理论主义,一种注视或者看的权威”②。因此,胡塞尔的现象学最终必然无法摆脱形而上学的预设。

在胡塞尔那里,“面向事情本身”与笛卡尔的“我思故我在”有着共同的初衷,即寻找认识的绝对基础。后者将哲学的绝对基础奠基于一个思维着的主体,前者则以一种“原初给予的直观”获得“事情本身”。可见,胡塞尔孜孜以求的就是经验对象与其主观给予方式之间的相关性问题:

> 关于每一个人都像事物和一般世界对他呈现的那样看见事物和一般世界的这种朴素的不言而喻性,掩盖了一个由值得注意的真理构成的广大地平线,这些真理从来没有按照自己的特征和自己的系统关联进入到哲学的视野。世

---

① 倪梁康等编著:《胡塞尔与意识现象学》,第122页。

② 〔法〕德里达:《德里达谈现象学》,《哲学译丛》2001年第3期,第29～30页。

界(我们总在谈论的世界)和世界的主观给予方式的相关性,从来(就是说,在"超越论的现象学"在《逻辑研究》中第一次出现以前)也没有引起哲学上的惊异,虽然在苏格拉底以前的哲学中,以及在诡辩论中(只是作为怀疑论的论证的理由)已经明确地呈现出来。这种相关性也从来没有引起特殊的哲学兴趣,使它成为一种特殊科学态度的主题。人们仍旧囿于这样一种不言而喻性,即每一种事物对于每一个人每一次都显得是不同的。①

经验事实本身与其主观给予方式的相关性,决定着知识的纯粹性和真理性。如果任其由"自然的态度"所占据,那么,我们得到的永远只是意见,而不是真理。

海德格尔对形而上学的诊断可谓切中要害。他说:

形而上学的思想基于一种区分,即真实存在的东西与相比之下构成非真实存在者的东西之间的区分。对于形而上学之本质来说,关键却并不在于:这里所谓的区分表现为超感性与感性的对立,而倒是在于:这种区分在某种分裂意义上始终是第一性的和基本的。②

形而上学在根基处的二元性,是导致哲学叛离其本己的内在性的根源。这种隐藏在开端处的破裂,早已预示了西方文化"还乡"的渴望。成就黑格尔哲学史地位的,恰恰是其对西方哲学"还乡"渴望的满足。因为黑格尔的"绝对精神"具有不断区分和分化自身而又重新肯定自身的特性,即:

生命是被这样的事实所决定的,即有生命的事物使自己区别于它在其中生存并与之保持联系的世界,并且继续使自己保留在这种自我区分的过程之中。有生命物的自我保持,是通过把外在于它的存在物投入而产生的。一切有

---

① 〔德〕胡塞尔著,李幼蒸译:《纯粹现象学通论》,第200页。

② 〔德〕海德格尔著,孙周兴译:《演讲与论文集》,三联书店2005年版,第127页。

> 生命的东西都是靠与自己相异的东西来滋养自身。生命存在的基本事实是同化。因此区分同时也是非区分。异己者被己所占有。[①]

所谓不断区分和分化自身,是指"绝对精神"通过异化来实现自己。思辨哲学将一切可能性都含摄于作为逻辑起点的"绝对精神",从而成就了"绝对精神"的内在性和生成性。但如果因此认为概念的辩证运动并非生成而是先验的和预成的,就是一种误解了。对于这种可能的误解,黑格尔好像早有预感。他是这样澄清的:

> 概念的运动就是发展,通过发展,只有潜在它本身中的东西才得到发挥和实现。……譬如一个植物便是从它的种子发展出来的,种子已经包含整个植物在内,不过只是在理想的潜在的方式下。但我们却不可因此便把发展理解为:似乎植物不同的部分,如根干枝叶等好像业已具体而微地、真实地存在于种子中了。这就是所谓"原形先蕴"的假设,其错误在将最初只是在理想方式内的东西认作业已真实存在。[②]

黑格尔强调观念中的实在与现实中的实在是两回事。前者只是可能性,而后者才是现实性。就此而言,观念中的实在是非实在的。由可能性到现实性的转变本身就是无中生有,虽然它是在思想中实现。先验论则不是无中生有,而是有中生有。正如张志扬先生所说,先验论的智慧在于把本该论证的结论隐藏在论证的前提中,并当作一个绝非强制的事实要人们接受。[③] 因而,关于黑格尔哲学的先验论和预成论的指责的确有失恰当。

如果说现象学意味着让"实事"自身显现,那么哲学的"真"

---

① 参见洪汉鼎:《诠释学——它的历史和当代发展》,第 185 页。

② 〔德〕黑格尔著,贺麟译:《小逻辑》,商务印书馆 1980 年版,第 329 页。

③ 参见张志扬:《门——一个不得其门而人者的记录》,第 87 页。

就取决于“实事”本身的被给予方式的真。海德格尔认为，黑格尔和胡塞尔虽然力求实事自身的显现之真，但这种“真”也可以领会为另一种意义上的不真。因为无论“绝对精神”还是先验主体无非都是抽象的“主体性”。海德格尔说道：

我们已经获得了这样一种洞见：对“面向事情本身”这个呼声而言先行确定的乃是作为哲学之事情的哲学所关涉的东西，从黑格尔和胡塞尔的观点——而且不光是他们的观点——来看，哲学之事情就是主体性。对这个呼声来说，有争议的东西并非事情本身，而是它的表现，通过这种表现，事情本身才成为现身当前的。黑格尔的思辨辩证法是这样一个运动，在这个运动中事情本身达乎其自身，进入其自身的到场了。胡塞尔的方法应将哲学之事情带向终极原本的被给予性，也即说，带向其本己的在场了，两种方法尽可能地大相径庭。但两者要表达的事情本身是同一样东西，尽管是以不同的方式经验到的。①

海德格尔企图超越主体性而回到“此在”的存在中。然而，“此在”的存在就是现实的人的存在吗？现象学是否意味着唯心主义？回答是否定的。按照恩格斯所谓哲学“基本问题”的观点，现象学与哲学的唯物、唯心性质其实完全是两码事。哲学上唯物与唯心的划分是以先行预设心物二元分裂为前提的，它是形而上学思维的必然产物。而现象学则是通过诉诸始源性的存在来克服形而上学，以确保“实事”“如其所是”地自身显现。这样一来，“实事”本身的性质就决定了现象学的唯物或唯心性质。因而，现象学既可是唯物主义，也可是唯心主义。黑格尔现象学无疑是唯心主义的，它对自然界在时间上的优先性的承认，也不能改变其哲学的唯心主义性质。因为在对思维与存在的关系问

① 〔德〕海德格尔著，陈小文、孙周兴译：《面向思的事情》，第77～78页。

题上,黑格尔是从意识这一非始源性的派生者,而不是从人的感性存在出发的。胡塞尔则首先将客观存在加以“悬置”,对之不作判断。他瞄准的是意识中的世界,而意识中的世界要以默认客观存在的世界为前提。如果仅凭胡塞尔现象学的建构诉诸先验自我而将其归结为主观唯心主义,无疑有失恰当。其中还有许多极其复杂的问题有待澄清。海德格尔关于哲学唯心论的理解也许能给我们一些启示。他认为:

> 如果唯心论这个名称说的就是这样一种领会:存在绝不能由存在者得到澄清,对于任何存在者,存在总已经是“超越的东西”了,那么,就只有唯心论才有可能正确地提出哲学问题。这样,亚里士多德和康德一样是唯心论者。如果唯心论意味着把一切存在者都引回到主体或意识,而主体与意识就它们的存在来说始终表现为无所规定的,或最多只被消极地标画为“非物质的”,那么,这种唯心论在方法上就恰如最粗糙的实在论一样幼稚了。①

在海德格尔看来,哲学上唯物与唯心分裂对立的根源,在于对“存在”的误解和遗忘,而澄清“存在”必须以“此在”的存在方式的先行澄清为前提。这里指引着一条捷径,即通过改变问题的提问方式来消解唯物与唯心的分裂与对立。实际上,马克思正是通过诉诸“实践”解决这一问题的。

近代西方哲学的现代转向并非绕过了恩格斯所谓“哲学基本问题”,而是在很大程度上接续了这个问题。邓晓芒教授认为,现代哲学实际上是发展出了思维与存在关系的第三个方面,即思维是如何认识存在的。② 现象学提供了解答“思维如何认识存在”的可能方法:“现象学的真理观不再问真理‘是什么’,存在‘是什么’,而是问真理、存在‘如何显现出来’……而这一思路

---

① 〔德〕海德格尔著,陈嘉映、王庆节译:《存在与时间》,第239页。

② 参见邓晓芒:《实践唯物论新解——开出现象学之维》,第321页。

最先是由马克思所开辟出来的。”[①]显然，诉诸人的感性活动是解决“思维如何认识存在”的唯一可能的方法。在解决“逻辑的本体如何过渡到现实的世界”问题上，黑格尔的卓越之处在于将“逻各斯”精神与“努斯”精神进行有机融合，从而使形而上学具有了臻于完美的形式。马克思则直接通过诉之于人的感性活动——这一“逻各斯”精神和“努斯”精神的真正发源地来解决。

三、黑格尔精神现象学：现象学的源头

海德格尔在回忆自己的心路历程时说：

> 我在此认识到这样一点：意识行为的现象学所理解的现象的自身显现，在亚里士多德和整个希腊思想和希腊此在那里，被更原始地思为在场者的无蔽状态，它的解蔽，它的自我显现。作为担负着思的行为的现象学的研究所重新发现的东西，证明自己就是希腊思想的基本特征，甚至就是哲学本身的基本特征。[②]

不论海德格尔的追溯是否恰当，有一点是值得肯定的，即巴门尼德确实已经涉足存在的意义问题，只是这一传统未曾得以延续。

如果现象学就是让实事本身如其自身那样显现，那么人们对现代现象学趋之若鹜之际而遗忘了黑格尔，就是对现象学源头的远离。罗姆巴赫在《现象学之道》一文中说：“胡塞尔不是第一个现象学家，海德格尔不是最后一个现象学家。现象学是哲学的基本思想，它有一个长长的前史，并且还会有一个长长的后史。”[③]这说明现象学方兴未艾的前景，同时也隐含追寻现象学源头的必要性。然而何处是现象学之源呢？梅洛·庞蒂在论及

---

① 邓晓芒：《实践唯物论新解——开出现象学之维》，第 326 页。

② 〔德〕海德格尔著，陈小文、孙周兴译：《面向思的事情》，第 95～96 页。

③ 转引自倪梁康：《现象学运动的基本意义》，《中国社会科学》2000 年第 4 期。

哲学的发展时说道:“现象学可以当作一种方式或风格来实践和认识。它久已走在行进的路上,它的信徒到处都在发现了它,在黑格尔和克尔凯戈尔那里果然是如此,而且在马克思、尼采、弗洛伊德那里也是如此。”①在不同的地方,梅洛·庞蒂多次重审同样的观点:“过去一个世纪所有伟大的哲学思想:马克思和尼采的哲学、现象学、德国的存在主义,以及精神分析学,都是从黑格尔开始的。”②显然,现象学无论已经走到哪里,都不能把黑格尔当作一条“死狗”来对待。人类在寻找精神家园的途中,必须时时回眸这位伟大的哲人。

在某种程度上,胡塞尔与黑格尔的现象学憧憬同出于对真正严格的哲学开端的追求。在黑格尔看来,哲学无所谓开端,但具体到每一种哲学,其开端的选取就不是任意的了,因为:

> 哲学是由于思维的自由活动,而建立其自身于这样的观点上,即哲学是独立自为的,因而自己创造自己的对象,自己提供自己的对象。而且哲学开端所采取的直接的观点,必须在哲学体系发挥的过程里,转变成为终点,亦即成为最后的结论。当哲学达到这个终点时,也就是哲学重新达到其起点而回归到它自身之时。这样一来,哲学就俨然是一个自己返回到自己的圆圈,因而哲学便没有与别的科学同样意义的起点。所以哲学上的起点,只是就研究哲学的主体方便而言,才可以这样说,至于哲学本身无所谓起点。③

在黑格尔看来,只有恰当的哲学起点,才能保证哲学体系的自洽性。因而,哲学开端并不是无所谓的事情。胡塞尔怀有同样也有严格开端的情结,在他看来,“哲学本质是一门关于真正开端、

---

① 倪梁康编:《面对实事本身——现象学经典文选》,第711页。

② 转引自仰海峰:《〈精神现象学〉中的主人—奴隶的辩证法——科耶夫〈黑格尔导读〉的核心理念》,《现代哲学》2007年第3期。

③ 〔德〕黑格尔著,贺麟译:《小逻辑》,第59页。

关于起源、关于万物之本的科学。关于彻底之物的科学必须在其运行方面也是彻底的，并且从任何一方面看都是彻底的”[①]。哲学开端必须保证实事的给予方式的绝对清晰和明证性："它的绝对清晰的问题、在这些问题的本己意义上所预示出的方法以及绝对清晰地给出的最底层工作领域的实事。在任何地方都不可放弃彻底的无前提性。”[②]所谓“面向实事本身”，是要解决经验主义和历史主义的难题——无法穿透“实事”本身。因为：

> 一个观念具有有效性，这将意味着：它是一个事实的精神构成，它被视作有效的并在这种有效性的事实性中规定着思维。这样也就不存在绝然的有效性或“自在的”有效性，不存在那种即使没有人实施，或者，即使没有一个历史的人类曾经实施过，它也仍然是其自身所是的有效性。这样也就不存在对矛盾律和所有逻辑学而言的有效性，反正它们在我们这个时代已经处在完全流散的状态中。也许这就是终结，无矛盾性的逻辑原则由此而转向其对立面。[③]

可见，胡塞尔的严格科学的哲学情结甚至超过了黑格尔，它身负艰巨的思想任务，它要清除包括经验主义、历史主义、逻辑学在内的一切妨碍绝对明见性的因素。

对黑格尔与胡塞尔而言，其现象学初衷都是要寻求一个绝对的“阿基米德之点”。然而，前者强调这个“点”对于哲学体系的圆圈性的意义，后者则着力捍卫这个“点”本身的绝对自明和自身被给出性。就此而言，“现象学尽管是在拒绝承认任何形而上学前提下进行的哲学努力，但这一努力本身，正是试图尝试从开端进行哲学活动。现象学努力成为严格意义的‘第一哲学’。胡塞尔广泛使用的传统哲学概念，虽然不能表明他仍然接受与

---

① 〔德〕胡塞尔著，倪梁康译：《哲学作为严格的科学》，第69页。

② 〔德〕胡塞尔著，倪梁康译：《哲学作为严格的科学》，第69页。

③ 〔德〕胡塞尔著，倪梁康译：《哲学作为严格的科学》，第49页。

这些概念联系在一起的哲学学说,但却很大程度上提示我们,他重返开端的努力与哲学史上'第一哲学'的几次决定性尝试有着内在关系"[①]。可见,起源于人的形上性情感的形而上学传统是哲学最基本、最重要的特征。"面向事情本身"的现象学终究无法消除自身的形而上学基因,最终只能以一种形而上学取代近代主客二分的形而上学。近代以来,形而上学无可挽回地没落了!随之而来的是哲学的合法性与正确性问题所遭遇的前所未有的挑战。正如劳伦斯·卡弘所说:

> 哲学的正确性这个问题,可以说是哲学家所遇到的最尖锐、最有意义、最深刻和最有活力的讨论。它是苏格拉底在面对审判时捍卫自己的哲学(和非哲学)生活的继续,柏拉图的《辩护词》使这事成为不朽。对于相信我们只有一种凡世生活的哲学家来说,与苏格拉底的看法相比,火刑柱历来就不是那么高大。因为哲学如果做不到或不能成为它所说的事情,如果它无助于我们追求自己所选择的目标,那么我们的生命便受到了威胁,威胁它的不是人人终将遇到的死亡,而是命运的浪费,苏格拉底会认为,这种命运比致他于死命的毒芹更糟。[②]

显然,哲学新生的希望很大程度上有赖于形而上学的重建。其实,只要生命的形而上情感未曾泯灭,形而上学的星星之火就有复燃的希望。

中国春运作为一道动人的文化景观,曾经真实地折射出中华民族生生不息的形而上学精神。元宵之夜,故乡那一盏盏温暖的小灯;清明时节,那被添上新土的一座座坟头,无不静默地表达着一个民族深沉的形而上情感。也许,在现象学的视野内,

---

① 倪梁康等编著:《胡塞尔与意识现象学》,第138～139页。

② 〔美〕劳伦斯·卡弘著,冯克利译:《哲学的终结》,江苏人民出版社2001年版,第5页。

这种形而上情感才可以更好地理解节日是天、地、人、神聚拢、照面和交流的神圣时刻。试想，元宵之夜，人们点亮万盏灯烛，驱魔降福，祈许光明，期冀幸福！灯火嵌合于大地之上，闪闪烁烁，窜动着朝向天空。人的凡俗生活由此罩上了神圣的光辉。在灯火的映照和跳动中，人与天、地、神之间实现着无声的谋面和交流。海德格尔在《物》一文中，通过壶的本质的现象学分析，来阐释物的物化与世界的展开，即天地人神的共属一体。在此，海德格尔的现象学分析与中国文化的诗性思维产生了强烈的共鸣。海德格尔认为：壶是一个物。壶的物性因素在于它作为容器而存在。虚空是器皿有容纳作用的东西。因而，壶的虚空乃是作为容纳的器皿之所在。然则，壶果真是虚空吗？海德格尔说：

> 壶之虚空通过承受被注入的东西而起容纳作用。壶之虚空通过保持它所承受的东西而起容纳作用。虚空以双重方式来容纳，即：承受和保持……但对倾注的承受，与对倾注的保持，是共属一体的。不过，它们的统一性是由倾倒来决定的，壶之为壶就取决于这种倾倒……作为这种倾倒，容纳才真正如其所是。从壶里倾倒出来，就是馈赠。在倾注的馈赠中，这个器皿的容纳作用才得以成其本质。①

因为在倾注的馈赠中，逗留着天空和大地，同时也逗留着诸神与终有一死者。也就是说，壶的存在召唤、居留着天、地人、神的切近，即大地与天空、诸神与终有一死者居留在统一的、从它们自身而来的四重整体的统一性中。“大地承受筑造，滋养果实，蕴藏着水流和岩石，庇护着植物和动物”，“天空是日月运行，群星闪烁，是周而复始的季节，是昼之光明和隐晦，夜之暗沉和启明，是节日的温寒，是白云的飘忽和天穹的湛蓝深远”，“诸神是神性之暗示着的使者。从对神性的隐而不显的运作中，神显现而成

① 〔德〕海德格尔著，孙周兴选编：《海德格尔选集》（下），上海三联书店 1996 年版，第 1172 页。

其本质”,“终有一死者乃是人类。人类之所以被叫作终有一死者,是因为他们能赴死。赴死意味着:有能力承担作为死亡的死亡”。[①] 在、天、地、人、神四重根中,当我们说到四方之任何一方时,就会想到另外三方。海德格尔认为,壶作为物的这种“聚集着的让栖留”是物之物化。物化之际,世界——在物之物化中栖留的天、地、人、神的统一的四重整体得以展开。而“物”是通过语言来命名的,命名就是召唤,即把它所召唤的东西带到近旁。就此而言,语言最内在的本质是“说”,即命名。在这个意义上,语言是存在的家,它最切近于人的本质。在中国文化中,诗性思维的主客未分、意象指引、想象和联想所创造的心物合融的诗意境界等都在节日和仪式的神圣和庄严中得到了很好地表达。可以说,海德格尔对于语言与物的现象学分析蕴含着中国文化的诗性思维。

虽然,海德格尔在如下意义上批判了黑格尔,即黑格尔哲学作为形而上学之完成的开始,但他认为,黑格尔哲学关于现实的规定性是不容忽视的,即“在19世纪,只有这种哲学(指黑格尔哲学——引者注)才规定了现实,虽然并不是以一种被遵循的学说的表面形式,而是作为形而上学,作为确信意义上的存在状态的统治地位”[②]。“现实”就是“起作用者、被作用者,即:进入在场之中而产出者和被产出者。如果我们想得足够深远,那么,‘现实性’指:进入在场之中而被产生的呈放、自行产出者的于自身中完成的在场”[③]。正是在这里,海德格尔找到了一种强烈的共鸣,即现实性的生成意味着现实性只有作为现象学才是可能的!张世英教授直接把精神现象学当作“面向事情本身”的源头,其理由是:“所谓‘事情本身’,就是‘实体本质上即是主体’这

① 〔德〕海德格尔著,孙周兴选编:《海德格尔选集》(下),第1178～1179页。

② 〔德〕海德格尔著,孙周兴译:《演讲与论文集》,第74页。

③ 〔德〕海德格尔著,孙周兴译:《演讲与论文集》,第43页。

一真理结论连同实现这一结论的'过程'——'体系'"[1]。叶秀山教授也持有相同的看法，认为精神现象学是现象学的最早形态。他甚至对斯皮格伯格的《现象学运动》未给黑格尔留出一席之地的做法深表不满，认为这种遗漏乃是施皮格伯格只重史料而缺乏思想深度的治学方法所致。在叶先生看来，黑格尔至少是整个现象学的开山者。他指出，由黑格尔开创，胡塞尔、海德格尔等人接续的"现象学"运动，其基本原则是"思维与存在的同一性"。这种同一性在黑格尔那里为"绝对"原则，在胡塞尔那里为"纯粹""超越"原则，在海德格尔那里为"存在"原则。总之这是一个本源性的原则。[2] 上述见解是值得重视的。

在缺乏思想史证据的情况下，追溯现象学的起源问题，就不得不指向现象学的精神实质和思想脉络。黑格尔现象学之所以成为现象学的源头，是因为精神的自身显现就其实质而言，就是达成思维与存在的统一，即通过回归那涌流着的始源性存在，使哲学达到自作主宰、自我决定的本己内在性。虽然，这在黑格尔那里不得不借助于"实体即主体"的规定来实现。可以说，但近代哲学求"真"的冲动和回归内在性的渴望，第一次在精神现象学那里得到满足。后世现象学家恰恰是在这里不断获得"面向实事本身的"灵感。西方现代哲学很大程度上体现为对理性主义的反动。就此而言，黑格尔哲学已透露出现代哲学的曙光。它在集理性主义之大成的同时，又暗含着强烈的非理性主义倾向。现代非理性主义的萌芽已经出现在这位最大的理性主义者思想的深处。这在黑格尔的思辨辩证法中表露无遗。因为，形而上学产生于哲学对怀疑论的遏制，即通过"给不确定者以确定"来突出绝对者，以便让所有变动不居者都统摄其中。可以

---

① 张世英：《现象学口号"面向事情本身"的源头：黑格尔的〈精神现象学〉——胡塞尔与黑格尔的一点对照》，《江海学刊》2007 年第 2 期。

② 参见叶秀山：《思 · 史 · 诗》，人民出版社 1988 年版，第 110～114 页。

说，黑格尔在这条道路上走到了极致。对此，新黑格尔主义者克罗纳了然于心。张志扬教授说："新黑格尔主主义者克罗纳，曾把黑格尔'辩证法'直接说成是'给非理性内容以理性形式'，——分明走的就是'限定着的不确定'。"[1]虽然黑格尔哲学的历史感有欠真实，但毕竟已经展露出现代哲学的重要征兆，正如邓晓芒教授所说："所谓'历史感'，也就是对历史的体验、追随。由此可以看出，从黑格尔到现代解释学（狄尔泰、伽达默尔等）和存在主义（海德格尔、萨特）的思想发展有某种内在的联系。"[2]从这个意义上说，无视现代现象学，甚至整个现代哲学同黑格尔哲学的关系，乃是一种巨大的遮蔽。

四、海德格尔现象学对马克思哲学的开启

"此在"的现象学对马克思哲学及其革命性的开启，可以从它对"现象"以及现象学的独特理解来看。

在海德格尔看来，"现象"意味着某种东西的别具一格的照面方式，即就其自身显现其自身。现象学就是让人从显现的东西本身那里如它从其本身所显现的那样来看它。因而，海氏现象学意味着：第一，显现者必须具有自身显现，而且具有从其本身所显现的"能力"。第二，以描述的方法将现象之显现展示给人看。前者的关键在于找到可以本真显现的显现者，后者则必须付诸诠释学。海德格尔找到的是"此在"。唯有"此在"具有始源的显现欲求。所以，"此在的现象学就是诠释学"[3]。

"此在"的现象学基于一种使命——探问存在的意义，从中海德格尔对哲学的理解。在他看来，哲学的对象是"存在"而非

---

① 张志扬：《偶在论谱系》，复旦大学出版社 2010 年版，第 63 页。

② 邓晓芒：《实践唯物论新解——开出现象学之维》，第 262 页。

③ 〔德〕海德格尔著，陈嘉映、王庆节译：《存在与时间》，第 44 页。

存在者。而"此在"是通达存在唯一可能的存在者。对海德格尔而言，现象学不仅是一种方法，而且是存在论的可能形式，即"存在论与现象学不是两门不同的哲学学科，并列于其它属于哲学的学科。这两个名称从对象与处理方式两个方面描述哲学本身。哲学是普遍的现象学存在论"①。

如此一来，"此在"的存在结构就是一个事关重大的问题。因为"现象学的阐释必须把源始开展活动之可能性给予此在本身，可以说必须让此在自己解释自己。在这种开展活动中，现象学阐释只是随同行进，以便从生存论上把展开的东西的现象内容上升为概念"②。因而，对"此在"的本质——生存（绽出之生存）的诠释，就成为海德格尔现象学的地基。

海德格尔关于黑格尔形而上学的批判，展示了此在现象学与精神现象学的不同面孔。首先，精神现象学面向精神的自我显现。精神在自我显现中并通过这种自我显现而获得其本质，即"意识在趋向于它的真实存在的过程中"——按即由意识的现象趋向于它的本质的意思——它将"摆脱"它的异化或外化的形式，它"将要达到一个地点……在这地点上，现象即是本质"。③海德格尔之所以把黑格尔归为最大的形而上学家，是因为黑格尔哲学从意识出发。而意识并没有像"此在"的存在结构那样的存在方式。这意味着意识无法"在出来"。其次，只有历史性的"此在"的存在才配享现象学之"现象"。就是说，黑格尔仍然未曾脱离形而上学的地基——将"存在"视为最高的存在者。精神现象学预设了一个关于人的本质不言自明的前提，即人是理性的动物。而对理性的无度推崇是有待质问的。海德格尔说："理性根本不是一位公正的法官。理性肆无忌惮地把一切与它不合

① 〔德〕海德格尔著，陈嘉映、王庆节译：《存在与时间》，第45页。

② 〔德〕海德格尔著，陈嘉映、王庆节译：《存在与时间》，第163页。

③ 参见〔德〕黑格尔著，贺麟、王玖兴译：《精神现象学》上卷，第10页。

拍的东西都推入所谓的、还由它自己划定的非理性之物的泥潭中。理性及其表象只不过是思想的一种方式,而且它决不是由自身来规定的,而是由那个已经令思想按理性方式进行思考的东西来规定的。理性的统治地位作为对一切秩序的理性化、作为规范化、作为平均化,是在欧洲虚无主义的展开过程中建立起来的,这一事实就如同与此相关的遁入非理性的企图,都是同样有待思考的。"[①]在海德格尔看来,理性主义以及作为其颠倒的非理性主义,都是对人的始源存在的疏离。它使哲学外在于人的存在而丧失自身。因而,"思"的事情就是让哲学回到历史性的"此在"的存在。

在《存在与时间》中,海德格尔表达了他对胡塞尔现象学的继承和超越:"现象学以胡塞尔的《逻辑研究》开山。下面的探索(指《存在与时间》一书——引者注)只有在胡塞尔奠定的地基上才是可能的。对现象学的先行概念的界说表明:从本质上说,现象学并非只有作为一个哲学'流派'才是现实的。比现实性更高的是可能性。对现象学的领会唯在于把它作为可能性来把握。"[②]他意在表明,现象学并非仅有一种,而是有多种可能形态。胡塞尔进入了艰难而深奥的意识领域,建构了意识现象学。海德格尔并未紧随其师在意识领地中跋山涉水,而是抽身而出,进入"此在"的存在,直指存在的意义。这样一来,他就找到了一条通往"存在"的捷径。既然海德格尔是通过"此在"这一特殊的存在者的存在来通达存在的意义的,那么就必须始终谨防"此在"的本质性阐释的恰当,即"我们要获得存在者层次上及存在论上的命题,这样就可以从存在者本身的存在方式来进行现象展示。但最为自明的答案自古流行至今,从这些答案中又派生出问题的种种提法。从将要提出的问题来看,我们若要在这种

---

① 〔德〕海德格尔著,孙周兴译:《路标》,第457~458页。

② 〔德〕海德格尔著,陈嘉映、王庆节译:《存在与时间》,第45页。

种答案和种种问题提法面前保持现象展示的优越性，此在的现象学阐释就必须始终谨防问题提法的颠倒”①。“始终谨防问题提法的颠倒”，回到始源的现象，让哲学自我敞开，成为海德格尔现象学的关键。由此，海德格尔开启了人道主义——达到人的高度的人道主义的新视野。对此，熊伟先生有过一段深刻的评论：

> 现象学发展到海德格尔阶段，所讲现象全为活境，远非限于拨弄范畴概念之术。现象学必须从“我在世”开始，以至于“在到死中去”视死如归。此亦即活的历史。
>
> 胡塞尔的现象学讲了先验意向性的意识以其与对象世界有关联的行动有所经历，但只讲到经历以至行动的非时间的本质结构而止，故谈不上活。海德格尔讲的已是本己的，具体的、自由的、活时间中的我在，以一切存在可能性装备着，由此推演出现实存在，以至为此活的我所领会的整篇历史。用海德格尔的话说，就是为历史内容摆出“本真的形象”，换言之，是为历史内容作活的诠释，所以海德格尔自称其学说为“诠释学的现象学”。②

此在的现象学敞开了一扇通往“此在”的“历史”之门，而“历史”无非是“此在”的敞开。此即海德格尔现象学能够开启马克思哲学视域的原因之所在。必须指出，“此在”的现象学并非现实历史的敞开本身，它只是为描述现实历史提供了方法论。因为“此在”只是“现实的个人”的摹本，并不就是“现实的个人”本身。这一点保罗·蒂里希看得比较分明。他说：“海德格尔的概念表面上显出[与超历史的概念]对立的一面，即历史性的概念。但他把人从一切真实的历史中抽象出来，让人自己独立，把人置于人的孤立状态之中，从这全部的故事之中他创造出一个抽象

---

① 〔德〕海德格尔著，陈嘉映、王庆节译：《存在与时间》，第133页。

② 熊伟：《自由的真谛——熊伟文选》，第170页。

概念,即历史性概念,或者说‘具有历史能力’的概念。这一概念使人成为人。但是这一观念恰好否定了与历史的一切具体联系。”[①]在海德格尔现象学的开启中,马克思哲学至今不可超越的优势也一同展露。无疑,马克思哲学虽然没有“现象学”之名,但并不意味不能从“人的存在的现象学”角度对其加以诠释。相反,这种诠释可以让马克思文本所蕴含的内在理路更为本真地敞显。本书对马克思哲学的阐释将主要在海德格尔现象学的开启中进行。

---

① 〔美〕保罗·蒂里希著,何光沪选编:《蒂里希选集》上卷,第57～58页,第111页。

第三章　马克思“人的存在的现象学”之建构

一、直接理论来源

准确理解马克思哲学的实质，无法绕开对其理论前提的深入把握。在某种意义上，理解马克思哲学的理论来源，同时也就是理解马克思哲学本身。其关键在于如何更为切近、更为真实地进入问题。

20 世纪 80 年代初，我国理论界曾就马克思主义来源问题进行过讨论，主要出现了三种观点：一是马克思主义的来源，就是列宁在《马克思主义的三个来源和三个组成部分》一文中所说的德国古典哲学、英国古典政治经济学和法国空想社会主义。二是马克思主义的来源不止列宁所说的那三个，那三个只是主要来源，除此之外，还有别的来源。广而言之，马克思主义的来源，包括马克思主义诞生以前人类所创造的一切思想财富。三是马克思主义的来源不能仅从形成阶段去考察，还必须从形成以后的发展中去考察。凡是在马克思主义形成和发展过程中被批判地加以吸收的一切积极的思想文化成果，都是马克思主义的来源。①

“马克思主义的来源”“马克思主义的理论来源”以及“马克思主义的直接理论来源”是三个不同的概念。这里仅探讨马克思哲学的直接理论来源——马克思对德国古典哲学的扬弃,主要涉及黑格尔、青年黑格尔派以及作为该派重要成员的费尔巴哈。

(一)黑格尔现象学和辩证法

康德在《纯粹理性批判》中指出一个古老而著名的问题,人们曾以为可用这个问题迫使逻辑学家陷入困境,并试图把他们推到这一步,即要么不得不涉嫌可怜的诡辩,要么就要承认他们的无知,从而承认他们全部技巧的虚浮。这个问题就是:什么是真理。

黑格尔诉诸现象学和辩证法来思考真理问题。在他那里,通过现象学和辩证法,哲学臻于真理之境。怀特海曾就黑格尔哲学影响作过这样的评论:“几乎 20 世纪的每一种重要的哲学运动都是以攻击那位思想庞杂而声明赫赫的德国教授的观点开始的,这实际上就是对他加以特别显著的颂扬。我心里指的是黑格尔。”②

作为德国古典哲学的集大成者,黑格尔留给后世的最重要精神遗产就是现象学和辩证法。黑格尔现象学的关键在于找到一个恰当的原初出发点。这个原初的东西必须具备:第一,思维与存在的统一;第二,“自否定”的能力。黑格尔说:

> 哲学是独立自为的,因而自己创造自己的对象,自己提供自己的对象。而且,哲学开端所采取的直接的观点,必须

---

① 参见高菘等主编:《马克思主义来源研究论丛》第 4 辑,商务印书馆 1983 年版,第 4 页。

② 〔美〕M. 怀特编,杜任之译:《分析的时代》,商务印书馆 1981 年版,第7 页。

在哲学体系发挥的过程里,转变成为终点,亦即成为最后的结论。当哲学达到这个终点时,也就是哲学重新达到其起点而回归到它自身之时。这样一来,哲学就俨然是一个自己返回到自己的圆圈,因而哲学便没有与别的科学同样意义的起点。①

恰当选取原初基础之所以非常重要,是因为它直接关系着一种哲学的展开是否能够圆融。而哲学能否“独立自为”,还要看它的起点是否具有“自否定”的品格。“自否定”是哲学能够“独立自为”的生命力的体现。近代哲学的失足恰恰在于:它在开端处先行割裂了思维与存在,致使哲学陷于外在性和抽象性。《精神现象学》在整个黑格尔哲学中具有导言性质,是意识成长为“绝对精神”的历史。它蕴含着思辨哲学全部的生长点,是黑格尔哲学的秘密和诞生地。德国学者海谋的《黑格尔和他的时代》是最早对黑格尔哲学进行全面介绍和评价的著作。海谋对黑格尔多有反感,但他对精神现象学的意义却有深刻的理解。在海谋看来,精神现象学是“作为整个体系的导言、作为整个体系的第一部,并且作为一个自身的全体”②。马克思对黑格尔辩证法的批判,就是从《精神现象学》这一“黑格尔哲学的真正诞生地和秘密”开始的。“绝对精神”之所以成为黑格尔哲学的开端,是因为精神的生活成为“不是害怕死亡而幸免于蹂躏的生活,而是敢于承担死亡并在死亡中得以自存的生活。精神只当它在绝对的支离破碎中能保全其自身时才赢得它的真实性”③。可见,黑格尔是启蒙运动的继承者和忠实捍卫者。

作为精神现象学之“现象”(此处作动词——引者注)的思辨

① 北京大学哲学系外国哲学史教研室编译:《西方哲学原著选读》(下册),商务印书馆 1982 年版,第 385 页。

② 转引自〔德〕自黑格尔著,贺麟、王玖兴译:《精神现象学》上卷,第 2 页。

③ 〔德〕自黑格尔著,贺麟、王玖兴译:《精神现象学》上卷,第 21 页。

辩证法,始终摆脱不了形而上学的本质。这一点海德格尔看得十分清楚:

> 把辩证法描述为正题、反题与合题的统一体,这始终是正确的,但也始终只是一种派生出来的描述。对于把辩证法解释为无限的否定性的做法,情形亦然。这种无限的否定性的基础乃是意识的对话形态向绝对概念的普遍的自行聚集;而作为绝对概念的意识就在其完成了的真理性中存在。论题——肯定特性和否定着的否定是以原始辩证的意识之显现为前提的,但决不构成意识之本性的成分。我们既不能在逻辑上根据表象的肯定和否定来解释辩证法,也不能在存在状态上把它确定为实在的意识范围内一种特殊的活动和运动方式。辩证法作为一种显现方式归属于存在,而存在作为存在者的存在状态从在场中展开出来。黑格尔不是辩证地把握经验,而是根据经验的本质来思考辩证法。①

然而,黑格尔的深刻之处正在于其内在性的运思方式,即辩证法只有作为现象学才是可能的。以往我们过分关注的是马克思对黑格尔辩证法的批判改造,却忽视了现象学这个更为根本的维度。实际上,马克思从黑格尔那里习得的现象学运思才是最为重要的。

黑格尔认为:“哲学的任务在于理解存在的东西,因为存在的东西就是理性。就个人来说,每个人都是他那时代的产儿。哲学也是这样,它是被把握在思想中的它的时代。妄想一种哲学可以超出它那个时代,这与妄想个人可以跳出他的时代,跳出罗陀斯岛,是同样愚蠢的。”②面对时代的精神危机——“人的目光是过于执著于世俗事物了,以至于必须花费同样大的气力来

---

① 〔德〕海德格尔著,孙周兴译:《林中路》,上海译文出版社 2004 年版,第 197 页。

② 〔德〕黑格尔著,范扬、张企泰译:《法哲学原理》,商务印书馆 1961 年版,第 12 页。

使它高举于尘世之上。人的精神已显示出它的极端贫乏，就如同沙漠旅行者渴望获得一口饮水那样在急切盼望能对一般的神圣事物获得一点点感受”[①]。《精神现象学》“要想将人类从其沉溺于感性的、庸俗的、个别的事物中解救出来，使其目光远瞻星辰”[②]。黑格尔鼓励人们：

相信理性，信任自己并相信自己。追求真理的勇气，相信精神的力量，乃是哲学研究的第一条件。人应该尊敬他自己，并应自视能配得上最高尚的东西。精神的伟大和力量是不可以低估和小视的。那隐蔽着的宇宙本质自身并没有力量足以抗拒求知的勇气。对于勇毅的求知者，它只能揭开它的秘密，将它的财富和奥妙公开给他，让他享受。[③]

黑格尔哲学委婉地、曲折地表达了对近代以来哲学遭受主客分裂对立后的提升和超越的渴望与要求，同时又逻辑、思辨地给出了他所面临的时代问题及其解决途径。

马克思能够出神入化地吸收黑格尔哲学的优秀成果，同时又能够深刻地洞察这种哲学的“头脚倒置”。遗憾的是，关于马克思与黑格尔之间思想史传承的研究仍然没有走出简单化的境地。其实，弗朗茨·梅林早在20世纪初就已指出这一问题。他说：“马克思所走过的从《共产党宣言》到《资本论》的这一段路程，对我们来说是非常清楚的，但是，他一生的最初那很长一段时间，长期以来却无人知道，直到现在也还很不容易搞清楚。”[④]要弄清马克思一生最初一段的思想历程，有必要认真考察关于马克思早期的几个文本。

---

① 〔德〕黑格尔著，贺麟、王玖兴译：《精神现象学》上卷，第5页。

② 〔德〕黑格尔著，贺麟、王玖兴译：《精神现象学》上卷，第5页。

③ 〔德〕黑格尔著，贺麟译：《小逻辑》，第35～36页。

④ 参见〔苏〕尼·伊·拉宾著，马哲译：《论西方对青年马克思思想的研究》，第12页。

1. 马克思对黑格尔的第一次扬弃——《黑格尔法哲学批判》及导言

马克思对黑格尔的第一次扬弃是从法哲学领域开始的。这是符合思想史发展规律的。在回忆自己的成长时,马克思说:"我学的专业本来是法律,但我只是把它排在哲学和历史之次当作辅助学科来研究。"这一交代容易给人造成的印象是:这是一位对法律专业没有多大兴趣的法律系学生。可是,翻开马克思波恩大学肄业证书和柏林大学毕业证书时,你会发现,马克思对于法律的学习和研究是系统而广泛的。他在波恩大学所修的法学课程,包括"法学全书""法学阶梯""罗马法史""德意志法史""欧洲国际法"和"自然法"。1836 年冬季转入柏林大学后,所修法学课程包括"学说汇纂""刑法""教会法""德国普通民事诉讼""普鲁士民事诉讼""刑事诉讼""普鲁士邦法"和"继承法"。① 而且,马克思所得的评语大都是"勤勉和用心"(其中,历史法学派的代表人物萨维尼教授的评语是"勤勉"。黑格尔的忠实追随者甘斯教授的评语是"极其勤勉")。有论者指出:"我们有理由认为,马克思对罗马法和德国法的基本内容能够烂熟于心。"②这应该是能够成立的。思辨哲学把国家视为自在自为的最高理性,把家庭和市民社会视作国家理念的派生者。马克思至少 10 次不厌其烦地指出这种"颠倒":

> 理念变成了独立的主体,而家庭和市民社会对国家的现实关系变成了理念所具有的想象的内部活动。实际上,家庭和市民社会是国家的前提,它们才是真正的活动者;而思辨的思维却把这一切头足倒置。③

> 政治国家没有家庭的天然基础和市民社会的人为基础

---

① 参见《马克思恩格斯全集》(第 2 版)第 1 卷,第 936~941 页。

② 姚远:《解读青年马克思的黑格尔法哲学批判》,法律出版社 2016 年版,第 9 页。

③ 《马克思恩格斯全集》(第 1 版)第 1 卷,人民出版社 1956 年版,第 250~251 页。

就不可能存在。它们是国家的 conditio sine qua non[必要条件]。但是在黑格尔那里条件变成了被制约的东西,规定其他东西的东西变成了被规定的东西,产生其他东西的东西变成了它的产品的产品。①

他(黑格尔——引者注)不是从对象中发展自己的思想,而是按照做完了自己的事情并且是在抽象的逻辑领域中做完了自己的事情的思维的样式来制造自己的对象。黑格尔要做的事情不是发展政治制度的现成的特定的理念,而是使政治制度和抽象理念发生关系,使政治制度成为理念发展链条上的一个环节,这是露骨的神秘主义。②

在这里(黑格尔法哲学——引者注),注意的中心不是法哲学,而是逻辑学。在这里,哲学的工作不是使思维体现在政治规定中,而是使现存的政治规定化为乌有,变成抽象的思想。在这里具有哲学意义的不是事物本身的逻辑,而是逻辑本身的事物。不是用逻辑来论证国家,而是用国家来论证逻辑……由此可见,整个法哲学只不过是对逻辑学的补充。③

合乎理性,并不是指现实的人的理性达到了现实性,而是指抽象概念的各个环节达到了现实性。④

历史任务就是要使政治国家返回实在世界,但是各个特殊领域并不因此就意识到:它们自己的本质将随着国家制度或政治国家的彼岸本质的消除而消除,政治国家的彼岸存在无非就是要确定它们这些特殊领域的异化。政治制度到现在为止一直是宗教的领域,是人民生活的宗教,是同

---

① 《马克思恩格斯全集》(第1版)第1卷,第252页。
② 《马克思恩格斯全集》(第1版)第1卷,第259页。
③ 《马克思恩格斯全集》(第1版)第1卷,第263～264页。
④ 《马克思恩格斯全集》(第1版)第1卷,第278页。

人民生活现实性的人间存在相对立的人民生活普遍性的上天。①

黑格尔却不把社会团体、家庭等一般的法人理解为现实的经验的人的实现，而是理解为本身只抽象地包含着人格因素的现实的人。正因为这样，在黑格尔那里才不是从现实的人引伸出国家，反倒是必须从国家引伸出现实的人。②

在这里，真实的相互关系弄颠倒了。在这里，最简单的东西被描绘成最复杂的东西，而最复杂的东西又被描绘成最简单的东西。应当成为出发点的东西变成了神秘的结果，而应当成为合理的结果的东西却变成了神秘的出发点。③

如果观点的对象是抽象的，"观点"就不可能是具体的。④

他（黑格尔——引者注）倒因为果，倒果为因，把决定性的因素变为被决定性的因素，把被决定性的因素变为决定性的因素。⑤

上述引文说明：第一，思辨哲学召唤人们逃离现实世界。因而对它的批判是事关哲学生命和真正人道主义的重大问题。马克思说：

在德国，对真正的人道主义说来，没有比唯灵论即思辨唯心主义更危险的敌人了。它用"自我意识"即"精神"代替现实的个体的人……我们认为这种思辨是基督教德意志原则的最完备的体现，这种原则所做的最后一次挣扎就是要通过变

① 《马克思恩格斯全集》（第 1 版）第 1 卷，第 283 页。
② 《马克思恩格斯全集》（第 1 版）第 1 卷，第 292 页。
③ 《马克思恩格斯全集》（第 1 版）第 1 卷，第 294 页。
④ 《马克思恩格斯全集》（第 1 版）第 1 卷，第 343 页。
⑤ 《马克思恩格斯全集》（第 1 版）第 1 卷，第 369 页。

"批判"本身为某种超经验的力量的办法使自己得以确立。[①]

首先,费尔巴哈已经对思辨哲学进行了"颠倒",但由于未曾脱离形而上学地基,其"批判"思辨哲学的工作实际并未真正完成。

其次,在哲学原初出发点上,马克思已摆脱"绝对精神"的桎梏而来到人的感性存在的地基上,否则,《黑格尔法哲学批判》的写作就是不可理解的。虽然对"现实的个人"的活动——历史唯物主义存在论的阐释是在1844—1845年。而在不久前的博士论文中,他还认为:"唯有唯心主义才知道那能唤起世界上一切英才的真理";"唯心主义不是幻想,而是真理。"[②]在《莱茵报》时期,马克思还完全站在黑格尔主义的立场上。虽然"他已经是一个热烈渴望从虚幻世界走向现实世界的激进黑格尔主义者,但毕竟还是一个纯粹从唯心主义的前提引出结论的黑格尔主义者"[③]。究竟什么原因促使马克思思想在短时间内发生急剧的转变呢?这显然得归功于费尔巴哈。《未来哲学原理》和《关于哲学改造的临时纲要》对马克思思想的转变起了非常关键的作用。马克思恰恰是在此时习得了一种独特的历史主义视野。这在《〈黑格尔法哲学批判〉导言》中得以体现:

> 就德国来说,对宗教的批判基本上已经结束;而对宗教的批判是其他一切批判的前提……因此,真理的彼岸世界消逝以后,历史的任务就是确立此岸世界的真理。人的自我异化的神圣形象被揭露以后,揭露具有非神圣形象的自我异化,就成了为历史服务的哲学的迫切任务。于是,对天国的批判变成对尘世的批判,对宗教的批判变成对法的批

---

① 〔德〕马克思、恩格斯:《神圣家族》,人民出版社1958年版,第1页。

② 《马克思恩格斯全集》(第2版)第1卷,第9页。

③ 〔德〕梅林著,青载繁译:《德国社会民主党史》第1卷,三联书店1963年版,第146页。

判,对神学的批判变成对政治的批判。[①]

2. 马克思对黑格尔哲学的第二次扬弃——《1844 年经济学哲学手稿》

1844 年,马克思对黑格尔哲学的批判表现在:第一,从哲学上揭示黑格尔辩证法的"头脚倒置";第二,指出"头脚倒置"的根源在于其现象学出发点的非始源性。马克思对黑格尔辩证法的一般形式作了描绘,即:

> 设定人=自我意识,人的异化了的对象,人的异化了的本质现实性,不外是意识,只是异化的思想,是异化的抽象的因而无内容的和非现实的表现,即否定。因此,外化的扬弃也不外是对这种无内容的抽象进行抽象的、无内容的扬弃,即否定的否定。因此,自我对象化的内容丰富的、活生生的、感性的、具体的活动,就成为这种活动的纯粹抽象,绝对的否定性,而这种抽象又作为抽象固定下来并且被想像为独立的活动,即干脆被想象为活动。因为这种所谓否定性无非是上述现实的、活生生的行动的抽象的无内容的形式,所以它的内容也只能是形式的、抽去一切内容而产生的内容。因此,这就是普遍的,抽象的,适合于任何内容的,从而既超脱任何内容同时又恰恰对任何内容都有效的,脱离现实精神和现实自然界的抽象形式、思维形式和逻辑范畴。[②]

然而这个"头脚倒置"的辩证法恰恰蕴藏着黑格尔的深刻之处,即:

> 黑格尔的《现象学》及其最后成果——辩证法,作为推动原则和创造原则的否定性——的伟大之处首先在于,黑格尔把人的自我产生看作一个过程,把对象化看作非对象

---

① 《马克思恩格斯文集》第 1 卷,第 3~4 页。

② 〔德〕马克思:《1844 年经济学哲学手稿》,第 114 页。

化，看作外化和这种外化的扬弃；可见，他抓住了劳动的本质，把对象性的人、现实的因而是真正的人理解为他自己的劳动的结果。①

黑格尔认为：

劳动陶冶事物。对于对象的否定关系成为对象的形式并且成为一种有持久性的东西，这正因为对象对于那劳动者来说是有独立性的。这个否定的中介过程或陶冶的行动同时就是意识的个别性或意识的纯粹自为存在，这种意识现在在劳动中外在化自己，进入到持久的状态。因此那劳动着的意识便达到了以独立存在为自己本身的直观。②

黑格尔以思辨哲学的语言揭示了人通过劳动获得自由的思想。这给了马克思很大的启示。《1844年经济学哲学手稿》提出了一个兼有黑格尔和费尔巴哈双重烙印的命题：人的本质即“自由的、有意识的劳动”。“异化劳动”是通达“自由的、有意识的劳动”的必经环节。通过《现象学》最后一章——绝对知识，马克思揭示了精神现象学的实质，即：

人的本质，人，在黑格尔看来＝自我意识。因此，人的本质的全部异化不过是自我意识的异化。自我意识的异化没有被看作人的本质的现实异化的表现，即在知识和思维中反映出来的这种异化的表现。相反，现实的即真实地出现的异化，就其潜藏在内部最深处的——并且只有哲学才能揭示出来的——本质来说，不过是现实的人的本质即自我意识的异化现象。因此，掌握了这一点的科学就叫作现象学。③

毫无疑问，马克思是从贬义的层面指称“现象学”的，其目的在于

---

① 〔德〕马克思：《1844年经济学哲学手稿》，第101页。

② 〔德〕黑格尔著，贺麟、王玖兴译：《精神现象学》上卷，第130页。

③ 〔德〕马克思：《1844年经济学哲学手稿》，第102～103页。

揭穿精神现象学的出发点——意识是一种在自身中没有根据的存在。

3. 马克思对黑格尔哲学的第三次扬弃——《神圣家族》

"神圣家族"是马克思、恩格斯对鲍威尔兄弟及其《文学总汇报》的追随者们的一种诙谐的称呼。在批判鲍威尔及其他青年黑格尔派的同时,马克思又一次剖析了黑格尔哲学。

第一,透过黑格尔思辨结构的秘密进一步揭示思辨哲学的"头脚倒置"。马克思认为,对"巴黎的秘密"所作的"批判"叙述的秘密,就是思辨的黑格尔结构的秘密。指出这种思辨结构的总的特点,只要几句话就够了,即:

> 如果我从现实的苹果,梨、草莓、扁桃中得出"果实"这个一般的观念,如果再进一步想象我从现实的果实中得到的"果实"这个抽象观念就是存在于我身外的一种本质,而且是梨、苹果等等的真正的本质,那么我就宣布(用思辨的话说)"果实"是梨、苹果、扁桃等等的"实体",所以我说:对梨说来,决定梨成为梨的那些方面是非本质的,对苹果说来,决定苹果成为苹果的那些方面也是非本质的。作为它们的本质的并不是它们那种可以感触得到的实际的定在,而是我从它们中抽象出来又硬给它们塞进去的本质,即我的观念中的本质——"果实"。于是我就宣布:苹果、梨、扁桃等等是"果实"的简单的存在样式,是它的样态。①

马克思指出,批判的批判者们之所以能完成不断的创造,是因为他们把苹果、梨等东西中为大家所知道的、实际上是有目共睹的属性当作他们自己发现的规律,因为他们把现实事物的名称加在只有抽象的理智才能创造出来的东西上,即加在抽象的理智的公式上。他们把自己从苹果的观念推移到梨的观念的活

---

① 〔德〕马克思、恩格斯:《神圣家族》,第 71～72 页。

动说成是“一般果实”这个绝对主体的自我活动。这种方法就是黑格尔方法的活灵活现的运用，即把实体了解为主体，了解为内部的过程，了解为绝对的人格。因为“思辨哲学，特别是黑格尔哲学认为：一切问题，要能够给以回答，就必须把它们从正常的人类理智的形式变为思辨理性的形式，并把现实的问题变为思辨的问题”①。令马克思最为反感的是，黑格尔在其“现象学”中用自我意识来代替人，而不是把自我意识变成人的自我意识，他就能够在头脑中不断消灭一切界限。可是，对于现实的人来说，这丝毫不妨碍界限继续存在。因而，不论这种思想内部的革命多么激烈，却并未触动现实。思辨哲学有其哲学上的合理性，但对现实历史运动来说却极为有害，因为在它看来，一切存在的东西只有作为理念的存在才具有真实性。

第二，揭示黑格尔体系的三个因素及其思想渊源。马克思认为：

> 在黑格尔的体系中有三个因素：斯宾诺莎的实体，费希特的自我意识以及前两个因素在黑格尔那里的必然的矛盾的统一，即绝对精神。第一个因素是形而上学地改了装的、脱离人的自然。第二个因素是形而上学地改了装的、脱离自然的精神。第三个因素是形而上学地改了装的以上两个因素的统一，即现实的人和现实的人类。②

斯宾诺莎在近代哲学中是伟大的开启式人物。“实体”概念成为在他之后哲学发展的一块基石。黑格尔思辨哲学就生长在斯宾诺莎的地基上。海涅形象地说道：“德国唯心主义的发展，在经历了康德、费希特的批判哲学之后，直接回到了斯宾诺莎的巨像面前。”③沿着斯宾诺莎的“实体”概念，黑格尔进一步提出“实体

---

① 〔德〕马克思、恩格斯：《神圣家族》，第 115 页。

② 〔德〕马克思、恩格斯：《神圣家族》，第 177 页。

③ 参见吴晓明：《形而上学的没落》，第 48 页。

即主体”的规定,这恰恰是精神现象学不可或缺的前提。黑格尔承认:

> 斯宾诺莎是近代哲学的重点:要么是斯宾诺莎主义,要么不是哲学……斯宾诺莎有一个伟大的命题:一切规定都是一种否定。确定的东西就是有限的东西:对于任何东西,包括思维(与广延相对立)在内,都可以说,这是一个确定的东西,所以自身中包含着否定;它的本质是建立在否定上的……在斯宾诺莎主义里并没有主观性、个体性、个性的原则,因为他只是片面地理解否定的①。

在黑格尔看来,斯宾诺莎的“实体”是真实的、有根据的,但还没有达到完全真实:“绝对的实体是真的东西,但还不是完全真的东西;还必须把它了解成自身活动的、活生生的,并从而把它规定为精神。”②黑格尔就是通过“实体即主体”的规定,赋予“绝对精神”以生命力,从而构建其思辨哲学体系。马克思强调:“在他(指黑格尔——引者注)那里,辩证法是倒立着的。必须把它倒过来,以便发现神秘外壳中的合理内核。”③自身的样式,思辨辩证法内在于精神现象学。问题是,为什么必须将黑格尔辩证法“倒”过来呢?倒过来就能拯救辩证法吗?这里有马克思未曾说出的意蕴:辩证法以其本义内在于人的存在。它只有作为存在论才是可能的。辩证法与人的存在的这种始源性关系意味着固守思辨哲学的视野,只能获得思辨辩证法,而思辨辩证法实质上是对辩证法的生命品格的戕杀。这一点已为列宁所揭示:“黑格尔逻辑学的总结概要、最高成就和实质,就是辩证的方法,——这是绝妙的。还有一点,在黑格尔这部最唯心的著作

---

① 〔德〕黑格尔著,贺麟、王太庆译:《哲学史讲演录》第4卷,第100~101页。

② 〔德〕黑格尔:《哲学史讲演录》第4卷,第102页。

③ 《马克思恩格斯文集》第5卷,人民出版社2009年版,第22页。

中,唯心主义最少,唯物主义最多。'矛盾',然而是事实。"[①]黑格尔辩证法"事实"上的矛盾就在于此。马克思对思辨辩证法"头脚倒置"的批判,恰恰因为它是哲学上至关重要的事情。如果这个问题得到解决,就可以顺水推舟地进入人的存在的历史。何中华教授指出:

> 事实上,黑格尔哲学从两个方面启发了马克思,那就是辩证法和现象学。然而,以往的马克思主义哲学史在诠释马克思哲学的思想史前提时,忽略了现象学方法这一不可或缺的方面。倘若离开了黑格尔哲学的现象学,辩证法不仅不能真正展开并完成自身,而且无法内在引伸地出历史的维度。[②]

马克思在其思想成熟以后,更加坦率承认自己是黑格尔的学生:"我公开承认我是这位大思想家的学生,并且在关于价值理论的一章中,有些地方我甚至卖弄起黑格尔特有的表达方式。"[③]麦克莱伦说:"不论马克思多么激烈地批判黑格尔、指责他的唯心主义,并尽力使他的辩证法'用双脚'立地,但他是第一个承认了自己的方法直接源于他的这位 19 世纪 30 年代导师的人。"[④]

就马克思的哲学变革而言,黑格尔之所以如此重要,是因为现象学和辩证法是面向"历史"这一事情本身的内在性方法。马克思要找到那对历史而言根本重要的东西——物质生活的生产。在社会有机体中,物质生活的生产这一最为原初的社会存在,成为领会人的存在的原初给予得以可能的"阿基米德点"。

---

① 参见张世英:《论黑格尔的逻辑学》,上海人民出版社 1959 年版,第 1 页。

② 何中华:《"重读马克思":可能性及其限度》,《山东社会科学》2004 年第 11 期。

③ 《马克思恩格斯文集》第 5 卷,第 22 页。

④ 〔英〕戴维·麦克莱伦著,王珍译:《卡尔·马克思传》,中国人民大学出版社 2005 年版,第 22 页。

恰恰在这里,黑格尔给予马克思极其重要的影响。普列汉诺夫没有在现象学的意义上强调黑格尔的这种影响,但他在哲学一元论的意义上十分中肯地评价了这种影响。他说道:

> 唯物主义和唯心主义包括哲学思想最重要的派别。的确,在它们旁边几乎始终存在这样或那样的、承认精神和物质为单个的独立本体的二元论体系。二元论任何时候也不可能满意地回答关于这两种单个的彼此毫无共同点的本体怎么能够互相影响的必不可免的问题。因此最彻底、最深刻的思想家始终倾向于一元论,即倾向于用任何一个基本原则来解释现象。任何彻底的唯心主义者,正如任何彻底的唯物主义者一样,是同等程度的一元论者。①

普列汉诺夫指出:"只存在两个一元论体系,黑格尔的唯心主义体系和马克思的唯物主义体系,其他都感染有不可医治的二元论,或者是前两种体系中的一个阶段。"他再三强调马克思实现的哲学革命"大大地得益于德国唯心主义那种实质上的一元论性格。"②黑格尔对批评他的人说过:"对于一个经过多年的透彻思想,而且以郑重认真的态度、以谨严的科学方法加以透彻加工的著作,予以这样轻心的讨论,是不会给人以任何愉快的印象的。"③马克思对黑格尔的批判具有西方人特有的"吾爱吾师,但吾尤爱真理"的秉性。"人的存在的现象学"正是在这种批判中得以孕育。

(二)青年黑格尔派的批判哲学

青年黑格尔派也称"黑格尔左派",其主要代表人物是大

---

① 〔俄〕普列汉诺夫著,王荫庭译:《论一元论历史观的发展问题》,商务印书馆2012年版,第5页。

② 参见〔俄〕普列汉诺夫著,王荫庭译:《论一元论历史观的发展问题·译者序言》,第4页。

③ 〔德〕黑格尔著,贺麟译:《小逻辑》,第24页。

卫·施特劳斯、布鲁诺·鲍威尔、费尔巴哈、奥古斯特·冯·切什考夫斯基、莫泽斯·赫斯、麦克斯·施蒂纳以及卢格。这个学派内部充满着激进与保守、唯物与唯心、自由与革命的论争,但就其主要理论支柱——黑格尔思辨哲学来看,是一个相对统一的学派。卜祥记认为:

> 作为黑格尔思辨哲学解体之产物和解体之本质的青年黑格尔派,虽然并不是一个组织严密的党派,但它作为一个完整的学派却是勿容置疑的。这一点并不能因为其主要成员之间的批判立足点和批判指向在形式上的差异和多样性而有所怀疑;也就是说,尽管青年黑格尔派主要成员的基本批判主张或立足点在形式上各有不同——“实体”、“自我意识”、“现实的人”、“唯一者”等等,尽管他们所强调的批判也呈现出多样化的指向——或表现为宗教批判,或表现为政治批判,或表现为哲学批判等等。但是,本质地说来,他们终究没有超拔于黑格尔思辨哲学的基地之外,发生在他们之间的争论,说到底都不过是像马克思所转述的鲍威尔评价自己与施特劳斯之争时所说的那样,是“兄弟之争”;因而,在他们拥有共同的批判宗旨和批判的共同现实指向,并因而分别从不同的角度从事着共同的批判工作,同时又分享着共同的理论根基的前提下,青年黑格尔派显然应当被视为一个完整的学派。①

实际上,青年黑格尔派的思想渊源并非仅限于黑格尔的哲学遗产。苏联学者马利宁和申卡鲁克指出:“如果认为黑格尔左派作为一种哲学流派的存在仅仅依赖于黑格尔的思想遗产,或认为只有在哲学传统的范围内才能说明它的特点,那无疑是一

① 卜祥记:《“青年黑格尔派与马克思哲学革命”研究的回顾与展望》,《上海行政学院学报》2005 年第 1 期。

种错觉。”[①]“黑格尔左派不仅受黑格尔的影响,它在很大程度上受一般欧洲思想,特别是法国唯物主义和18世纪启蒙运动的影响,受伟大的法国资产阶级革命思想,甚至空想社会主义的影响。”[②]这警示我们不应简单而贫乏地认识青年黑格尔派,更不应简单而贫乏地认识马克思与青年黑格尔派的关系。青年马克思和青年恩格斯出身于这个流派本身就已经说明这一点。

青年黑格尔派在整个哲学上来说继承着“黑格尔基因”,但与他们的“母亲”黑格尔相比,青年黑格尔派又呈现出某些明显的思想变异。这表现在:

第一,青年黑格尔派从对宗教和哲学的批判上升到对社会和政治的批判。

施特劳斯、布·鲍威尔等人对宗教的批判本身就是对社会现实的批判了,因为宗教本身在当时就是社会政治的一个主要部分;切什考夫斯基把“实践”范畴提到极为重要的地位;赫斯的批判则已经涉及社会经济领域。这提示着黑格尔之后哲学由思辨领域向现实存在的转变。张汝伦教授认为:

> 青年黑格尔派的“人类学转向”可以说是哲学领域里一次新的哥白尼革命。哲学从纯粹思维转向了具体的人,转向他的现世生存的现实条件。黑格尔左派关心的不是思想的先天必然条件,而是生活的实际条件、存在的实际情况(Da-Sein)。从他们开始,无论是叔本华和晚年谢林的“意志”概念、费尔巴哈的“感性”概念、马克思的“对象性”概念,还是祁克果的“生存”概念,都指向具体有限的事实性。[③]

---

① 〔苏〕B. A. 马利宁、B. И. 申卡鲁克著,曾盛林译:《黑格尔左派批判分析》,社会科学文献出版社1987年版,第1页。

② 〔苏〕B. A. 马利宁、B. И. 申卡鲁克著,曾盛林译:《黑格尔左派批判分析》,第253～254页。

③ 张汝伦:《论海德格尔哲学的起点》,《复旦学报(社会科学版)》2005年第2期。

第二，青年黑格尔派大都有无神论倾向。

黑格尔在很大程度上是无神论者，他以理性的至上性取代了上帝的万能性，然而“绝对精神”又俨然以上帝自居，因此又不能说黑格尔是完全意义上的无神论者，青年黑格尔派则是通过寻找宗教的现实起源而走向无神论的。施特劳斯、鲍威尔和费尔巴哈对宗教的批判就是循此思路。虽然费尔巴哈并不喜欢被称为无神论者，他主张建立一种新型宗教——爱的宗教，以人对人的爱来代替人对上帝的爱。

青年黑格尔派对宗教和社会政治的批判，是马克思摆脱思辨哲学的桎梏转向人的感性存在不可或缺的环节。在马克思渴求自由的思想轨迹中出现过两次变化，即由对基督的景仰到对“自我意识”的膜拜；由“自我意识”具有最高的神性到“人是人的最高本质”。青年黑格尔派是促成第一次转变的主要原因。宗教作为西方文化的基因，不可能不在马克思身上烙有印记。中学时代他就怀着对人的自由的深沉肯认，将对人的终极关切落脚在基督身上：“我们的心、理性、历史、基督的道都响亮而令人信服地告诉我们，和基督一致是绝对必要的，没有这种一致我们就不能够达到自己的目的，没有这种一致我们就会被上帝抛弃，而只有上帝才能够拯救我们。”这里的“目的”就是对“对真理和光明的追求”。“一个人一旦达到了这种道德，和基督一致起来了，那么，他将会泰然处置命运的打击，勇于对待各种欲望的冲动，无畏地忍受一切苦难的折磨，因为谁能征服他，谁能从他心中夺走他的救世主呢？”[①]马克思究竟是以一个虔敬的基督徒身份来理解救主基督，还是另有所指呢？他的一篇中学德语作文似乎能给我们一些指引：

自然本身给动物规定了它应该遵循的活动范围，动物

① 《马克思恩格斯全集》第40卷，人民出版社1982年版，第820～822页。

也就安分守己地在这个范围内活动，而不试图越出这个范围，甚至不考虑有其他范围存在。神也给人指定了共同的目标——使人类和他自己趋于高尚，但是，神要人自己去寻找可以达到这个目标的手段；神让人在社会上选择一个最适合于他、最能使他和社会变得高尚的地位。[①]

马克思认为，人在寻找“趋于高尚”的手段上是自由的，神的作用只在于引领人趋于高尚。可见，在马克思那里，“基督”作为人向神性无限超拔的终极参照似乎更为恰当。博士论文绝不是纯学究式地探讨德谟克里特和伊壁鸠鲁二者自然哲学的差别，它是马克思以人的“自我意识”取代基督神性的表达。从伊壁鸠鲁和德谟克里特二者自然哲学的差别切入人的“自我意识”的挺立，是因为马克思赞同青年黑格尔派的看法，认为自己所处的时代与亚里士多德之后的希腊哲学的发展具有相同的情形，即黑格尔之后德国哲学呈现某种超越思辨哲学的新气象：“只是现在，伊壁鸠鲁派、斯多葛派和怀疑派体系为人理解的时代才算到来了。他们是自我意识哲学家。”[②]从中学作文到博士论文，马克思对人的超越性认识经历了从“基督具有最高神性”到“人的自我意识具有最高神性”的变化。对基督的景仰和对“自我意识”的膜拜，都是对人的自由的肯定。黄克剑教授认为：“‘自由’提示的意义在于主体的自作主宰、自为理由而不牵累在他物中”[③]。他说明了马克思“原子偏斜理论”的精神实质：对自由的终极关注。麦克莱伦认为：“马克思研究宗教和哲学的时期正好是他同布鲁诺·鲍威尔友好的时期，而且他的研究无疑是受到了鲍威尔的鼓励的。”[④]博士论文体现出青年黑格尔派对马克思

① 《马克思恩格斯全集》第40卷，第3页。

② 《马克思恩格斯全集》第40卷，第286页。

③ 黄克剑：《人韵——一种对马克思的解读》，东方出版社1996年版，第260页。

④ 〔英〕戴维·麦克莱伦著，夏威仪、陈启伟、金海民译：《青年黑格尔派与马克思》，商务印书馆1982年版，第71页。

的影响：

> 这种“自我意识”是青年黑格尔派，尤其是布鲁诺·鲍威尔阐述的哲学的核心概念。对他们而言，人类自我意识不断发展，认识到它原本认为从它自身分离出去的力量（例如宗教），其实是它自身的创造物。因此，自我意识的首要任务和它的首要武器，哲学批判，就是揭示出来与人类的这种自我意识的自由发展相对立的一切力量和观念。①

然而，从《黑格尔法哲学批判》开始，马克思就告别“自我意识”而转向人的现实存在了。戴维·麦克莱伦在总结青年黑格尔派对马克思的影时说：

> 他（指马克思——引者注）采纳了鲍威尔的尖锐的，甚至是可怕的宗教批判，把它当作自己分析政治学—经济学等等的样板；他接受了费尔巴哈对黑格尔哲学的系统的改造，否认黑格尔思想是至高无上的，而以一种彻底的人本主义为出发点；施蒂纳是青年黑格尔分子中最具有否定精神的一个，他使马克思不得不超越费尔巴哈有点静止的人本主义；最后，赫斯是德国共产主义思想的第一个宣传者，他首先把激进思想应用在经济学方面。②

从马克思思想成长的轨迹来看，上述结论是能够成立的。

青年黑格尔派的“批判”建基于思辨哲学这一事实，意味着他们无法摆脱意识形态的陷阱。至于马克思“转向”的原因，显然与费尔巴哈密切相关。对思辨哲学的颠覆性批判，费尔巴哈来得最彻底。青年黑格尔派其他成员对马克思的影响基本上是碎片式的。但它无疑促进了马克思对黑格尔哲学的进一步了解。对待黑格尔态度的根本分歧又成为他与这个派别最终决裂

---

① 〔英〕戴维·麦克莱伦著，王珍译：《卡尔·马克思传》，第29～30页。

② 〔英〕戴维·麦克莱伦著，夏威仪、陈启伟、金海民译：《青年黑格尔派与马克思》，第171页。

的主要原因——青年黑格尔派根本没有真正理解自己的“母亲”——黑格尔，以及他的真正伟大以及应当被超越之处。在《神圣家族》中马克思说道：

> 批判的批判（指鲍威尔等人——引者注）是反刍动物。批判经常把黑格尔的残羹剩饭（如像上述关于“新事物”和“旧事物”或“一个极端是从与之对立的另一极端发展起来的”等等论点）再回一回锅；除了求助于辛利克斯教授的“疲惫”之外，它从来没有感到需要用任何其他方法来清算“思辨的辩证法”。而且，它不断以重复黑格尔的办法“批判地”超过了黑格尔。①

比如，在犹太人问题上，鲍威尔只了解犹太精神的宗教本质，而不了解这一宗教本质的世俗基础。他把宗教意识当作某种独立的实质来反对。他不是用现实的犹太人去解释犹太教的秘密，而是用犹太教去解释现实的犹太人。马克思指出，鲍威尔之所以在宗教和神学的地基上来考察宗教和神学，根源于他丝毫未曾触动思辨哲学的根基。更为深刻的是，马克思看到施特劳斯和鲍威尔对黑格尔哲学的咀嚼，因远远没有达到黑格尔的深度而显得滑稽和笨拙：

> 施特劳斯和鲍威尔两人十分彻底地把黑格尔的体系应用于神学。前者以斯宾诺莎主义为出发点，后者则以费希特主义为出发点，他们两人都就上述两个因素之中的每一个因素在黑格尔那里由于另一个因素的渗入而被歪曲这一点批判了黑格尔，可是他们使每一个因素都获得了片面的、因而是彻底的发展。因此，他们两人在自己的批判中都超出了黑格尔哲学的范围，但同时他们两人都继续停留在黑格尔思辨的范围内，而他们之中无论哪一个都只是代表了

① 〔德〕马克思、恩格斯：《神圣家族》，第133页。

黑格尔体系的一个方面。[1]

不对思辨哲学来一次釜底抽薪的批判，就无法真正走入人的存在的历史。费尔巴哈的作用恰恰体现在这里。有鉴于此，将费尔巴哈从青年黑格尔派中分离出来加以考察是完全必要的。

在此，笔者想澄清一下马克思与布鲁诺·鲍威尔之间的思想纠葛。作为青年黑格尔派的公认的领袖和当时德国文化运动的领导人之一，布鲁诺·鲍威尔并非如《神圣家族》中所说的那样不堪。若非如此，马克思和恩格斯用一部长篇巨著对之讨伐是难以理解的。事实上，马克思与鲍威尔之间曾有过亦师亦友的亲密关系。大学毕业后，马克思本想通过鲍威尔的帮助，谋得波恩大学哲学教师的岗位。但是，由于德皇威廉四世对思想控制的加强，鲍威尔因宣传无神论被赶出了波恩大学。马克思当大学老师的计划随之落空。与此同时，卢格的《哈雷年鉴》也被迫停刊。这种日趋恶化的政治状况使马克思放弃了从事教学工作的打算，进而决定以自由撰稿人的身份投身到实际的社会生活中去。最终，思想的分歧还是使马克思与鲍威尔分道扬镳了——前者倾向于社会主义，而后者仍然停留在致力于实现政府民主化、实行宗教和国家分离、废除特权等目标。而且，前者后来逐渐从政治中抽身而退，从事所谓纯粹的批判。在《论犹太人问题》《神圣家族》和《德意志意识形态》中，鲍威尔遭到了马克思和恩格斯的激烈批判。兹维·罗森说道：“鲍威尔在这些著作中被描述为最糟糕的虚无主义者；被说成是一个如果不从宗教或者从反宗教即无神论的立场搜罗证据，就不能解决任何政治、社会或哲学问题的神学家；被看作是完全脱离现实的思辨唯心主义者。”[2]德国学者戴维·科伊根认为，黑格尔的青年门徒是

---

① 〔德〕马克思、恩格斯：《神圣家族》，第 177 页。

② 〔波兰〕兹维·罗森著，王谨等译：《布鲁诺·鲍威尔和卡尔·马克思》，第 2 页。

最早提出以现代实证主义的社会理论代替形而上学体系的人。[①] 马尔库塞也认为:“从黑格尔过渡到马克思,无论从哪个方面看,都不是哲学所能解释得了的,这是一个向本质不同的真理体系的过渡。我们可以看到,马克思理论的全部哲学概念都属于社会、经济范畴;而黑格尔的社会、经济范畴却全是哲学概念。甚至马克思的早期作品也不是哲学著作。”[②]为什么会这样呢?原因很简单:造成二者差异的是马克思与黑格尔在哲学原初基础上的根本不同。前者是人的现实存在,后者是绝对精神。恰恰是这种差异,使马克思哲学与黑格尔哲学呈现为生成与预成、反思与筹划的鲜明对照。马克思曾经特别认真地研究过黑格尔,他也从来没有摆脱过黑格尔的影响。在对待黑格尔哲学遗产方面,马克思和恩格斯是有区别的:前者不仅继承了黑格尔的辩证的方法,而且连同使辩证法得以显现的现象学也一并保留;而后者似乎仅仅肯定了黑格尔的辩证法。于是,就可以理解马克思与恩格斯关于辩证法的理解上存在的诸多分歧。前者孜孜揭示人类历史的辩证法,后者却对自然辩证法情有独钟。事实表明,黑格哲学不仅是德国古典哲学的完成,也是西方现代哲学得以孕育的摇篮。麦克斯·施蒂纳——这位青年黑格尔派的重要成员的著作——《唯一者与所有物》就表现出明显的存在主义的哲学取向。根据兹维·罗森的搜集和整理,卢卡奇和布洛赫都曾涉猎布鲁诺·鲍威尔的著作,不幸的是,二人都未认真研究,而是先入为主地把马克思主义的批判理论当成他们评价鲍威尔的基础和根据。对此,兹维·罗森深感惊讶和不满。他还指出了这样一个事实:在鲍威尔死后,恩格斯写过一篇盖棺论定

---

① 参见〔波兰〕兹维·罗森著,王谨等译:《布鲁诺·鲍威尔和卡尔·马克思》,第11页。

② 〔波兰〕兹维·罗森著,王谨等译:《布鲁诺·鲍威尔和卡尔·马克思》,第11页注释⑤。

式的文章，赞扬鲍威尔的无神论观点——鲍威尔反对基督教的立场以及关于基督教起源所作的解释。而且，恩格斯的评价得到了德国社会民主党的承认。

波兰学者兹维·罗森的《布鲁诺·鲍威尔与卡尔·马克思》一书是迄今为止认真研究马克思与鲍威尔的思想纠葛的专著。它从马克思与鲍威尔的私人交往、马克思宗教概念、异化概念以及意识形态概念中的鲍威尔的特色入手，深入挖掘了鲍威尔对马克思的思想影响以及后者对前者的超越，不容忽视。

（三）费尔巴哈人本学

费尔巴哈的宗教批判是通过颠覆思辨哲学来实现的，或者说颠覆思辨哲学是通过宗教批判而实现的。他并没喊出“上帝死了”的警句，而是仅仅宣布：上帝不过是人的类本质的异化！人创造了宗教，而不是宗教创造了人！然而在这个宣言面前，不仅使整个基督教世界目瞪口呆，更使中世纪以来所有关于上帝存在的证明不攻自破。上帝只是人自己的产物！费尔巴哈以其全新的提问方式，解决了几个世纪以来困扰人类心灵的难题。

以自然为基础的人的感性存在本身，是费尔巴哈人本学赖以展开和建构的根基。他认为，自然和人的感性存在是“ultima ratio, summa summarum（穷究的根据、终极的终极）”；“感觉论是关于穷究事物的理论，在这里，一切秘密暴露无遗”[①]。因而，“为什么有物存在?”是个愚蠢的问题。“存在是从自身、通过自身而来的……存在只能为存在所产生。存在的根据在它自身中，因为只有存在才是感性、理性、必然性、真理，简言之，存在是

① 〔德〕费尔巴哈著，荣震华、李金山等译：《费尔巴哈哲学著作选集》上卷，商务印书馆 1984 年版，第 207 页。

一切的一切。"[①]人的本质就在其感性存在中:"身体是人的存在;夺去身体便是夺去存在;谁若已经是无感性的,谁就已经不存在。你能够把本质和存在分开吗?当然,在思想上你能够,但在现实中不能。"[②]费尔巴哈的感性对象性学说包括两个基本命题:(1)没有了对象,主体就成为无;(2)主体必然与其发生本质关系的那个对象,不外是这个主体固有而又客观的本质。[③]上述命题恰恰体现了费尔巴哈哲学的过渡性:一方面人和自然的感性对象性存在,预示着费尔巴哈人本学已决定性地告别了思辨哲学的地基。就此而言,它算得上是一场哲学上的"哥白尼式革命",使哲学在经历了仰望星空的漫漫空虚和厌倦之后重新回归到多灾多难的现实人间。另一方面感性直观又使人和自然的感性存在作为现成存在者而无法在历史中敞开。这决定性地阻止了一种新哲学的生长。就此而言,费尔巴哈远没有黑格尔深刻。某种意义上,他是一位"但丁式"人物,表现出"开山有余、创造不足"的特点:一方面他"召唤"人的感性存在的"出场";另一方面"人"又因"活动"不起来而再度陷于抽象。俞吾金先生在界定"德国古典哲学"时,将费尔巴哈排除在外。他说:

> 德国古典哲学指称的是康德、费希特、谢林和黑格尔的哲学,费尔巴哈的哲学不包含在里面……费尔巴哈哲学只是德国古典哲学在黑格尔那里被终结后出现的一条新出路或一个新出口。只有当费尔巴哈还是一个青年黑格尔主义者的时候,他才可以勉强地被算进德国古典哲学的范围之内,因为他的思想根本上是从属于黑格尔的。事实上,当费

---

① 〔德〕费尔巴哈著,荣震华、李金山等译:《费尔巴哈哲学著作选集》上卷,第115页。

② 〔德〕费尔巴哈著,荣震华、李金山等译:《费尔巴哈哲学著作选集》上卷,第210页。

③ 参见〔德〕费尔巴哈著,荣震华、王太庆等译:《费尔巴哈哲学著作选集》下卷,商务印书馆1984年版,第29页。

> 尔巴哈起来批判黑格尔，形成自己独立的哲学见解的时候，他就已经置身于德国古典哲学的范围之外了。[①]

费尔巴哈人本学究竟属于德国古典哲学与否，有待继续探讨。但有一点不能忘记，德国古典哲学已经体现出向现代哲学过度的倾向，这从它要解决的问题——“思维与存在的统一”中一见端倪。黑格尔是让存在统一于思维，而费尔巴哈则正好相反，让思维统一于存在。就此而言，将费尔巴哈归属于德国古典哲学是合理的。实际上，黑格尔某种意义上也是过渡式人物：他在完成理性主义哲学之大成的同时，亦表现出非理性主义的明显倾向。因为在理性与非理性分裂对立的前提下，理性本身必须借助非理性才可以成就自己。黑格尔使理性得到最完备体现的同时，也不自觉地使非理性得以出场并占据了半壁江山。预设精神自否定的生命能力正是黑格尔哲学非理性的集中体现。新黑格尔主义者克罗纳恰恰切中了这一点，把黑格尔说成是最大的非理性主义者：

> 人们都把黑格尔哲学称作是理性主义的，然而这种称呼与相反的称呼具有同样的真实性……黑格尔无疑是一位哲学史上所知道的最伟大的非理性主义者……因为他是辩证法家，因为辩证法本身就是按照理性的方式产生出来的、作为一种方法的非理性主义——因为辩证的思维就是理性-非理性的思维。[②]

费尔巴哈对马克思的思想成长究竟有何意义？俞吾金教授认为：“对于马克思哲学思想的发展来说，费尔巴哈归根到底是不重要的……值得注意的是，在对自己思想发展的回顾中，马克

---

① 俞吾金：《论马克思对德国古典哲学遗产的解读》，《中国社会科学》2006年第2期。

② 张世英主编：《新黑格尔主义论著选辑》上卷，商务印书馆1997年版，第570～574页。

思提到了黑格尔,但没有提到费尔巴哈。"[①]事实果真如此吗?恩格斯的说法是:

> 费尔巴哈的《基督教的本质》出版了。它直截了当地使唯物主义重新登上王座,这就一下子消除了这个矛盾。自然界是不依赖任何哲学而存在的……这部书的解放作用,只有亲身体验过的人才能想象得到。那时大家都很兴奋:我们一时都成为费尔巴哈派了。马克思曾经怎样热烈地欢迎这种新观点,而这种新观点又是如何强烈影响了他(尽管还有种种批判性的保留意见),这可以从《神圣家族》中看出来。[②]

显然,恩格斯所说的"我们一时都成为费尔巴哈派了",虽有夸张成分但基本属实。马克思从不曾是一个完全意义上的费尔巴哈派,即使在对费尔巴哈极度崇拜时也是如此。但这并不妨碍费尔巴哈曾经给予他极大的影响。实际上,这种影响早在《神圣家族》之前就已经表现出来了。1843～1844 年,马克思哲学立场的根本转变就是体现。在撰写博士论文时期,他还站在青年黑格尔派一边,高呼"人的自我意识具有最高的神性",而《黑格尔法哲学批判》就已经以感性存在的立场来批判思辨哲学了。马克思在 1844 年说道:"对国民经济学的批判,以及整个实证的批判,全靠费尔巴哈的发现给它打下真正的基础。从费尔巴哈起才开始了实证的人道主义和自然主义的批判。"[③]"实证的人道主义和自然主义"并非通常意义上的实证科学,而是指与思辨哲学根本对立的感性存在的哲学。马克思称颂"费尔巴哈是唯一对黑格尔辩证法采取严肃的、批判的态度的人;只有他在这个领域内作出了真正的发现"[④]。在《神圣家族》中,马克思认为

① 俞吾金:《重新理解马克思——对马克思哲学的基础理论和当代意义的反思》,北京大学出版社 2005 年版,第 56 页。

② 《马克思恩格斯文集》第 4 卷,人民出版社 2009 年版,第 275 页。

③ 〔德〕马克思:《1844 年经济学哲学手稿》,第 4 页。

④ 〔德〕马克思:《1844 年经济学哲学手稿》,第 96 页。

“只有费尔巴哈才是从黑格尔的观点出发而结束和批判了黑格尔的哲学。费尔巴哈把形而上学的绝对精神归结为‘以自然为基础的现实的人’,从而完成了对宗教的批判。同时也巧妙地拟定了对黑格尔的思辨以及一切形而上学的批判的基本要点”①。所谓“从黑格尔的观点出发”,是指费尔巴哈人本学所遵循的“思维与存在统一”的原则。在1865年给施韦泽的信中,马克思对费尔巴哈作了几乎可以看作是盖棺定论的评价:“和黑格尔比起来,费尔巴哈是极其贫乏的。但是,他在黑格尔以后起了划时代的作用,因为他强调了为基督教意识所厌恶而对于批判的进步却很重要的某几个论点,而这些论点是被黑格尔留置在神秘的朦胧状态中的。”②由此看来,对于马克思思想的“断裂”来说,费尔巴哈的作用是极其重要的。

二、实践:“人的存在的现象学”的开端

哲学开端的选择直接决定一种哲学能否圆融。那么,衡量哲学开端的恰当与否有无尺度呢?熊伟先生认为:

> “我”(“在”)为“哲学”中无可再追的最后壁垒。“在”为一切科学,一切现象(Phänomen),一切“表现”,一切“哲学”之最后前提。不但要“在”才可以“哲学”,且因“哲学”就是“我”“哲学”(19.)而“我”又即“在”而非“在者”,故根本“哲学”自己就是“我”,“哲学”自己就是“在”。③

在熊伟先生看来,哲学就是“我”哲学,而“我”就是“在”。这显然已经进入了海德格尔的“此在”现象学。在海德格尔看来,存在论只有作为现象学才是可能的。而现象学就在于找到一个恰当

① 〔德〕马克思、恩格斯:《神圣家族》,第177页。
② 《马克思恩格斯文集》第3卷,第17页。
③ 熊伟:《自由的真谛——熊伟文选》,第15页。

的原初出发点,以便让"实事"自身如其所是地显现。因而先行澄清"我"作为"此在"的存在方式,就是一切存在论得以可能的前提。现象学表达了哲学对内在性的渴望。唯有内在性,哲学才能是其所是;唯有内在性,哲学才能真正"还乡"。这一方面要求哲学之开端必须是自足的,即"无可再追"的最后壁垒和一切科学、一切现象、一切表现和一切"哲学"的最后前提;另一方面这个开端又必须是生成着的。否则,哲学就无法从内在获得生命。故内在性、自足性和生成性,成为衡量哲学开端恰当与否的三个基本尺度。

"实践"之所以能够作为"人的存在的现象学"的开端,完全有赖于它所具有的对人的存在的开启性。正如何中华教授所说:

> 实践开启了一切可能的存在者之存在。就此而言,它成为存在者之存在的召唤者。一切存在者的"是其所是",皆成就于实践境遇的开显之中。在实践这一原初性范畴的展开中,一切可能的存在者"是其所是",即显示并证成自身。实践的开启性和建构性即在此被成就。实践乃是存在之源,它让存在者"出场"、"显示"、"澄明"、"绽放"……总之让其"在"起(出)来。[①]

正是在这个意义上,马克思哲学不是对黑格尔思辨哲学的简单"颠倒"(实际上,对黑格尔哲学的唯物主义颠倒是由费尔巴哈首先完成的),而是"实践"作为人的存在方式所特有的"在"出一切可能的在者的生成性。

1844～1845 年是马克思"实践"概念生长的关键时期。"人的感性对象性存在(或感性对象性活动)"揭示了"实践"作为人的存在方式——"活动……出来"("让存在")的结构,值得仔细辨析。

① 何中华:《实践唯物主义的奠基之作——再读马克思〈关于费尔巴哈的提纲〉》,《东岳论丛》2006 年第 3 期。

(一)人的感性对象性活动

哲学从不否认其种种前提;相反,它领会诸前提,并渐行深入地铺展这些前提。因为哲学的展开很大程度上有赖于其前提的先行澄明。黑格尔曾经说:"哲学上的起点只是就研究哲学的主体的方便而言的,至于哲学本身却无所谓起点。"①马克思哲学前提的确立,建立在对黑格尔现象学与费尔巴哈人本学的清理和批判的基础上。这在当时是不得不做的一项任务,"因为当代批判的神学家不仅没有完成这样的工作,甚至没有认识到它的必要性"②。这种重建不是对黑格尔哲学的简单颠倒,也不是对费尔巴哈人本学的亦步亦趋,而是开启出与近代哲学迥然不同的"人的存在的现象学"视野。"感性对象性活动"(亦作"感性对象性存在")作为人的存在方式,具有"活动……出来"(在……出来)的特性。

1. 人的感性对象性活动是"超越"的

在马克思语境中,人的感性对象性活动并非指孤立绝缘的"主体",活动于现成存在的世界之中。也就是说,人是有"世界"的存在,即"说人是肉体的、有自然力的、有生命的、现实的、感性的、对象性的存在物,这就等于说,人有现实的、感性的对象作为自己的本质的即自己生命表现的对象;或者说,人只有凭借现实的、感性的对象才能表现自己的生命"③。马克思使用"对象""对象性""本质"等近代哲学的概念,却表达着后近代的哲学视野。所谓"对象性存在",是说人向来有自己的自然界,并且必须在自己的自然界中才是现实的存在。一个没有自然界的孤立绝缘的主体是无法确证自身存在的:

① 参见赵敦华:《西方哲学简史》(上),北京大学出版社2001年版,第296页。

② 〔德〕马克思:《1844年经济学哲学手稿》,第4页。

③ 〔德〕马克思:《1844年经济学哲学手稿》,第106页。

> 一个存在物如果在自身之外没有自己的自然界,就不是自然存在物,就不能参加自然界的生活。一个存在物如果在自身之外没有对象,就不是对象性存在物。一个存在物如果本身不是第三存在物的对象,就没有任何存在物作为自己的对象,就是说,它没有对象性的关系,它的存在就不是对象性的存在。非对象性的存在物是非存在物。[①]

在马克思的语境中,人的感性对象性存在已经不是那个"我思故我在"的思维着的主体,它与它的世界的原初关联所昭示的存在论意蕴已经赫然而出。对此,有必要发挥海德格尔此在现象学的开启性作用。海德格尔认为"此在"的存在方式是"在世界之中存在",这种在世结构成就了此在的本质——绽出之生存。他特别强调,"绽出之生存"并非"站到外面",而是"依据于那种在无蔽状态之'外'(Aus)和'此'(Da)中的内立(Innestehen),而存在本身即是作为这种无蔽状态而成其本质的"[②];"此在向来已经超出存在者整体之外而存在了。这种超出存在者之外的存在状态,我们称之为超越(Transzendenz)。倘若此在在其本质基础上并不超越……那么,此在就决不能与存在者发生关系,也就不能与它自身发生关系"[③]。就是说,"此在"的"超越"存在是"世界"前来照面得以可能的基础。在马克思语境中,感性对象性存在的人,本然欲求着他的对象,以便从其对象中确证自身的存在。这种始源性的关系,这种根本性的生成和开启确证了人的存在的超越性。感性对象性存在的人一开始就不是现成性的,而是与其"对象"处于相互生成之中,即"人作为对象性的、感性的存在物,是一个受动的存在物;因为它感到自己是受动的,所以是一个有激情的存在物。激情、热情是人强烈追求自己的

---

① 〔德〕马克思:《1844年经济学哲学手稿》,第106页。

② 〔德〕海德格尔,孙周兴译:《路标》,第441页。

③ 〔德〕海德格尔,孙周兴译:《路标》,第133页。

对象的本质力量”[①]。感性对象性存在的人进行感性对象性活动。马克思说道：

> 当现实的、肉体的、站在坚实的呈圆形的地球上呼出和吸入一切自然力的人通过自己的外化把自己现实的、对象性的本质力量设定为异己的对象时，设定并不是主体；它是对象性的本质力量的主体性，因此这些力量的活动也必须是对象性的活动。对象性的存在物进行对象性活动，如果它的本质规定中不包含对象性的东西，它就不进行对象性活动。它所以只创造或设定对象，因为它是被对象设定的，因为它本来就是自然界。因此，并不是它在设定这一行动中从自己的“纯粹活动”转而创造对象，而是它的对象性的产物仅仅证实了它的对象性活动，证实了它的活动是对象性的自然存在物的活动。[②]

作为人的独特存在方式的感性对象性存在（或者感性对象性活动），使马克思决定性地扬弃了黑格尔和费尔巴哈。它提撕着马克思哲学基础的两个原初关联的原则：感性存在和“让存在”。唯其如此，人的感性对象性活动才能作为“现象”而显现。如果说黑格尔哲学的近代性一般在于其思辨性，那么，费尔巴哈人本学的近代性则已经表现为人和自然的感性存在的非生成性了。应该说，费尔巴哈“人本学”对思辨哲学来说是一次“哥白尼式革命”，但僵死的、封闭的“感性存在”却不幸使费尔巴哈最终落入了近代形而上学的轨道。而感性活动的生成性和敞开性则使马克思真正踏上了哲学的“陆地”。

2. 作为人的感性对象性活动之敞开的“自然”和“社会”

在马克思的语境中，“自然”并非首先意指作为客体的自然界。人的感性对象性存在也并非意味着作为主体的人存在于作

① 〔德〕马克思：《1844年经济学哲学手稿》，第107页。

② 〔德〕马克思：《1844年经济学哲学手稿》，第105页。

为客体的自然之中。毋宁说,它指示出一种原初的张力——人与自然一体无隔,人就是自然,自然就是人。这种原初的关联,套用海德格尔的话说就是“人让自然在出来”,亦即:

> 在实践上,人的普遍性正是表现为这样的普遍性,它把整个自然界——首先作为人的直接的生活资料,其次作为人的生命活动的对象(材料)和工具——变成人的无机的身体。人靠自然界生活。这就是说,自然界是人为了不致死亡而必须与之处于持续不断的交互作用过程的、人的身体。所谓人的肉体生活和精神生活同自然界相联系,不外是说自然界同自身相联系,因为人是自然界的一部分。①

这段话当然不能在主客二分的认识论意义上来理解。只有在存在论意义上,“人是自然界的一部分”才是可以理解的。正是在人与自然之间原初关联的基础上,历史本身才是“人的真正的自然史”②。“历史本身是自然史的即自然界生成为人这一过程的一个现实部分。自然科学往后将包括关于人的科学,正像关于人的科学包括自然科学一样:这将是一门科学。”③在近代哲学视野中,“自然”是一个与“人”处于对等关系中的客体,具有相对于人的存在的绝对优先性。这种看待自然的方式不可避免地生出“自然从何处来?”的询问。关于这一问题的回答造成了唯物和唯心的二元分裂和对立。在马克思看来,追问客观的自然界得以可能的前提,正是作为人的活动之敞开的自然。没有这个前提,自然界的存在就会遭遇神学化的可能。因而“被抽象地理解的,自为的,被确定为与人分割开来的自然界,对人来说也是无”④。

---

① 〔德〕马克思:《1844年经济学哲学手稿》,第56～57页。

② 〔德〕马克思:《1844年经济学哲学手稿》,第107页。

③ 〔德〕马克思:《1844年经济学哲学手稿》,第90页。

④ 〔德〕马克思:《1844年经济学哲学手稿》,第116页。

在马克思语境中，“社会”作为人的本然的存在方式，同样具有“人让社会在出来”的性质。因为在人的感性对象性存在中，“人对自身的关系只有通过他对他人的关系，才成为对他来说是对象性的现实的关系”[1]。因而，“首先应当避免重新把‘社会’当作抽象的东西同个体对立起来。个体是社会存在物”[2]。作为社会存在物：“他的生命表现，即使不采取共同的、同他人一起完成的生命表现这种直接形式，也是社会生活的表征和确证。”因为“我是作为人活动的。不仅我的活动所需的材料——甚至思想家用来进行活动的语言——是作为社会的产品给予我的，而且我本身的存在是社会的活动；因此，我从自身所做出的东西，是我从自身为社会做出的，并且意识到我自己是社会存在物”[3]。

在马克思那里，正是“劳动”这一人所特有的与自然界打交道的方式，塑造了人化自然与人类历史。“整个所谓世界历史不外是人通过人的劳动而诞生的过程，是自然界对人来说的生成过程，所以关于他通过自身而诞生、关于他的形成过程，他有直观的、无可辩驳的证明。”[4]就是说，人正是通过劳动让“自然”和“社会”在出来。需要指出，马克思是在如下两种意义上使用“劳动”概念的：第一，作为人类历史前提的人的活动，“全部人类历史的第一个前提无疑是有生命的个人存在。因此，第一个需要确认的事实就是这些个人的肉体组织以及由此产生的个人对其他自然的关系”[5]。在这个意义上，“劳动”等价于“实践”，具有存在论意义。第二，作为经济范畴，“起初我们看到，商品是一种二重的东西，即使用价值和交换价值。后来表明，劳动就它表现

① 〔德〕马克思：《1844年经济学哲学手稿》，第60页。
② 〔德〕马克思：《1844年经济学哲学手稿》，第84页。
③ 〔德〕马克思：《1844年经济学哲学手稿》，第83～84页。
④ 〔德〕马克思：《1844年经济学哲学手稿》，第92页。
⑤ 《马克思恩格斯文集》第1卷，第519页。

为价值而论,也不再具有它作为使用价值的创造者所具有的那些特征。商品中包含的劳动的这种二重性,是首先由我批判地证明的"[①]。在马克思经济学中,"劳动"即使作为经济范畴,也蕴含存在论意义的关照。这正是马克思对国民经济学的超越之处。在汉娜·阿伦特看来,马克思所建构的理想社会与希腊城邦国家的理想生活惊人的一致,但马克思关于劳动的理解,却是对西方政治思想传统的背离和反叛。她说道:

> 马克思学说真正反传统的倒是一个未曾有的反面,即对劳动的赞美。它却是自从哲学发轫以来经常遭到蔑视的,被认为没有必要特意去理解、解释那不中用的人及其营生活动,也没有必要重新评价被轻视的工人阶级和劳动。马克思是19世纪唯一使用哲学用语真挚地叙说了19世纪的重要事件——劳动的解放的思想家。[②]

的确,在关于劳动的理解上,马克思是向希腊传统发起最猛烈挑战的思想家。正是通过对劳动的存在论阐释,马克思指引出德国解放的实际可能性所在——"形成一个若不从其他一切社会领域解放出来从而解放其他一切社会领域就不能解放自己的领域,总之,形成这样一个领域,它表明人的完全丧失,并因而只有通过人的完全回复才能回复自己本身。社会解体的这个结果,就是无产阶级这个特殊等级"。进而指出,无产阶级的历史使命——"推翻使人成为被侮辱、被奴役、被遗弃和被蔑视的东西的一切关系"。[③]

海德格尔关于"此在"的存在结构——在世界之中存在,在本源的意义上道出了人的存在的"社会性"。他说:

---

① 《马克思恩格斯文集》第5卷,第54～55页。

② 〔美〕汉娜·阿伦特著,孙传钊译:《马克思与西方政治思想传统》,江苏人民出版社2008年版,第12页。

③ 《马克思恩格斯文集》第1卷,第11、17页。

> 因为在世存在属于此在的基本构成，存在的此在本质上就以处于世界内的存在者之中的方式而和他人共在，作为在世存在，它从来不是首先处于世界上的现成之物当中，然后才将其他人揭示为他们的成员。相反，作为在世存在，它就是和他人的共在，这和他人是否和如何实际上与它在一起没有什么关系。然而，另一方面，此在也不是仅仅首先与他者共在，然后才在与他人共在中遭遇世内的事物，相反，与他人共在意味着和其他的在世存在——在世中共在……换言之，在世存在方面，共在以及在——中间有着同样的本源性。①

当“此在”处于“无聊”时，反而更能彰显其“共在”性：“当我们并没有专门地忙碌于事物和我们自身时，而且恰恰是在这个时候，存在者‘在整体中’向我们袭来，例如，在真正的无聊中……这种深刻的无聊犹如寂然无声的雾弥漫在此在的深渊中，把万物、人以及与之共在的某人本身共同移入一种奇特的冷漠状态中。这种无聊启示出存在者整体。”②在海德格尔的语境中，“社会”就是“与他人共在”，虽然海德格尔很少使用“社会”一词。“与他人共在”不能理解为作为现成存在者的自己与同样现成存在的他人在一起，它指的是“此在”在向……操劳之际，让其他此在式存在者一同前来照面。此在向来已经如此生存。

也许，海德格尔可以让我们更好地理解马克思。“此在”的现象学描述并没有特别标识“自然”和“社会”这样的概念，而是以“在世界之中”来意指“此在”的生存。因而，无论是把世界表达为用作表示自然界之全体的名称（自然的世界概念），还是把它用作表示人类共同体的称号（人格性的世界概念），都是同样荒谬的。毋宁说，世界只是“作为某个此在之缘故的当下整体

---

① 参见洪汉鼎：《现象学十四讲》，人民出版社2008年版，第249页。

② 〔德〕海德格尔著，孙周兴译：《路标》，第127页。

性,是通过这个此在自身而被带到这个此在自身面前来的”,即此在“让世界发生,与世界一道表现出某种源始的景象(形象),这种景象并没有特别地被掌握,但恰恰充当着一切可敞开的存在者的模型,而当下此在本身就归属于一切可敞开的存在者中”[①]。此在与世界的关联不能被看作作为这一个存在者的此在与作为另一个存在者——世界的关系,世界不是一个存在者,它应当归属于此在。显然,在人的始源性存在中,海德格尔的“世界”与马克思的“自然”和“社会”达成了视域融合。在马克思那里,“自然”和“社会”之于人的感性对象性活动而言,并不是两个不同的概念。它们其实是一个东西,即“社会是人同自然界的完成了的本质的统一,是自然界的真正复活,是人的实现了的自然主义和自然界的实现了的人道主义”[②]。“现实的个人”在自身敞开中经历了异化及其扬弃的过程。异化劳动把人变成原子式的个人,使他不是作为人的人而存在,从而远离了他本然的社会性。只有在历史中并通过历史,人才得以复归本真的社会存在。《关于费尔巴哈的提纲》关于人的本质的规定——“人的本质,不是单个人所固有的抽象物,在其现实性上,它是一切社会关系的总和”[③],就是人在扬弃异化之后、向自己的本质地真正复归。

人的感性对象性存在——这一有作为、能生产的“让存在”结构,彰显出“实践”对人的存在的开启性。全部“历史”就是人的存在的敞开和生成。这就是“实践”能够作为“人的存在的现象学”的哲学开端的原因。在批判旧唯物主义和费尔巴哈人本学时,“实践”的开启性得以充分彰显:

从前的一切唯物主义(包括费尔巴哈的唯物主义)的主

① 〔德〕海德格尔著,孙周兴译:《路标》,第185页。
② 〔德〕马克思:《1844年经济学哲学手稿》,第83页。
③ 《马克思恩格斯文集》第1卷,第501页。

> 要缺点是：对对象、现实、感性，只是从客体的或者直观的形式去理解，而不是把它们当作感性的人的活动，当作实践去理解，不是从主体方面去理解。因此，和唯物主义相反，能动的方面却被唯心主义抽象地发展了，当然，唯心主义是不知道现实的、感性的活动本身的……①

马克思强调：对对象、现实、感性应当从“主体”（亦作“主观”——引者注）方面来理解。在西方哲学中，“主体”（译作“主观”似乎更为恰当——引者注）一词有两种含义：一是认识论的主客二分之主体；二是存在论的先于主客两分的、自在自为的人的感性存在本身的主动性。马克思所说的“主体”显然是指第二种。它具有一元性，意指主客无分、物我相融的人的感性存在原初而能动的生命特性。它道出的是世界在人的存在中生成这样一种人与世界的“共谋”关系。马克思对“主体”的此种使用，直接来自黑格尔的启发。黑格尔认为，概念自己否定自己，自己发展自己，具有无限的主体性。这样的主体性，寓自身于客体之中，恰如在自己家中一样——自适自得。马克思通过对黑格尔现象学的“颠倒”，拯救了现象，即人的感性活动取代“绝对精神”，从而使主体性就获得了本真的含义。张志扬先生认为，如果撇开形而上学的范畴的纠缠，如主观的、客观的等，马克思说的“人的感性活动”“实践”或“实践批判的活动”，其实就是不分主客地把人和他的世界融为一个能动的过程……仅此一点，足以表明马克思在海德格尔之前就是第一位反传统形而上学的大师，而且按利科的说法，马克思还是破坏并超越虚假意识的怀疑大师。② 需要指出，对“主体性”的强调绝不意味着马克思在人的存在问题上的唯心主义姿态。相反，人的感性活动之主体性，从源头处确保了现实的人及其感性世界的唯物主义性质。

---

① 《马克思恩格斯文集》第1卷，第499页。

② 参见张志扬：《门——一个不得其门而人者的记录》，第134页。

总之,在马克思语境中,现存感性世界是人的感性“活动”的结果,即人“活动”出“世界”来。没有人,没有人的活动,“世界”就无从存在。马克思坚决反对费尔巴哈将人和自然的感性存在当作“感性客体”而不是“感性活动”来理解。因为“他(费尔巴哈——引者注)周围的感性世界决不是某种开天辟地以来就直接存在的、始终如一的东西,而是工业和社会状况的产物,是历史的产物,是世世代代活动的结果”①。需要澄清的是:在认识论领域,马克思并不反对把感性世界当作“客体”来理解。因为只有将其当作“客体”来理解,认识才是可能的。

“实践”“活动出……来”的品格所具有的开启性,使其有资格作为“人的存在的现象学”的开端。这决定了“实践”在马克思哲学中的“基石”地位。“马克思哲学是实践唯物主义”以及“实践的原则是马克思哲学首要的和基本的原则”等诸如此类的说法,毫无疑问是恰当的。然而,如果“实践”概念未曾得到真正透彻的存在论阐释,如果“实践”对“现实的个人”与现存感性世界的开启尚处于掩蔽状态,那么我们与马克思的哲学革命就真的未曾照面,实践概念就因其晦暗不明而流于抽象,甚至有陷入机械唯物主义和冠以唯物主义之名的唯心主义的危险。比如对“实践”概念的简单而抽象的“物质”化理解,已经预示了戕杀马克思哲学革命的不祥后果。

(二)关于“实践本体论”的思考

黑格尔有个比喻:一个有文化的民族如果没有哲学,就像一座富丽堂皇的庙宇里边没有至圣的神一样。本体论之于哲学,犹如神之于庙宇。神赋予庙宇以神圣,本体论使哲学成为自己。可以说,任何真正的哲学都无法避开本体论问题,它是哲学之为

① 〔德〕马克思、恩格斯:《德意志意识形态》(节选本),第20页。

哲学的根本表征和确证。黑格尔曾就逻辑学与其他科学的区别做过论述：

> 在每门别的科学中，它所研究的对象和它的科学方法，是互相有区别的；它的内容也不构成一个绝对的开端，而是依靠别的概念，并且在自己周围到处都与别的材料相联系。因此，可以容许这些科学只用假定有其他前提的办法来谈它们的基础及其联系以及方法，直截了当地应用被假定为已知的和已被承认的定义形式以及诸如此类的东西，使用通常的推论方式来建立它们的一般概念和基本规定……与此相反，逻辑却不能预先假定这些反思形式或思维的规则与方法，因为这些东西就构成逻辑内容本身的一部分，并且必须在逻辑之内才得到证明。[①]

“逻辑学”显然是指哲学。黑格尔的逻辑学就是本体论。本体论不但成为哲学与其他科学划界的标志，而且一种哲学是否圆融也有赖于它的本体论建构是否恰当。需要澄清的是：第一，本体论不是追求世界本源的理论。对世界本源的探求属于宇宙论的范畴。本体论以解决存在者何以存在为己任。第二，本体论是哲学“是其所是”的标志，本体论形式的不断转换是哲学追寻新的表达方式的体现。第三，本体论并不是唯心主义，它和哲学的唯物、唯心之间也没有必然联系。

本体论与哲学的互相缠绕意味着本体论可以有不同的形式，只要哲学尚在，本体论就不会终结。哲学何以具有如此的秉性呢？康德曾将哲学的本体论情结归结为人类理性的自然倾向：“盖人类理性不仅为博学多识之虚荣所促动，且实为自身内部之要求所鞭策，热烈趋向‘理性之经验的运用或由引伸而来之原理所不能回答之问题’。是以无论何人当其理性成熟至可以

---

① 〔德〕黑格尔著，杨一之译：《逻辑学》上卷，商务印书馆 1974 年版，第 23 页。

思辨之时,即常有某种玄学存在,且常继续存在。”[①]康德关于玄学起源于人类理性的自然倾向的说法,给出了哲学本体论观念起源的可能性和必要性,但他同时将本体论推向了遥远的、超验的彼岸世界,从而划定了超验与经验之间的鸿沟。黑格尔在本体论上的最大成就是达成了经验与超验之间的和解。他通过“思维与存在的统一”“实体即主体”的原则在超验与经验之间搭起了桥梁,使本体论在形式上达到了圆融。张志伟教授指出:

> 通常我们将黑格尔关于“实体即主体”的思想看作是他的独创,其实第一个提出这一思想的并不是黑格尔而是亚里士多德。亚里士多德在《范畴篇》中曾经从逻辑判断的角度为实体下了一个基本规定:“实体在最严格、最原始、最根本的意义上说,是既不述说一个主体,也不存在于一个主体之中。”在这里,“主体”即主词或主语,因而他的意思是说,所谓实体就是只能充当判断中的主词而不能充当宾词的东西。当然,按照亚里士多德的观点,范畴不仅仅是思维的规定,而且也是“存在的意义”。不过当黑格尔宣称“实体即主体”的时候,无论实体还是主体在概念上都发生了深刻的变化。从笛卡尔开始,“我思”这一自我意识原则集中体现了近代哲学主体性的觉醒。[②]

黑格尔通过“实体即主体”的规定,赋予实体以生成性和能动性,因而,实体通过自己否定自己来实现其现实性。由此,黑格尔构建了一个最为圆融的本体论体系。但本体论的圆融并不等于其终结,正如在黑格尔之后哲学并没有终结一样。黑格尔只是使一种形式的本体论臻于完成。在他之后,哲学仍在不断追求新的表达形式。

---

① 〔德〕康德著,蓝公武译:《纯粹理性批判》,商务印书馆 1960 年版,第 42 页。

② 张志伟主编:《形而上学的历史演变》,中国人民大学出版社 2016 年版,第 185 页。

“实践本体论”的提法极大地推动了马克思哲学的阐释，同时也面临种种责难。其中，最主要的一个就是“实践作为一个经验事实不能成为逻辑在先的初始范畴”①。实际上，这个“结”只有在“人的存在的现象学”视野中才能打通。只要“实践”的“让……存在”即“让……在出来”的品格得到恰当领会，那么“实践本体论”就不再成为问题。因为“实践区别于其他全部事实的独特性在于它同时还能够而且必须在另一种截然不同的意义上被领会，即它是向未来敞开着的可能性（正因如此，它才是真正的时间之源），在此开启性中既成就了现实的人，又成就了‘现存的感性世界’，这是一个一而二、二而一的过程。正是这种性质，使实践获得了本体论含义”②。实践“活动……出来”的品格使包括“自然”和“社会”在内的一切在者得以敞开。在这个意义上，“实践”作为特殊的经验事实，是马克思哲学得以展开的“阿基米德点”。“实践”作为经验事实之“经验”，是指人本身可以直接直观和体验的原初存在，并非主客二分视野中主体对客体的表象认识。正是这种特殊的经验事实——“实践”，成就了马克思哲学向哲学的本己内在性的回归。张蓬教授认为：

> 从哲学史的视角看，马克思为了超越康德以来的哲学所陷入的主体与客体、自由与必然、人与自然、理性与感性的对峙的思维困境，脱离了那种理性主义“非此即彼”的知识论立场，把哲学的使命从“解释世界”放到“改造世界”的视野中，从而使哲学问题从“是什么”走进“是”（存在）本身。这个“是”（存在）本身不是要哲学对其规定出“是什么”，故不是对其进行理性上的“应该”的设定，而是要对哲学作为“解释”实行批判性的超越，亦即让哲学走进“存在”。③

① 参见何中华：《马克思实践本体论：一个再辩护》，《学习与探索》2007年第2期。

② 何中华：《马克思实践本体论：一个再辩护》，《学习与探索》2007年第2期。

③ 张蓬：《马克思哲学的历史存在论意义》，《河北学刊》2005年第6期。

“实践”(即人的感性活动)是“让哲学走进存在”的可能方式,使马克思哲学获得了无情批判的内在精神气质。

邓晓芒教授认为,马克思强调的是人的感性活动此时此地当下的“此在”,这个此在本身已把外部对象世界的客观存在作为自身内部一个不言而喻的环节包含于自身了。所以,人的实践、感性活动是对于人来说的第一性的本体或存在,这就是海德格尔所谓的“有根的本体论”;但它又是认识论,因为它不需要独断论,而是揭示了一个“从感性上直接可感知的”的过程。[①] 人对自身感性活动的直接感知,就是对人和外部世界存在的实践本体论的证明。“对对象、现实、感性……当作感性的人的活动,当作实践去理解”恰恰是“实践本体论的确证和表征”。如果“实践”的本体论意义处于闭锁状态,马克思的哲学革命就会流于一句空话。事实上,将“实践”概念仅作狭隘的认识论层面的理解,仍然流行于当下学术界,比如有人担心将“实践”概念等价于人的存在,将会导致一系列理论上的困难和混乱:“一、势必混淆认识与实践、主观与客观的差别;二、将违背马克思主义哲学的基本认识路线;三、将会导致实践范畴应用的混乱。”[②]这恰恰体现出该论者对“实践”的理解仅仅停留于主客二分的认识论层面。囿于主客对立层面来理解“实践”,必然使马克思哲学及其革命性牢牢掩蔽起来。

“实践本体论”之所以容易招致误解,是因为在近代哲学中,“本体论”对逻辑“第一因”的寻求决定了“本体”必须是逻辑的存在而非经验事实。实际上,“实践”作为“人的存在的现象学”的原初起点,恰恰以其真正的无可再追性成就了对逻辑“第一因”的超越。与以往本体论相比,“实践本体论”的根本不同在于它确认了一种特殊的在者之存在——人的存在对一切其他在者的

① 参见邓晓芒:《实践唯物论新解——开出现象学之维》,第193~194页。

② 吴仁平:《论实践的泛化及其理论困难》,《求实》2005年第11期。

开敞。“人的存在的现象学”是“实践本体论”的必然表达方式，或者说“实践本体论”只有作为“人的存在的现象学”才是可能的。

三、历史及其辩证法：人的存在之敞显

“人的存在的现象学”之所以成为现象学的一种独特的形态，是因为马克思对“历史”及其辩证法的全新理解。

首先需要提一下维科。从马克思为数不多的对维科的援引中，可以看到这位意大利思想家对他的影响。在 1862 年 4 月 28 日致拉萨尔的信中，马克思说：“……你似乎没有读过维科的《新科学》……原著你未必能够利用，因为该书甚至不是用意大利文写的，而是用非常费解的那不勒斯方言写的。我介绍给你一个法文译本……”[①]在《资本论》中，马克思援引了维科：“因为，如维科所说的那样，人类史同自然史的区别在于，人类史是我们自己创造的，而自然史不是我们自己创造的。”[②]

历史学作为一门古老的学问，在古希腊时期就已焕发出灼人的光彩。历史学得以可能的前提是什么？这一关乎历史学根基的性命攸关的问题被长时间耽搁了。19 世纪以后，随着历史意识觉醒，情况才有所变化。维科作为先驱者的最重要贡献在于将历史之思投射于人的现实存在。他认为：“历史科学可能性的第一个条件在于：我自身就是一种历史的存在，探究历史的人就是创造历史的人。”[③]这已经隐含着“剧中人和剧作者”思想的萌芽，对马克思揭破“人类历史之谜”提供了可贵的启示。

---

① 《马克思恩格斯全集》第 30 卷，人民出版社 1975 年版，第 617～618 页。

② 〔德〕马克思：《资本论》第 1 卷，人民出版社 1975 年版，第 409～410 页。

③ 洪汉鼎：《诠释学——它的历史和当代发展》，第 99 页。

(一)"历史科学":马克思的存在论奠基

在马克思语境中,"历史"作为人的存在的敞开,无非是追求着自己目的的"现实的个人"的活动;而辩证法只有作为人的感性存在的生成样式才是可能的。

1. 向着未来敞开的"现实的个人"

在批判黑格尔思辨哲学中,马克思多次宣布自己的哲学出发点——"现实的个人"(或"现有的前提""现有的事实"),即:

> 我们开始要谈的前提不是任意提出的……这是一些现实的个人……这些前提可以用纯粹经验的事实来确认。①
>
> 我们的出发点是从事实际活动的人,而且从他们的现实生活过程中还可以描绘出这一生活过程在意识形态上的反射和反响的发展。②
>
> 这种考察方法不是没有前提的。它从现实的前提出发,它一刻也不离开这种前提。它的前提是人,但不是处在某种虚幻的离群索居和固定不变状态中的人,而是处在现实的,可以通过经验观察到的、在一定条件下进行的发展过程中的人。③

马克思对"现实的个人"或"现有的前提"的强调,显然是为了同黑格尔(他的出发点是人的精神的抽象物)、费尔巴哈提出的感性直观的"人"划清界限,以确立人的感性活动在哲学上的原初地位。

作为感性对象性存在,"现实的个人"一直朝着未来敞开,"自然""社会"作为他的世界一同前来照面。这是无可追问的原初事实。马克思对"谁生出了第一个人和自然界"的巧妙回答,

---

① 〔德〕马克思、恩格斯:《德意志意识形态》(节选本),第10～11页。
② 〔德〕马克思、恩格斯:《德意志意识形态》(节选本),第17页。
③ 〔德〕马克思、恩格斯:《德意志意识形态》(节选本),第17页。

彰显出他对近代发生学视野的根本颠覆：

> 我只能对你做如下的回答：请你问一下自己，你是怎样想到这个问题的；请你问一下自己，你的问题是不是来自一个因为荒谬而使我无法回答的观点。请你问一下自己，那个无限的过程本身对理性的思维来说是否存在。既然你提出自然界和人的创造问题，你也就把人和自然界抽象掉了。你设定它们是不存在的，你却希望我向你证明它们是存在的。那我就对你说：放弃你的抽象，你也就会放弃你的问题，或者，你想坚持自己的抽象，你就要坚持到底，如果你设想人和自然界是不存在的，那么你就要设想你自己也是不存在的，因为你自己也是自然界和人。不要那样想，也不要那样向我提问，因为一旦你那样想，那样提问，你把自然界的和人的存在抽象掉，这就没有任何意义了。①

在马克思的语境中，“谁生出了第一个人和自然界”在存在论层面是个伪问题。当你一旦这样发问，就已经离开存在论而进入认识论领域了。因为，你能够发问必须以你自己的现实存在为前提，而在你的现实存在中，“自然界”随着你已经前来照面了。马克思认为：“被抽象地理解的，自为的，被确定为与人分割开来的自然界，对人来说也是无。”②这里的“自然界”显然指外在于人类历史的自然界，而“无”意味着存在论视野对它（外在于人类历史的自然界）的关闭。只有在存在论层面，“被抽象地理解的自然界是无”的说法才是可以理解的。一旦超出存在论，它的正当性与合法性就成为可质疑的了。在认识论层面而言，谁都无法否认外部自然界对人的存在的优先性。越是人类发展的早期阶段，外部自然界的优先性就越为重要。人类文明的发源地大都位于适于农业发展的大河流域这一事实，就无可辩驳地

① 〔德〕马克思：《1844年经济学哲学手稿》，第92页。

② 〔德〕马克思：《1844年经济学哲学手稿》，第116页。

说明了这一点。然而,“自然”作为人的感性活动的敞开,却更为原初地成为“客体”自然得以可能的前提。没有存在论意义上的“自然”,外部自然界对人的存在的优先地位就是无根基的。

在黑格尔语境中,自然界只是思想的“异在”,而“作为自然界的自然界,这是说,就它还在感性上不同于它自身所隐藏的神秘意义而言,与这些抽象概念分割开来并与这些抽象概念不同的自然界,就是无,是证明自己为无的无,是无意义的,或者只具有应被扬弃的外在性的意义”①。费尔巴哈所确立的“人和自然”的感性存在,是对思辨哲学的“颠倒”。但也正如他自己所说,仅仅是“主词”和“宾词”的颠倒而已。在存在论建构上,费尔巴哈始终未曾脱出主客二分的近代视野,其人本学生长在黑格尔哲学的地基上。马克思批判地指出:

> 费尔巴哈特别谈到自然科学的直观……但是如果没有工业和商业,哪里会有自然科学呢?甚至这个“纯粹”的自然科学也只是由于商业和工业,由于人们的感性活动才达到自己的目的和获得自己的材料的。这种活动、这种连续不断的感性劳动和创造、这种生产,正是整个现存的感性世界的基础,哪怕只中断一年,费尔巴哈就会看到,不仅在自然界将发生巨大的变化,而且整个人类世界以及他自己的直观能力,甚至他本身的存在也会很快就没有了。当然,在这种情况下,外部自然界的优先地位仍然会保持着,而整个这一点当然不适用于原始的、通过自然发生的途径产生的人们。但是,这种区别只有在人被看作是某种与自然界不同的东西时才有意义。此外,先于人类历史而存在的那个自然界,不是费尔巴哈生活于其中的自然界;这是除去在澳洲新出现的一些珊瑚岛以外今天在任何地方都不再存在

① 〔德〕马克思:《1844年经济学哲学手稿》,第118页。

的、因而对于费尔巴哈来说也是不存在的自然界。①

费尔巴哈对“自然界”的理解之所以陷于抽象，就是因为他没有在存在论上把自然界理解为人的活动的结果。这使以激进姿态出现的费尔巴哈人本学最终归于形而上学人本主义谱系。

在马克思语境中，“社会”也是作为“现实的个人”的生成和敞开而来照面的。他强调：“首先应当避免重新把‘社会’当作抽象的东西同个体对立起来。个体是社会存在物。因此，他的生命表现，即使不采取共同的、同他人一起完成的生命表现这种直接形式，也是社会生活的表现和确证。”②“把社会当作抽象的东西同个体对立起来”，意味着“人”与“社会”彼此分立的现成存在。这恰恰是前现象学的近代哲学视野。在马克思那里，“自然”和“社会”只是“现实的个人”敞开自身的方式。没有“人”的存在，它们就是无。对“现实的个人”而言，“自然”和“社会”是一而二、二而一的关系，即：

> 自然界的人的本质只有对社会的人来说才是存在的；因为只有在社会中，自然界对人来说才是人与人联系的纽带，才是他为别人的存在和别人为他的存在，只有在社会中，自然界才是人自己的人的存在的基础，才是人的现实的生活要素。只有在社会中，人的自然的存在对他来说才是自己的人的存在，并且自然界对他来说才成为人。因此，社会是人同自然界的完成了的本质的统一，是自然界的真正复活，是人的实现了的自然主义和自然界的实现了的人道主义。③

“自然”“社会”与“现实的个人”的本然关系，并非意指作为现成存在者的个人活动于作为现成存在者的“自然”和“社会”之

① 〔德〕马克思、恩格斯：《德意志意识形态》(节选本)，第21页。
② 〔德〕马克思：《1844年经济学哲学手稿》，第84页。
③ 〔德〕马克思：《1844年经济学哲学手稿》，第83页。

中。“自然”“社会”根本不是现成存在者,而是作为“现实的个人”的无机的身体,提示着“现实的个人”的敞开状态。海德格尔“此在”的存在方式——“在之中”可以帮助我们更本真地理解马克思的“自然”和“社会”概念:

> “在之中”不是此在时可有时可无的属性,好像此在没有这种属性也能同有这种属性一样存在得好好的。并非人“存在”而且此外还有一种对“世界”的存在关系,仿佛这个“世界”是人碰巧附加给自己的。此在绝非“首先”是一个仿佛无需乎“在之中”的存在者,仿佛它有时心血来潮才接受某种对“世界”的关系。只因为此在如其所在地就在世界之中,所以它才能接受对世界的“关系”。在世这种存在不是这样建构起来的:仿佛在具有此在性质的存在者之外还有另一种存在者现成存在,并同具有此在性质的存在者聚会在一起,相反,这另一种存在者之所以能够“同”此在“聚会”,只因为它能够在一个世界之内从它本身方面显现出来。①

也就是说,“如果没有此在生存,也就没有世界在‘此’”②。就人的感性对象性存在而言,“自然”“社会”的存在根本无法通过“证明”来获得。当你一旦企图“证明”它们时,你就在存在论上将其先行抽象掉了。随着这一抽象而来的就是你把自己也抽象掉了。因而,“谁生出了第一个人和自然界”在存在论上是一个荒谬的问题。正如海德格尔所说:

> 世界通过世界化而成其本质。这就是说:世界之世界化既不能通过某个它者来说明,也不能根据某个它者来论证。之所以不能说明和论证,并不是由于我们人类的思想无能于这样一种说明和论证,是因为诸如原因和根据之类

---

① 〔德〕海德格尔,陈嘉映、王庆节译:《存在与时间》,第 67 页。

② 〔德〕海德格尔,陈嘉映、王庆节译:《存在与时间》,第 414～415 页。

的东西是与世界之世界化格格不入的。一旦人类的认识在这里要求一种说明,它就没有超越世界之本质,而是落到世界之本质下面了。人类的说明愿望根本就达不到世界化之纯一性的质朴要素中。当人们把统一的四方仅仅表象为个别的现实之物,即可以互相论证和说明的现实之物,这时候,统一的四方在它们的本质中早已被扼杀了。①

"活动……出来"作为人的独特存在方式,意味着"历史"就是"现实的个人"的生成和敞开。历史学的全部秘密即在这里。就此而言,马克思赋予"自然科学"乃至其他一切科学以"历史学"的性质。他说:迄今为止,"我们仅仅知道唯一的一门科学,即历史科学"②。"自然""社会"作为"现实的个人"的生成和敞开,不仅使"自然科学将失去它的抽象物质的方向或者不如说是唯心主义的方向,并且将成为人的科学的基础……说生活还有别的什么基础,科学还有别的什么基础——这根本就是谎言"③。而以往的"历史学"恰恰偏离了"历史"的本质性维度,造成本真历史的遮蔽。马克思批判道:

迄今为止的一切历史观不是完全忽视了历史的这一现实基础,就是把它仅仅看成与历史过程没有任何联系的附带因素。因此,历史总是遵照在它之外的某种尺度来编写的;现实的生活生产被看成是某种非历史的东西,而历史的东西则被看成是某种脱离日常生活的东西,某种处于世界之外和超乎世界之上的东西。这样,就把人对自然界的关系从历史中排除出去了,因而造成了自然界和历史之间的对立。因此,这种历史观只能在历史上看到重大的政治历史事件,看到宗教的和一般理论的斗争,而且在每次描述某

① 〔德〕海德格尔,孙周兴译:《演讲与论文集》,第188页。
② 〔德〕马克思、恩格斯:《德意志意识形态》(节选本),第10页脚注。
③ 〔德〕马克思:《1844年经济学哲学手稿》,第89页。

一历史时代的时候,它都不得不赞同这一时代的幻想。①

异化作为"现实的个人"敞开自身的无可逃避的天命,根源于人的感性对象性的存在方式,是一个历史地生成和消解的事情。"异化劳动"概念是马克思初思人类异化命运的最重要成果。在《1844 年经济学哲学手稿》中,甚至在此之前(《〈黑格尔法哲学批判〉导言》《论犹太人问题》《神圣家族》等早期著作),马克思就已确立了关于"作为人的人"的价值尺度来审视和检省现代性处境中人的异化生存。譬如,在《论犹太人问题中》,马克思反复强调"政治解放"与"人的解放"的根本区别。他一方面肯定"政治解放"的历史进步性,即"政治解放当然是一大进步;尽管它不是普遍的人的解放的最后形式,但在迄今为止的世界制度内,它是人的解放的最后形式。不言而喻,我们这里指的是现实的、实际的解放"②。同时,马克思更为犀利地批判了"政治解放"的历史局限性,即"政治解放本身并不就是人的解放,如果你们犹太人本身还没有作为人得到解放便想在政治上得到解放,那么这种不彻底性和矛盾就不仅仅在于你们,而且在于政治解放的本质和范畴"③。启蒙思想家所孜孜以求的自由,就发生在政治解放的范围内,即自由是可以做和可以从事任何不损害他人的事情的权利。每个人不损害他人而进行活动的界限是由法律决定的。马克思指出:"这里所说的人是作为孤立的、自我封闭的单子的自由。""但是,自由这一人权不是建立在人与人相结合的基础上,而是相反,建立在人与人相分离的基础上。这一权利就是这种分隔的权利,是狭隘的、局限于自身个人的权利。"④就此而言,私有财产这一人权就是任意地、同他人无关地、不受

① 〔德〕马克思、恩格斯:《德意志意识形态》(节选本),第 37 页。

② 《马克思恩格斯文集》第 1 卷,第 32 页。

③ 《马克思恩格斯文集》第 1 卷,第 38 页。

④ 《马克思恩格斯文集》第 1 卷,第 40～41 页。

社会影响地享用和处理自己的财产的权利;这一权利是"自私自利的权利。这种个人自由和对这种自由的应用构成了市民社会的基础。这种自由使每个人不是把他人看做自己自由的实现,而是看做自己自由的限制"①。就是说,政治解放造就的不是"作为人的人",而是市民社会的成员,即"自然人"。因此,政治解放仍然是有待扬弃的。因为"它把市民生活分解成几个组成部分,但没有变革这些组成部分本身,没有加以批判。它把市民社会,也就是需要、劳动、私人利益和私人权利等领域看做自己持续存在的基础,看做无须进一步论证的前提,从而看做自己的自然基础"②。只有在政治解放中,并且扬弃政治解放,把人的世界及各种关系回归于人自身的时候,即"当现实的个人把抽象的公民复归于自身,并且作为个人,在自己的经验生活中、自己的个体劳动、自己的个体关系中间,成为类存在物的时候,只有当人认识到自身'固有的力量'是社会力量,并把这种力量组织起来因而不再把社会力量以政治力量的形式同自身分离的时候,只有到了那个时候,人的解放才能完成"③。

马克思对于"作为人的人"的解释极为丰富。他特别强调共同体以及在此基础上生成的共属经验对于"作为人的人"的意义。譬如,马克思对于私有制所造成人的需要的粗陋、人的感觉的贫乏和片面的批判:

> 五官感觉的形成是迄今为止全部世界的产物。囿于粗陋的实际需要的感觉,也只有有限的意义。对于一个挨饿的人来说并不存在人的食物形式,而只有作为食物的抽象存在;食物同样也可能具有最粗陋的形式,而且不能说,这种进食活动与动物的进食活动有什么不同。忧心忡忡的、

① 《马克思恩格斯文集》第1卷,第41页。

② 《马克思恩格斯文集》第1卷,第46页。

③ 《马克思恩格斯文集》第1卷,第46页。

> 贫穷的人对最美丽的景色都没有什么感觉;经营矿物的商人只看到矿物的商业价值,而看不到矿物的美和独特性;他没有矿物的感觉。[①]

私有制使我们变得如此愚蠢和片面,以至于我们一切感觉都为单纯占有的感觉所遮蔽。私有制把人这个存在物变成绝对的贫困,因为它把人从共同体中分离出来,变成一个个孤独的单子式存在。18 世纪以来,人的自我救赎成为人的现代性处境所面临的最大难题。对此,法国唯物主义者和空想社会主义者都曾虔诚地呼唤一个合理的社会:"让人们生活在合理的社会关系下吧,即生活在这样的条件下,这时他们每个人自我保存的本能便不再促使他同别人作斗争;协调单个人的利益同全社会的利益吧,这样德行便会自动出现,正如失去支持的石头会自动落地一样。德行不是靠说教,而是靠社会关系的合理制度的培育。"[②]马克思的深刻之处在于:他并不是停留于现代性所造成的一地鸡毛、一片瓦砾的人的不堪处境中,而是要就地爬起,从中挺身出来,借助现代性所创造的历史条件,在坚如磐石的历史必然性中通往自由之境。这就是历史本身的辩证法:"人这个存在物必须被归结为这种绝对的贫困,这样他才能够从自身产生出他的内在丰富性。"[③]在此,共同体以及由此生成的共属经验对于"整全的人"的历史塑造之所以重要,是因为"只有当人处在一种全然的投身状态,亦即人身上的所有能力、所有不同尺度都得到运用并处于一种协调统一的关系之中时,经验才是完整的,换句话说,我们不是用某一种能力的尺度(概念或图式)来简单、片面地切割或抽象事物,而是作为一个完整的人对事物之丰富整体进行理解。一种深邃有力的经验是人的各种能力和尺度以特定方

---

① 〔德〕马克思:《1844 年经济学哲学手稿》,第 87 页。

② 〔俄〕普列汉诺夫著,王荫庭译:《论一元论历史观的发展问题》,第 8 页。

③ 〔德〕马克思:《1844 年经济学哲学手稿》,第 85 页。

式进行联结而产生的经验”①。在通往“整全的人”的历史进程中,人的经验必然与之趋向丰富。在现象学看来,事情似乎是这样:“经验本身具有一种追求完整、或者说朝着其内在各要素和尺度的统一进行的运动的趋向,这就是经验本身的‘隐德莱希’。”②诚然,在《1844年经济学哲学手稿》中,对于“人怎么使他的劳动异化以及这种异化又怎么以人的发展的本质为根据”的问题,马克思还缺乏明确而清晰的思路,但他对人的感性对象存在性存在的肯认,却为解决这个问题提供了坚实的存在论基础。《德意志意识形态》标志着马克思的探索真正走上了历史的道路。“分工”这一历史范畴蕴含着人的存在分裂的一切萌芽,从最初男女之间的性别分工,至资本主义私有制下尖锐的阶级对立,无不是“分工”历史演变的结果。实际上,马克思对人的异化存在的揭示,其振聋发聩之处并非在于对工人生命遭毁灭的道德谴责和悲悯情怀,而在于从根源处即“历史”中所揭示的异化生成和消解的现实道路。恰恰是在这里,马克思超越了包括思辨哲学、浪漫主义、资产阶级国民经济学以及空想社会主义在内的前辈而达到了一个制高点。海德格尔对此流露出深沉的景仰之情。他说:

> 无家可归状态变成一种世界命运。因此就有必要从存在历史上来思这种天命。马克思在某种根本的而且重要的意义上从黑格尔出发当作人的异化来认识的东西,与其根源一起又复归为现代人的无家可归状态了。这种无家可归状态尤其是从存在之天命而来在形而上学之形态中引起的,通过形而上学得到巩固,同时又被形而上学作为无家可归状态掩盖起来。因为马克思在经验异化之际深入到历史的一个本质性维度中,所以,马克思主义的历史观就比其他

① 王凌云:《来自共属的经验——现象学与哲学文集》,第12页。

② 王凌云:《来自共属的经验——现象学与哲学文集》,第12页。

> 历史学优越。但由于无论胡塞尔还是萨特尔——至少就我目前看来——都没有认识到在存在中的历史性因素的本质性,故无论是现象学还是实存主义,都没有达到有可能与马克思主义进行一种创造性对话的那个维度。[①]

海德格尔极为看重马克思“在经验异化之际深入到历史的一个本质性维度中”的哲学观和历史观。而“历史的本质性维度”就是“现实的个人”在历史维度中的展开。这种历史观体现出马克思哲学与旧唯物主义立脚点的根本不同,即“旧唯物主义的立脚点是市民社会,新唯物主义的立脚点则是人类社会或社会的人类”[②]。因此,马克思将资本主义看作人类“史前史”的最后一个社会形态。

今天,随着信息时代的到来,时间和空间距离在急剧缩小。电脑和手机对人类整个交往的渗透和控制,致使世界的平面化与图像化使人的异化表现为另一种更为可怕的形式。世界很小!可以说,随着现代性处境的渐次深化,人类在最短的时间内走过了最漫长的路程,从而以最小的距离把一切都带到自己面前。海德格尔曾为这种距离状态的无限缩小而忧心忡忡。他说:“一切都被冲入这种千篇一律的无距离状态中,搅在一起了。那有怎么样呢?难道把一切都推入无距离状态中,不比把一切都搞得支离破碎更可怕吗?”[③]问题的关键在于:距离状态的缩小并不带来任何切近,因为“切近并不在于距离的缩小。在路程上离我们最近的东西,通过电影的图像、通过收音机的声响,也可能离我们最远。在路程上十分遥远的东西,也可能离我们最近。小的距离并不就是切近。大的距离也还不是远”[④]。海德

① 〔德〕海德格尔著,孙周兴译:《路标》,第400～401页。

② 《马克思恩格斯文集》第1卷,第502页。

③ 〔德〕海德格尔著,孙周兴选编:《海德格尔选集》(下),上海三联书店1996年版,第1166页。

④ 〔德〕海德格尔著,孙周兴选编:《海德格尔选集》(下),第1166页。

格尔关于现代科技对于人的存在方式的折损绝不是无病呻吟，在信息时代的今天，电子传媒已经全面介入人的生活。这种媒介对于人的生活世界以及文化的控制和影响，难道还不足以引起现代人的警觉吗？乔治·奥威尔在《一九八四》中预言人类将会遭受极度集权的压迫而失去自由；赫胥黎则在《美丽新世界》中表达了自由沦丧的另一种情况：人们会渐渐爱上工业技术带来的娱乐和文化，不再思考。对此，尼尔·波兹曼在《娱乐至死》中告诉我们：可能成为现实的不是奥威尔的预言，而是赫胥黎的预言。毁掉我们的不是我们憎恨的东西，恰恰是我们热爱的东西——电子传媒。他说：

> 我年轻时研究过《圣经》，在其中我获得了一种启示：媒介的形式偏好某些特殊的内容，从而能最终控制文化……我那时很疑惑，为什么上帝要规定人们应该或不应该怎样用符号表现他们的经历。除非帆布训诫的人认定人类的交际形式和文化的质量有着必然的联系。①

的确，文化的质的规定性与媒介的形式之间有着某种耐人寻味的内在关联。随着文字传媒向电子传媒的转变，我们的文化正发生着悄无声息的变化。“犹太人的上帝存在于文字中，或者通过文字而存在，这需要人们进行最精妙的抽象思考。运用图像是亵渎神祇的表现，这就防止了新的上帝进入某种文化……思考一下摩西的训诫对我们也许是有益的……我相信，某个文化中交流的媒介对于这个文化精神重心和物质重心的形成有着决定性的影响。”②因为我们的语言即媒介，媒介即隐喻，所以隐喻创造了我们文化的内容。

对马克思而言，历史科学的基础不是思辨的东西，而是活生生的人的现实生活。“历史”作为“现实的个人”的生成和敞开意

---

① 〔美〕尼尔·波兹曼著，章艳译：《娱乐至死》，中信出版社 2015 年版，第 10 页。

② 〔美〕尼尔·波兹曼著，章艳译：《娱乐至死》，第 10 页。

味着:

第一,“现实的个人”不是作为历史的起点而是作为历史的结果而存在。马克思以18世纪出现的“单个的人”为例,说明他们一方面是封建社会解体的产物,另一方面是16世纪以来新兴生产力的产物。[①] “现实的个人”无法甩掉他的“过去”,“历史的每一阶段都遇到一定的物质结果,一定的生产力总和,人对自然以及个人之间历史地形成的关系,都遇到前一代传给后一代的大量生产力、资金和环境,尽管一方面这些生产力、资金和环境为新的一代所改变,但是另一方面,它们也预先规定新的一代本身的生活条件,使它得到一定的发展和具有特殊的性质”[②]。恰恰是在这里,青年黑格尔派、蒲鲁东以及国民经济学家无一例外地失足了。他们把“现实的个人”的历史性连根拔除,导致非历史的知性态度的出现。其根源仍在于主客分裂的存在论根基。海德格尔关于“此在”存在的历史性阐释,对于理解“现实的个人”的存在方式具有重要的开启性。海德格尔认为,着眼于将来进行筹划的此在,总抹不掉它的“曾在”:

> 历史性就意指这样一种此在的演历的存在建构。在它的实际存在中,此在一向如它已曾是的那样存在并作为它已曾是的“东西”存在。无论明言与否,此在总是它的过去,而这不仅是说,它的过去仿佛“在后面”推着它,它还伴有过去的东西作为有时在它身上还起作用的现成属性。大致说来,此在的存在向来是从它的将来方面“演历”的,此在就其存在方式而言原就“是”它的过去。[③]

“现实的个人”与“此在”存在在存在论上的视域融合,根源于“实践”与“在之中”(此在的在世方式)的同构性。

---

① 参见《马克思恩格斯全集》第46卷上册,人民出版社1979年版,第18页。

② 〔德〕马克思、恩格斯:《德意志意识形态》(节选本),第36～37页。

③ 〔德〕海德格尔著,陈嘉映、王庆节译:《存在与时间》,第24页。

第二，“现实的个人”使“世界”的存在问题得以澄明，消解了近代哲学关于“人对世界的认识何以具有客观性”的难题。

“现实的个人”是有世界的个人，这是由其感性对象性存在决定的。在马克思看来，关于世界的存在及其证明，在存在论上是一个没有意义的问题。康德曾把始终还没有人为“我们之外的物的此在”提出一种令人信服的、足以扫除一切怀疑的证明这件事称为“哲学和一般人类理性的耻辱”。海德格尔不以为然。他说：

> “哲学的耻辱”不在于至今尚未完成这个证明，而在于人们还一而再再而三地期待着、尝试着这样的证明。诸如此类的期待、企图和要求是因为在存在论上没有充分的理由却一开始就设置了一件东西，从而应该证明有一个“世界”作为现成的东西是独立于它和“外在”于它的。不充分的并不是这些证明，而是这个进行证明和渴望证明的存在者的存在方式有欠规定。①

这个企图证明世界存在的“存在者”，其存在方式一旦得到恰当规定，那么，世界的存在就不再是个问题。

第三，从“现实的个人”出发，意味着马克思对思辨哲学关于人的感性存在的逻辑根据以及机械唯物主义“时间在先”的发生学思维方式的否定。

西方哲学对“时间”的理解主要从两种维度展开：一是本真的生命时间；二是无始无终的物理时间。亚里士多德和奥古斯丁都认为心灵是时间得以可能的前提。亚里士多德说：“但如果说除了心灵与心灵之意念之外就没有任何东西自然地由计数禀赋，那么，如果没有心灵，时间就是不可能的。”②奥古斯丁也认为：“时间无非是一种伸展，但是什么东西的伸展呢？我不知道。

---

① 〔德〕海德格尔著，陈嘉映、王庆节译：《存在与时间》，第236页。

② 参见〔德〕海德格尔著，陈嘉映、王庆节译：《存在与时间》，第482页。

但如不是思想的伸展,则更奇怪了。”①沿着上述指引,海德格尔将时间性理解为此在的存在——“操心”的存在论意义。他指出,流俗的可计数的时间只有在始源的生命时间的基础上才是可能的。“时间在先”之“时间”显然是指“流俗的时间”,即物理时间。“时间在先”的提问方式,意在从时间上为存在者的存在寻找一个最后的、可靠的根据,即“给不确定者以确定”。似乎没有一个这样的根据,存在者的存在就是极不踏实的。问题是,这种赋予存在者以确定性的方式本身仍是有待追问的。如此一来,势必导致“证明”的“恶的无限”,而哲学却内在要求其出发点是绝对澄明的。“时间在先”和“逻辑在先”都意味着“祛时间性”,即对源始性生命时间的锁闭,因而无法使哲学与生命内在贯通,因为生命本身蕴含“本真时间”的规定。费尔巴哈人本学相对于 18 世纪唯物主义是不小的进步。但是,它本质上依然没有摆脱“时间在先”的提问方式。因为在费尔巴哈那里,人和自然相互外在的感性存在,已从源头上扼死了人的存在的生成性。从而也决定性地错过了人的本真历史性。所以费尔巴哈只能“希望确立对存在的事实的正确理解”②。费尔巴哈对“逻辑在先”提问方式的矫正,终因人的“感性直观”的看待方式而落入近代形而上学之中。可以说,黑格尔哲学是“逻辑在先”的提问方式的典范。思辨哲学的前提是:“哲学按其本性来说就是某种奥秘的东西”,“哲学只是由于它正好和知性相对立并从而更与常识相对立……才成其为哲学;相对于后者而言,哲学的世界自在地和自为地是一个颠倒的世界。”③黑格尔意识到哲学与常识和知性的对立是深刻的。哲学按其本性是内在和自足的。哲学的世界必须具有无可怀疑的绝对明证性,这是常识和知性思维无

---

① 〔古罗马〕奥古斯丁著,周士良译:《忏悔录》,商务印书馆 1963 年版,第 253 页。

② 〔德〕马克思、恩格斯:《德意志意识形态》(节选本),第 41 页。

③ 转引自张世英:《自我实现的历程》,山东人民出版社 2001 年版,第 256 页。

法企及的。但是,如果因此把哲学的世界理解为“自在地和自为地是一个颠倒的世界”,却是极大的误解。与常识和知性思维相颠倒的世界,未必能够通向一个真正的哲学世界。叶秀山先生认为,黑格尔的这种思维,“把一个生动活泼的、在他(黑格尔——引者注)说是‘辩证’的过程纳入了最形式化、最僵硬的逻辑系统。旧形而上学的虚幻性和内部的不可调和的矛盾,在黑格尔哲学中暴露无遗”①。马克思超越费尔巴哈的地方,并不在于确立人和自然的存在是“基于自身并且积极地以自身为根据的肯定的东西”②,而在于把人当作感性活动,赋予人的存在以本真的时间性,从而突破了“时间在先”的提问方式。当从“现实的个人”的活动来理解历史的时候,“逻辑在先”和“时间在先”的提问方式就历史地失去了存在的可能。

需要指出:如果用实证主义理解马克思的“现实的个人”,那么,人的存在现象学视野将会遭到幽闭。对此,王德峰教授指出:

> 长期以来,“从事实出发”已被人们普遍地用来表述马克思哲学的基本立场,但是这一表述的有效性取决于能否在当代哲学的视域中领会马克思所实行的哲学变革。近代思维的基本特征是在人与世界的关系上逻辑地预设主客体之间的分立,因此,“从事实出发”一语完全可能在此意义上意味着一种科学的实证主义的立场,从而把马克思哲学的基本精神歪曲为一种经济学的唯物主义,而这表明了在根本上对马克思哲学主题的当代性缺乏理解。③

显然,问题的关键在于对“现实的个人”的存在结构的先行澄清。

---

① 叶秀山:《思·史·诗》,人民出版社1988年版,第142～143页。

② 〔德〕马克思:《1844年经济学哲学手稿》,第96页。

③ 王德峰:《论马克思哲学对现象学原则的包含和超越》,《复旦学报》(社会科学版)1997年第5期。

“历史”是“现实的个人”的生成和敞开。那么,对一个民族而言,悠久的历史就不仅不是沉重的包袱,而是这个民族拥抱大地的深沉的生命之根。从理论上说,历史学意义上的历史不仅不会伤害人的生活,反而赋予人的生活以充盈的生命力。晚清以来,在中国文化的现代性境遇中,文化保守主义在守护中国文化的本位精神方面可谓殚精竭虑,它通过回答三个问题来确立中国本位文化的现代意义:一是中国文化的基本精神是什么;二是中国文化是否具备现代性因子;三是中国文化将在多大程度上影响世界。作为近现代中国独特的文化景观,文化保守主义倾力呵护和精心培育中国文化的生命之根,意在重新挺立中华文化的主体性。今天,我们不能忽视这一文化景观及其对中国文化重建的影响。同时应该看到,文化保守主义关于中国现代文化建设的主张,是一个建立在从未实现现代化的“中国”设想基础上的一个方案,注定只是一曲无力介入现实的挽歌。在这个问题上,马克思对待古希腊文化的态度值得我们深思。

作为西方各民族的生命之根,古希腊文化彰显出历久弥新的魅力,成为后世哲人的创造源泉。马克思对希腊艺术表现出特有的好感。他说:

> 有粗野的儿童,有早熟的儿童。古代民族中有许多是属于这一类的。希腊人是正常的儿童。他们的艺术对我们所产生的魅力,同这种艺术在其中生长的那个不发达的社会阶段并不矛盾。这种艺术倒是这个社会阶段的结果,并且是同这种艺术在其中产生而且只能在其中产生的那些未成熟的社会条件永远不能复返这一点分不开的。[①]
>
> 但是,困难不在于理解希腊艺术和史诗同一定社会发展形式结合在一起。困难的是,它们何以仍然能够给我们

① 《马克思恩格斯全集》第46卷上册,第49～50页。

以艺术享受，而且就某方面来说还是一种规范和高不可及的范本。①

希腊艺术和史诗作为历史的“曾在”，还能给我们艺术享受的原因在于“历史”本身的生成性。正是历史向着未来的生成，才使我们够通达它并从中得到享受。叛逆的尼采也对古希腊文化充满了无比的向往。他说：

> 在希腊的文化观念里，文化是一种新的、更美好的事物，没有内部与外部的区分，没有习俗和伪装，而是思想与意志、生活与表象的一个统一体。……希腊人是凭着道德个性上的一种更伟大的力量才成为胜利者的，而每一样走向真诚的东西都是向真正的文化前进，不管这种真诚将如何伤害到当今备受尊崇的教育理念，它甚至有一种力量，足以粉碎纯装饰性文化的整个体系。②

海德格尔认为，古希腊的所思和所诗之所以依然具有当下性，正是摒弃流俗历史学的历史观而复归本真历史的结果。他说：

> 古代希腊早期的所思和所诗在今天依然是当下性的，它们是如此当下，以至于它们的对自身还遮蔽着的本质处处迎候着我们，并且向我们走来，尤其是在我们对之最少猜度的地方，亦即在现代技术的统治状态中。现代技术对古典文化来说是完全疏异的，但其本质来源却在古典文化中。为了经验历史的这种当下性，我们必须摆脱始终还占上风的历史学的历史观。历史学的观点把历史看作一个对象，某个事件就在其中进行，同时由于其可变性而消逝。③

---

① 《马克思恩格斯全集》第46卷上册，第49页。

② 〔德〕尼采著，陈涛、周辉荣译：《历史的用途和滥用》，上海人民出版社2000年版，第95页。

③ 〔德〕海德格尔著，孙周兴译：《演讲与论文集》，第41页。

无疑,马克思和海德格尔的历史观存在巨大差异,但有一点却是相通的,即关于作为历史学前提的"历史"的生成性理解。而这恰恰是一种现象学的运思。

马克思、尼采和海德格尔三位伟大的时代叛逆者回归文化之源的冲动,恰恰体现了历史的生命性魅力之所在。尼采把历史与生命加以割裂的现代人称为"会走路的百科全书"①,认为"那些筛选、融合各种材料的史学工作者永远成不了伟大的历史学家……因为他们是一些必需的泥瓦匠和为师傅服务的学徒"②。他对旧历史观的批判,在于强调历史服务于生活的功能。然而这毕竟还是在"用"的层面谈论历史。当马克思视历史为"现实的个人"的生成和敞开时,则早已进入历史的"体"的层面,尽管他所作的"泥瓦匠"的工作并不多。

2. 人的本质在历史中生成

马克思对"历史"的全新理解,意味着要重新回答那个古老的问题:人的本质是什么?

每一种关于人的本质的理解必然以人的存在的先行澄清为前提。海德格尔对人的本质的理解伴随着对"此在"的存在结构——"生存"的诠释。他说:

> 这种存在者的"本质"在于它去存在[Zu-sein]。如果竟谈得上这种存在者是什么,那么它"是什么"[essentia]也必须从它怎样去是、从它的存在[existentia]来理解……此在的本质在于它的生存。所以,在这个存在者身上所能清理出来的各种性质都不是"看上去"如此这般的现成存在者的现成"属性",而是对它说来总是去存在的种种可能方式,并且仅此而已。③

① 参见〔德〕尼采著,陈涛、周辉荣译:《历史的用途和滥用》,第 28 页。
② 〔德〕尼采著,陈涛、周辉荣译:《历史的用途和滥用》,第 50～51 页。
③ 〔德〕海德格尔著,陈嘉映、王庆节译:《存在与时间》,第 49～50 页。

在《关于人道主义的书信》中，海德格尔作了进一步澄清：

> 在《存在与时间》中，有一句加了重点号的话："此在之本质在于它的生存。"但是，这里的关键并不是 existentia 与 essentia 的对立……这句话的意思毋宁是：人是这个"此"(das"DA")，也就是说，人是存在之澄明——人就是这样成其本质的。这个此之"存在"，而且唯有这个此之"存在"，才具有绽出之生存的基本特征，也即说，才具有绽出地内居于存在之真理中的基本特征。①
>
> 绽出地生存……并非对人是否现实地存在这个问题的回答，而是对人之"本质"的问题的回答。我们往往同样不合适地提出人之"本质"的问题，无论我们是问人是什么，还是问人是谁。因为，在这个"谁?"或"什么"中，我们依然指望着某个人格性的东西或者某个对象了。不过，这个人格性的东西错失又堵塞了存在历史性的绽出之生存的本质要素，其程度并不逊于对象性的东西。所以，经过深思熟虑，在上面所引的《存在与时间》第 42 页上的那句话里，"本质"一词加上了一个引号。这表明，这里"本质"既不是由 esse essentiae[本质存在、潜能]也不是由 esse existentiae[实存存在、现实]来规定的，而是由此在之绽出状态(das EKstatische des Daseins)来规定的。②

按照海德格尔的意思，绽出之生存不仅不是某个本质的实现，它压根就不产生和设定本质性的东西；也不是某种实存存在。而这无非是说：此在的本质向来是朝向将来的种种可能性而已。"此在"的本质的澄明，将帮助我们领会马克思关于人的本质的理解。

关于人的本质，马克思给出了三个命题：一是"人是人的最

① 〔德〕海德格尔著，孙周兴译：《路标》，第 381～382 页。

② 〔德〕海德格尔著，孙周兴译：《路标》，第 383～384 页。

高本质";二是"自由的、有意识的活动是人的类特性";三是"人的本质不是单个人所固有的抽象物,在其现实性上,它是一切社会关系的总和"。这三个命题反映了马克思对人的本质的理解经历了由思辨到感性、由现成到生成、由非历史到历史的本质性转变。而成就这种转变的则是他对人的存在方式——"实践"的历史之思。

"人是人的最高本质"这一命题以一种不言自明的东西——合人性的"人"作为前提和根据,是在马克思关于人的独特存在方式——实践的存在论意义尚未清理的基础上给出的,带有黑格尔思辨哲学和费尔巴哈人本学的双重印记。其发问方式也明显带有近代形而上学的特点。

"自由的、有意识的活动是人的类特性"这一关于人的本质的命题,已经开始从"活动"来理解人的本质了。显然,自由的、有意识的活动只是人类劳动的应然状态,它包含着本质存在与实存存在、潜能与现实之间的巨大张力,在形式上也依然带有近代哲学关于人的本质的预成论色彩。但在这一貌似形而上学的命题中,关于人的存在的现象学视野正在生长。

"人的本质不是单个人所固有的抽象物,在其现实性上,它是一切社会关系的总和",这一命题是马克思哲学关于人的本质的经典表达。它已彻底打破了对人的本质的现成性理解和预成论色彩,在人的存在的本真历史性中道出人之为人的所在。需要强调的是:"在其现实性上"是至为关键的几个字。如果将其加以忽略,必然幽闭马克思关于人的本质的现象学视野。人的本质有一个历史地生成的过程,它必须穿过漫长的"史前史"方能实现。人类史前史时期,"偶然的个人""单个的个人"以及原子式的个人都不堪为本真的、社会性的个人。只有"作为人的人"或"有个性的个人"才真正获得"一切社会关系的总和"。"孤立的个人"本身又是作为历史过程的结果而出现的。马克思在《1857～1858 年经济学手稿》中指出:"人的孤立化,只是历史过程的结果。最初人表现为种属群、部落体、群居动物——虽然决不是政治意义上的政治动物。交换本身就是造成这种孤立化的一种主要手段。它使群的存在成为不必要，并使之解体。”①因而，情况似乎是这样：一旦人的存在的历史性得以澄清，那么按照“人是……的动物”模式，关于人的本质的道说在整个史前史时期都将无法进行。因为这一现成性理解模式和历史性存在的“现实的个人”根本无法配称。当它一旦有所道说，就同时造成某种遮蔽。而且，这一模式把人之本质从根基处已先行归入“动物性”之中了。正如海德格尔所说：“形而上学从 animalitas[动物性]来思人，而且并没有往人的 humanitas[人性、人道]方面去思。”②成熟时期的马克思断然抛弃诸如“人是人的最高本质”以及“自由的有意识的活动是人的类特性”的问答模式，转而使用描述的方法，将某个时代人的存在状态做如此这般的呈现：那个时代的人是什么样子的、他们是怎样生活的、历史就是什么样子的。

在马克思所生活的 19 世纪，人的异化突出地表现在尖锐的阶级对立之下无产阶级的绝对贫困和非人处境。《1844 年经济学哲学手稿》以“异化劳动”来表达工人的生存境况：

> 劳动对工人来说是外在的东西，也就是说，不属于他的本质；因此，他在自己的劳动中不是肯定自己，而是否定自己，不是感到幸福，而是感到不幸，不是自由地发挥自己的体力和智力，而是使自己的肉体受折磨、精神遭摧残。因此，工人只有在劳动之外才感到自在，而在劳动中则感到不自在，他在不劳动时觉得舒畅，而在劳动时就觉得不舒畅。③

---

① 《马克思恩格斯全集》第 46 卷上册，第 497 页。
② 〔德〕海德格尔著，孙周兴译：《路标》，第 379 页。
③ ［德］马克思：《1844 年经济学哲学手稿》，第 54 页。

因此,结果是工人“只有在运用自己的动物机能——吃、喝、生殖,至多还有居住、修饰等等——的时候,才觉得自己在自由活动,而在运用人的机能时,觉得自己只不过是动物”[①]。在《神圣家族》中,马克思指出,在已经形成的无产阶级身上,一切属人的东西实际上已完全被剥夺,甚至连属人的东西的外观也已被剥夺。由于在无产阶级的生活条件中集中表现了现代社会的一切生活条件所达到的非人性的顶点,以及在无产阶级身上人失去了自己,而同时他们不仅在理论上意识到了这种损失,而且还直接被无法再回避的、无法再掩饰的、绝对不可抗拒的贫困所逼迫而产生了对这种非人性的愤慨,所以无产阶级能够而且必须自己解放自己。马克思认为:“无产阶级不消灭它本身的生活条件,它就不能解放自己。如果它不消灭集中表现在它本身处境中的现代社会的一切非人性的生活条件,它就不能消灭它本身的生活条件。”[②]因此,无产阶级非人的劳动处境决定了它必须在历史上有所作为。它的历史使命已经在它自己的生活状况和现代资产阶级社会的整个组织中无可更改地预示出来了——推翻资产阶级私有制、恢复劳动的地位和尊严。关于无产阶级的这一历史使命,马克思在《共产党宣言》中进行了更为慷慨激昂的陈词:“共产主义的特征并不是要废除一般的私有制,而是要废除资产阶级的所有制”,“代替那存在着阶级和阶级队里的资产阶级旧社会的,将是这样一个联合体,在那里,每个人的自由发展是一切人的自由发展的条件。”[③]可是,进入信息时代以来,人的现代性处境却以另一副模样显现出来,其中,人的娱乐性存在的全面凸显反映出人的深度异化以及人的存在的巨大危机。在人的异化问题上,尼尔·波兹曼似乎秉承了某些马克思的思

① 〔德〕马克思:《1844年经济学哲学手稿》,第54~55页。
② 《马克思恩格斯文集》第1卷,第262页。
③ 《马克思恩格斯文集》第2卷,第53页。

想基因。他不无忧虑地说道：

> 我相信，那些已经对此（文化的娱乐化——引者注）做过研究的人告诉我们，这一切都是走向穷途末路的资本主义的余渣，或者正相反，都是资本主义成熟后的无味的果实；这一切也是弗洛伊德时代神经官能症的后遗症，是人类任凭上帝毁灭而遭到的报应，是人性中根深蒂固的贪婪和欲望的产物。①

海德格尔曾就马克思人的本质之思有过评论。他说：“马克思要求我们去认识和肯定‘合人性的人’。他在‘社会’中发现了合人性的人。对马克思来说，‘社会的’人就是‘自然的’人。在‘社会’中，人的‘自然本性’，亦即人的全部‘自然需要’（食、衣、繁殖、经济生活），都均匀地得到了保障。”②据此，海德格尔将马克思的人道主义归入形而上学人道主义的谱系。理由是：它“是从一种已经固定了的对自然、历史、世界、世界根据的解释的角度被规定的，也就是说，是从一种已经固定了的对存在者整体的解释的角度被规定的”③。所谓“固定了的对存在者整体的解释的角度”，是指在规定人之人性时不仅不追问存在与人之本质的关联，甚至还阻止这个问题的提出。这果真是马克思规定人之本质的视角吗？抑或是海德格尔的某种误读吗？

回答无疑是后者。在马克思那里，“自然”“社会”作为人的存在的敞开，处于永恒生成之中，并不是“固定了的根据”。在“历史”澄明的意义上，“社会的”人就是“自然的”人。海德格尔未曾领会“实践”的存在论意蕴，视马克思为“颠倒”绝对的形而上学的形而上学家。

---

① 〔美〕尼尔·波兹曼著，章艳译：《娱乐至死》，第6～7页。
② 〔德〕海德格尔著，孙周兴译：《路标》，第374页。
③ 〔德〕海德格尔著，孙周兴译：《路标》，第376页。

(二)祛除意识形态之蔽,复归人的本真存在

意识形态批判作为马克思哲学的历史使命,使其超越时代变迁而具有鲜明的当代性。加达默尔正是在这个意义上将马克思哲学视为20世纪哲学的基础之一。他说:"我们不仅思考由伪装之神狄奥尼修斯神秘地表现出来的伪装的多元性,而且同样思考意识形态的批判,这种批判自马克思以来被越来越频繁地运用到宗教、哲学和世界观等被人无条件地接受的信念之上。"①

意识形态批判是"人的存在的现象学"的题中应有之义。"意识形态"是《精神现象学》的一个常见术语。在黑格尔语境中,它几乎就是"精神现象"的同义语,因此"精神现象学也就是意识形态学"②。从概念出发的思辨哲学,形式上具有巨大的"历史感",对于人的存在的本真历史却是疏离的和颠倒的。在黑格尔及其以后,它逐渐成为一种根深蒂固的思维方式,即从观念出发解释现实,将观念和思想的历史当作真正的现实的历史。这种思维方式影响如此之深远,以至于造就了一代德意志"意识形态家"。可以说,意识形态是西方形而上学思维方式的秘密。海德格尔认为,西方形而上学史就是一部意识形态史,正是"真理""确信""客观性""现实性"等名称构筑起了一座座意识形态的大厦。

> 何以人们总是一再匆匆地遗忘了每一种客体性所包含的主体性呢?即使人们注意到两者的共属一体,人们也还试图从其中一方出发来说明这种共属一体性,或者求助于一个把主体和客体抓在一起的第三者——这到底是怎么一回事呢?人们固执地反对作一种思考,去思索主体与客体

① 〔德〕伽达默尔著,夏镇平、宋建平译:《哲学解释学》,第118页。

② 〔德〕黑格尔著,贺麟、王玖兴译:《精神现象学》上卷,第21页。

> 的共属一体性是否并不在那个东西中成其本质，即那个首先为客体及其客体性、主体及其主体性允诺出它们的本质，亦即预先为它们允诺出它们的相互关系的领域的东西——这到底是什么原因呢？我们的思想如此艰难地寻找着这个允诺者，哪怕只是为了守望这个允诺者，这一点既不可能取决于占统治地位的理智的局限性，也不可能取决于一种对那些扰乱习惯的前景的反感。而不如说，我们可以猜度到另一个东西，即：我们知道得太多，相信得太匆忙，以至于不能熟悉一种真正得到经验的追问。为此就需要有一种能力，能够惊讶于质朴之物，并且能够把这种惊讶当作我们的居住地来加以接纳。[①]

海德格尔在此强调关于“经验”的追问以及关于经验追问的能力，即现象学方法的运用。实际上，马克思的意识形态批判就运用了现象学的方法，即拨开意识形态的遮蔽，让人的存在的真实经验得以显现。当然，马克思是从物质生活的生产切入人的现实存在，进而揭开了人类历史和人类意识之谜。马克思意识形态批判的现象学意义就在这里。

在马克思那里，“意识形态”既指关于基于人的现实存在的思想和观念体系，也指非历史地对待现实存在的态度和思维方式。前者又称“观念上层建筑”，是特定社会“经济基础”在观念上的反映。后者又称“虚假意识”。在后者语境中，“意识形态”的实质是“虚假性”和“掩蔽”。因而，马克思意识形态批判的使命就是揭开意识形态之蔽，让“历史”得以本真显现。

意识形态批判作为马克思哲学的历史使命，其全部内容就是去蔽求真。这正是“人的存在的现象学”的内在要求和题中应有之义。

---

① 〔德〕海德格尔著，孙周兴译：《演讲与论文集》，第281～282页。

首先,意识形态遮蔽自身的根源——作为人的存在的敞开的"历史"。意识形态采取非历史态度对待现实历史。它不是站在现实历史的基础上从实践出发来解释观念,而是在每个时代中寻找某种范畴从观念出发来解释实践,因而造成普遍的遮蔽,使一切本末倒置。现实历史作为人的感性活动的敞开,是意识形态本身得以可能的前提。只有从现实历史出发,意识形态本身才能得以说明,即"从直接生活的物质生产出发阐述现实的生产过程,把同这种生产方式相联系的、它所产生的交往形式即各个不同阶段上的市民社会理解为整个历史的基础,从市民社会作为国家的活动描述市民社会,同时从市民社会出发阐明意识的所有各种不同理论的产物和形式,如宗教、哲学、道德等等,而且追溯它们产生的过程。这样当然也能完整地描述事物(因而也能够描述事物的这些不同方面之间的相互作用)"①;意识形态历史观的出现以及在德国占据统治地位,归根结底也要从"意识形态家"的现实生活本身加以说明。马克思说道:

> 要说明这种曾经在德国占据统治地位的历史方法,以及说明它为什么主要在德国占统治地位的原因,就必须从它与一切意识形态家的幻想,例如,与法学家、政治家(包括实际的国务活动家)的幻想的联系出发,必须从这些家伙的独断的玄想和曲解出发。而从他们的实际生活状况、他们的职业和分工出发,是很容易说明这些幻想、玄想和曲解的。②

总之,"现实的个人"的生成和敞开蕴含全部人类历史的秘密这一事实,必然使一切意识形态的历史科学丧失本真性。因而,意识形态批判成为"人的存在的现象学"的内在要求。

其次,意识形态作为"虚假意识",遮蔽了人的自由之维。意

---

① 〔德〕马克思、恩格斯:《德意志意识形态》(节选本),第 36 页。

② 〔德〕马克思、恩格斯:《德意志意识形态》(节选本),第 46～47 页。

识形态历史观从幻想和臆造来解释历史，遮蔽了人的存在之真。而人的存在之真亦即“自由”，即人的存在不受外在他律约束而自我决定、自作主宰。这从马克思关于“偶然的个人”与“有个性的个人”、异化的人与“作为人的人”的区分中得以体现。“偶然的个人”即异化的人，因受外在他律的控制而不自由。“有个性的个人”则是自我决定、自作主宰的。就此而言，“自由”就是“由自”。海德格尔从“此在”的存在方式——让存在，即让存在者成其所是中，彰显出始源的人的存在的自由。他说：“让存在，亦即自由，本身就是展开着的(aus-setzend)，是绽出的(ek-sistent)。着眼于真理的本质，自由的本质显示自身为进入存在者之被解蔽状态的展开。”[①]即：

> 如果绽出的此之在——作为让存在者存在——解放了人而让人获得其“自由”，因为它才为人提供出选择的可能性(存在者)，向人托出必然之物(存在者)，那么，人的任性愿望就并不占有自由。人并不把自由“占有”为特性，情形恰恰相反：是自由，即绽出的、解蔽着的此之在占有人，如此源始地占有着人，以至于唯有自由才允诺给人类那种与作为存在者的存在者整体的关联，而这种关联才首先创建并标志着一切历史。唯有绽出的人才是历史性的人。“自然”是无历史的。[②]

在这个意义上，“真理的本质是自由”，亦即通过去蔽让存在者的存在恬然澄明。在马克思那里，意识形态批判就是去蔽，以此敞显人的本真存在。由此，让“历史”从自身中获得存在的理由和根据，即让“历史”自由。因而，意识形态批判是通向人的自由之境的必然要求。

---

① 〔德〕海德格尔著，孙周兴译：《路标》，第 217 页。

② 〔德〕海德格尔著，孙周兴译：《路标》，第 219 页。

马克思意识形态批判的使命是揭穿“虚假意识”而彰显本真历史。对宗教、国民经济学以及青年黑格尔派历史观的批判构成其主要时代内容。

首先是对宗教的批判。马克思并没有专门阐释自己的宗教观,其宗教批判是作为意识形态批判的内容而体现的。其实,马克思在一开始踏入哲学之时就对宗教问题表现了极大的兴趣,因为“对宗教的批判是其他一切批判的前提”[①]。这显然是受到了青年黑格尔派批判事业的影响。就青年黑格尔派来说,他们作为黑格尔的思想继承人,自觉地以黑格尔思想来回应和批判德国的现实问题。正是在这个意义上,马丁·杰伊(Martin Jay)把从马克思到卢卡奇再到批判理论的整个传统,都看作是对青年黑格尔派的事业的继承。他认为:“40年代应该是在19世纪的德国的思想史上最辉煌的十年。正是在那时,黑格尔的继承者们第一次把黑格尔在哲学上的洞见应用于德国的社会和政治现象,而当时的德国正在进入一个急速现代化的过程。所谓的黑格尔主义的左派很快就被他们当中的一位最出色的成员——马克思的光芒所超越了……”[②]应该说,作为后期青年黑格尔派领袖的布鲁诺·鲍威尔,其曾对马克思的宗教批判产生过十分重要的影响。在兹维·罗森看来,青年马克思的宗教批判不但直接挪用了鲍威尔“锁链上的花朵”和“鸦片”等比喻,而且也承袭了鲍威尔的思想逻辑:各种形式的异化如同裹住核心的外壳,只有把外壳一层层地剥掉,异化形式才会暴露出来;最外面、最远离中心的是宗教异化。对宗教异化的批判是批判其他异化的前提;宗教和政治这两种神秘意识紧密结合,批判宗教

① 《马克思恩格斯文集》第1卷,第3页。

② Martin Jay, *The Dialectical Imagination*, California University Press, 1996, pp. 41-42.

必然导致政治的解放斗争，因为批判宗教本身并不是目的，而是应当与批判国家联系起来。马克思的确从鲍威尔的宗教批判事业中受益颇多。

兹维·罗森甚至认为：“如果说弄懂鲍威尔的观点是理解马克思思想的关键的话，这并不夸张。”[①]可见，马克思与布鲁诺·鲍威尔的思想史关系，特别是两人之间的思想纠葛，还有待进一步研究。麦克莱伦指出：“要了解马克思对手的观点，马克思是一个出名的坏向导”，“不管马克思在《神圣家族》中对鲍威尔的攻击是否正当，重要之点在于，马克思在那里讨论的是鲍威尔当时的观点，即 1844 年所谓‘纯粹批判’时期的观点，但是如鲍威尔本人后来抱怨的那样，马克思认为这些观点代表了鲍威尔的全部思想的发展，从而把鲍威尔在 1840～1843 年所写的远更重要、影响更大的著作抛置不论了。”[②]在宗教批判上，马克思与布鲁诺·鲍威尔的复杂的思想纠葛以及前者关于后者的某些带有攻击性和侮辱性的词句，除了马克思的个性因素外，还与著作的论战性质有关。

但是，马克思很快就发现，布鲁诺·鲍威尔虽然努力地从事宗教批判，但他在现实面前常常显得虚弱无力，其批判事业不得不成为书斋里空洞的声响。马克思一方面将宗教归结为它的世俗基础——人们的现实生活，特别是经济生活；另一方面又从世俗基础本身的分裂和矛盾中寻找消解宗教存在的现实道路。此后，马克思关于市民社会与犹太教和基督教关系的研究成为唯物史观诞生的前奏。

马克思并不否认宗教能给人以幻想的安慰，这种安慰对现

---

① 〔波兰〕兹维·罗森著，王谨等译：《布鲁诺·鲍威尔与卡尔·马克思》，第 114 页。

② 〔英〕麦克莱伦著，夏威仪、陈启伟、金海民译：《青年黑格尔派与马克思》，第 52 页。

实人间的苦难有时可以产生巨大的麻醉作用:“宗教是被压迫生灵的叹息,是无情世界的情感,正像它是无精神活力的制度的精神一样,宗教是人民的鸦片。”[①]然而,他又不仅仅以无神论者的姿态来看待宗教,而是作为“实践唯物主义者”来寻找铲除宗教的现实道路。所以,马克思不是一般地揭穿“宗教是人的本质在幻想中的实现”,“宗教里的苦难既是现实的苦难的表现,又是对这种现实的苦难的抗议”[②],而是将“对天国的批判变成对尘世的批判,对宗教的批判变成对法的批判,对神学的批判变成对政治的批判”[③]。他一方面赞赏费尔巴哈在宗教问题上所做出的重大贡献,即将宗教归结为它的世俗基础,另一方面又无情地批判费尔巴哈止步于此的做法。马克思要进一步将宗教的原因归结为世俗基础的自我分裂和自我矛盾。因而,他对于世俗基础本身首先从它的分裂和矛盾中去理解,然后用排除矛盾的方法在实践中使之革命化,即“由于宗教的存在是一个缺陷的存在,那末这个缺陷的根源只应该到国家自身的本质中去寻找。在我们看来,宗教已经不是世俗狭隘性的原因,而只是它的表现。因此,我们用自由公民的世俗桎梏来说明他们的宗教桎梏”[④]。“自由公民的世俗桎梏”来自何处?——“人就是人的世界,就是国家、社会。这个国家、这个社会产生了宗教,一种颠倒的世界意识,因为它们就是颠倒的世界”[⑤]。身为犹太人,马克思曾经对犹太人的解放给予特别关注。布鲁诺·鲍威尔与马克思的思想纠葛就集中表现在犹太人问题上。布鲁诺·鲍威尔的思路,是把犹太人问题归结为犹太人的宗教信念问题。因而,在鲍威尔看来,固执于宗教信念的犹太人具有排他性、不自由、缺乏人

---

① 《马克思恩格斯文集》第1卷,第4页。
② 《马克思恩格斯文集》第1卷,第3~4页。
③ 《马克思恩格斯文集》第1卷,第4页。
④ 《马克思恩格斯全集》第1卷,人民出版社1956年版,第425页。
⑤ 《马克思恩格斯文集》第1卷,第3页。

文创造以及自己背叛自己的民族性格。因而，犹太人解放的出路就在于放弃犹太教。马克思的思路是：从世俗关系所理解的“犹太人问题”来解决犹太人问题：“我们不把世俗问题化为神学问题。我们要把神学问题化为世俗问题。相当长的时期以来，人们一直用迷信来说明历史，而我们现在是用历史来说明迷信。”①那么，犹太人的世俗基础是什么呢？——“实际需要，自私自利。犹太人的世俗礼拜是什么呢？经商牟利。他们的世俗的神是什么呢？金钱”②，而“金钱是以色列人的妒忌之神；在它面前，一切神都要退位。金钱贬低了人所崇奉的一切神，并把一切神都变成商品。金钱是一切事物的普遍的、独立自在的价值。因此它剥夺了整个世界——人的世界和自然界——固有的价值。金钱是人的劳动和人的存在同人相异化的本质；这种异己的本质统治了人，而人则向它顶礼膜拜”③。对于金钱的膜拜和信仰，表明犹太人在现代社会中并不是落伍者，而是领跑者。在马克思看来，“犹太人的解放，就其终极意义来说，就是人类从犹太精神中解放出来”④。犹太精神的解放就是要消除犹太精神的经验本质，即经商牟利及其前提，“一种社会组织如果能够消除做生意的前提，从而能够消除做生意的可能性，那末这种社会组织也就能使犹太人不可能产生。他的宗教意识就会像烟雾一样，在社会的现实的、朝气蓬勃的空气当中自行消失”⑤。那时，犹太精神的主观基础，即实际需要将会人化，人的个体感性存在和类存在的矛盾也将被消除。因此，反宗教的斗争间接地就是反对那个以宗教为精神抚慰的世界的斗争。宗教的消除必须诉诸其社会根源的消除，而这只能通过改变现实世界来实现。

---

① 《马克思恩格斯文集》第1卷，第27页。
② 《马克思恩格斯文集》第1卷，第49页。
③ 《马克思恩格斯文集》第1卷，第52页。
④ 《马克思恩格斯文集》第1卷，第50页。
⑤ 《马克思恩格斯全集》第1卷，第446页。

19 世纪 50 年代,拜物教这一基督教在资本主义私有制之下表现为商品拜物教、货币拜物教和资本拜物教。马克思从社会经济关系中找到了拜物教存在的根源——生产者把其产品作为商品来对待:“在商品生产者的社会里,一般的社会生产关系是这样的:生产者把他们的产品当做商品,从而当做价值来对待,而且通过这种物的形式,把他们的私人劳动当做同等的人类劳动来互相发生关系。对于这种社会来说,崇拜抽象人的基督教,特别是资产阶级发展阶段的基督教,如新教、自然神教等等,是最适当的宗教形式。”[①]因此,拜物教的消除必须有赖于产生拜物教本身的历史条件的不复存在。而这将是一个极其漫长而痛苦的历史过程,即:

> 只有当实际日常生活的关系,在人们面前表现为人与人之间和人与自然之间极明白而合理的关系的时候,现实世界的宗教反映才会消失。只有当社会生活过程即物质生活过程的形态,作为自由联合的人的产物,处于人的有意识有计划的控制之下的时候,它才会把自己的神秘的纱幕揭掉。但是,这需要有一定的社会物质基础或一系列物质生存条件,而这些条件本身又是长期的、痛苦的发展史的自然的产物。[②]

其次是对国民经济学的批判。古典政治经济学开始将“劳动”作为一个重要的经济范畴加以规定。威廉·配第以“劳动”来规定商品的价值,提出“劳动是财富之父”的命题,开始了真正科学意义上的劳动价值论探索。亚当·斯密继承配第的思想并将其向前推进了一大步。他撇开劳动的各种具体形态,达到了对“劳动一般”的认识,提出“劳动是衡量一切商品交换价值的真

① 《马克思恩格斯文集》第 5 卷,第 97 页。
② 《马克思恩格斯文集》第 5 卷,第 97 页。

实尺度”[1]的思想。亚当·斯密的“劳动”概念在国民经济学中具有里程碑地位。恩格斯称其为“国民经济学中的路德”。到了李嘉图,“劳动是价值的唯一源泉”理论得到最充分的发展。他批判了斯密劳动学说中的不彻底部分,认为一切价值皆由劳动决定,而且生产中的劳动直接决定分配中的各种收入及其关系。

古典政治经济学包含着富有讽刺意味且无法解决的矛盾:一方面肯定劳动是财富的唯一源泉,另一方面又确认劳动是对劳动者的贫困状况的生产。马克思指出,英国古典政治经济学的缺陷在于没有对这一矛盾的前提进行追问,即“国民经济学从私有财产的事实出发。它没有给我们说明这个事实。……就是说,它把应当加以阐明的东西当作前提”[2]。于是,国民经济学家不得不诉诸一种“原始的虚构状态”,正像神学家“用原罪来说明恶的起源,就是说,它把应当加以说明的东西假定为一种具有历史形式的事实”[3]。国民经济学家从虚构的原始状态——私有财产的先验性出发,借此确认私有财产的永恒性。

尽管国民经济学有时也保持着人的经济学的外观,但从根本上,它是一门敌视人的科学。因为国民经济学是以私有财产的存在为前提的。资本主义私有财产的存在解构了人之为人的本真规定,使人沦为动物性的存在。因此,国民经济学家只把人当作劳动力来考察:

> 国民经济学家把无产者即既无资本又无地租,全靠劳动而且是片面的、抽象的劳动为生的人,仅仅当作工人来考察。因此,它可以提出这样一个论点:工人完全像一匹马一样,只应得到维持劳动所必须的东西。国民经济学家不考

---

① 〔英〕斯密著,郭大力译:《国民财富的性质和原因的研究》上卷,商务印书馆1972年版,第26页。

② 〔德〕马克思:《1844年经济学哲学手稿》,第50页。

③ 〔德〕马克思:《1844年经济学哲学手稿》,第51页。

察不劳动时的工人,不把工人作为人来考察,却把这种考察交给刑事司法、医生、宗教、统计表、政治和乞丐管理人去做。[①]

在马克思看来,国民经济学之所以沦为"敌视人"的科学,恰恰源于其意识形态的思维方式。

考察作为意识形态的国民经济学,不得不提及马克思与蒲鲁东在思想上的交集和纠葛。其实,在马克思步入政治经济学批判的路途中,蒲鲁东是一个不可忽视的路标。在马克思看来,国民经济学作为人的科学,应该具有顺应和彰显人的本性的光辉。但是,这门科学在其发展中却日益暴露出"敌视人"的面孔。这种内在矛盾的解决,必须诉诸这门科学的理论前提的清理,即批判性地考察私有制问题。因为"对任何科学的最初批判都必然要拘泥于这个批判所反对的科学本身的种种前提"[②]。正是在这里,蒲鲁东第一次批判地考察了私有财产这一国民经济学的前提,而这是使国民经济学成为真正的科学的具有决定意义的一步。马克思说道:

> 国民经济学的一切论述都以私有财产为前提。国民经济学把这个基本前提当做确定不移的事实,而不做任何进一步的考察,甚至像萨伊所坦率承认的那样,国民经济学只是"偶然"提到这一事实。蒲鲁东则对国民经济学的基础即私有财产作了批判的考察,而且是第一次具有决定意义的、无所顾忌的和科学的考察。这就是蒲鲁东在科学上实现的巨大进步,这个进步在国民经济学中引起革命,并且第一次使国民经济学有可能成为真正的科学。蒲鲁东的著作《什么是财产?》对现代国民经济学的意义,正如西艾士的著作

---

① 〔德〕马克思:《1844 年经济学哲学手稿》,第 14 页。

② 《马克思恩格斯文集》第 1 卷,第 255 页。

《第三等级是什么?》对现代政治学的意义一样。[1]

在《神圣家族》中,马克思不止一次地肯定蒲鲁东所作的国民经济学合乎人性的外观与其违反人性的本质之间的批判。马克思指出,蒲鲁东结束了国民经学的这种不自觉的状态。他严肃地看待国民经济关系的人性的假象,并让这种假象同经济关系的非人性的现实形成鲜明的对照。因此,“蒲鲁东始终不同于其他国民经济学家,他不是以限于局部的方式把私有财产的这种或那种形式描述为国民经济关系的扭曲者,而是以总括全局的方式把私有财产本身描述为国民经济关系的扭曲者。从国民经济学出发对国民经济学进行的批判时所能做的一切,他都做了”[2]。尽管如此,马克思从一开始就不是毫无批判地对待蒲鲁东,早在《神圣家族》中,他就已经把蒲鲁东的批判定位于“从国民经济学出发对国民经济学的批判”。也就是说,蒲鲁东的批判在具有前所未有的启示意义的同时,仍然囿于意识形态的思维方式,即从平等、正义等观念出发来分析经济关系。对此,马克思指出:

> 经济学家的材料是人的生动活泼的生活;蒲鲁东先生的材料则是经济学家的教条。但是,既然我们忽略了生产关系(范畴只是它在理论上的表现)的历史运动,既然我们只想把这些范畴看做是观念、不依赖现实关系而自生的思想,那么,我们就只能到纯粹理性的运动中去寻找这些思想的来历了。纯粹的、永恒的、无人身的理性怎样产生这些思想的呢?它是怎样造成这些思想的呢?[3]

在这里,我们必须追问这样一个问题,即是什么样的背景和契机使马克思得以跳出意识形态的桎梏,转向人的现实生活,并

---

① 《马克思恩格斯文集》第1卷,第255～256页。

② 《马克思恩格斯文集》第1卷,第257页。

③ 《马克思恩格斯文集》第1卷,第599页。

从这种现实生活中抽象出其理论形态呢？刘秀萍教授从思想史的角度，指出蒲鲁东的《什么是财产》一书在马克思的思想飞跃中起了极为重要的作用。她说道：

> 马克思发现，关注和考察财产关系固然是理解现代社会的必要条件，但以什么样的方式来关注才是问题之关键。换言之，解开这一现代社会的"斯芬克斯之谜"，必须对把握和理解财产关系的方法加以讨论。这里特别需要指出的是，马克思并不是在《资本论》及其手稿写作时才进行这样的讨论的。事实上，从一向不被研究者重视的《神圣家族》开始，马克思就借助蒲鲁东当时颇为轰动的著作《什么是财产?》以及青年黑格尔派成员埃德加尔·鲍威尔发表在1844年第5期《文学总汇报》上的对此发难的文章《蒲鲁东》，以第三者的立场较为清晰地阐明了解决这一问题的基本点和思路。[①]

但是，这个问题仍然可以从马克思的教育背景和从业经历中寻找更多可能的答案。在《政治经济学批判序言》中，马克思回顾了自己走向经济学研究的动因：

> 我学的专业本来是法律，但我只是把它排在哲学和历史之次当做辅助学科来研究。1842—1843年间，我作为《莱茵报》的编辑，第一次遇到要对所谓物质利益发表意见的难事……为了解决使我苦恼的疑问，我写的第一部著作是对黑格尔法哲学的批判性的分析……我的研究得出这样一个结果：法的关系正像国家的形式一样，既不能从它们本身来理解，也不能从所谓人类精神的一般发展来理解，相反，它们根源于物质的生活关系，这种物质的生活关系的总和，黑格尔按照18世纪的英国人和法国人的先例，概括为

① 刘秀萍：《财产关系为什么会成为理解现代社会的"斯芬克斯之谜"——重温〈神圣家族〉对〈蒲鲁东〉的批判》，《天津社会科学》2015年第6期。

“市民社会”，而对市民社会的解剖应该到政治经济学中去寻求。①

马克思虽然承认自己在大学期间更重视哲学和历史的学习，但这并不意味着马克思荒废了自己的法学研究。相反，我们从马克思的著作中看到，马克思法学专业的功底和造诣仍然是一流的。应该承认，法学专业的教育背景和初入职场的从业经历，对于马克思摆脱思辨哲学及其余波——青年黑格尔派的束缚功不可没。正如刘秀萍教授指出：

> 马克思为了批判青年黑格尔派的思维方式，蒲鲁东成为他与其批判对象共同面对的重要议题，于是他对蒲鲁东的《什么是所有权》和作为青年黑格尔派重要成员之一的埃德加·鲍威尔的著作《蒲鲁东》进行了包括对这些原始文本的字词斟酌、逻辑分析、相关内容的比照和考证以及在这样大量的细节分析基础上的解读，不仅生动地呈现了蒲鲁东思想的复杂状态以及埃德加·鲍威尔思辨式理解的荒谬性，最终透视出两种思维方式的分歧和对立。②

蒲鲁东的经济学研究方法及其看待私有制的非历史态度本质上属于意识形态。蒲鲁东所追求的平等，仍然没能超出资产阶级法权的眼界。譬如，他从平等观念的假设出发，认为好的东西、最高的幸福，真正的实际目的就是平等。他认为分工、信用、工厂，一句话，一切经济关系都仅仅是为了平等的利益才被发明的，但是结果它们往往背离平等。马克思颇为戏谑地说道：“由于历史和蒲鲁东先生的臆测步步发生矛盾，所以他得出结论：有矛盾存在。即使有矛盾存在，那也只存在于他的固定观念和现实运动之间。”在蒲鲁东那里，政治经济学的形而上学方法戕死

① 《马克思恩格斯文集》第2卷，第588～591页。

② 刘秀萍：《重温〈神圣家族〉对〈蒲鲁东〉的分析和批判》，《现代哲学》2016年第1期。

了活生生的人的存在的辩证法。或者说,蒲鲁东从观念出发的经济学研究方法肢解了在黑格尔那里具有生命性的思辨辩证法。所以,马克思在给约·巴·施韦泽的信中说:

他(指蒲鲁东——引者注)对科学的辩证法的秘密了解得多么肤浅,另一方面他又是多么赞同思辨哲学的幻想,因为他不是把经济范畴看做历史的、与物质生产的一定发展阶段相适应的生产关系的理论表现,而是荒谬地把它看作预先存在的、永恒的观念,并且指出了,他是如何通过这种迂回的道路又回到资产阶级经济学的立场上去。[①]

显然,蒲鲁东并没有将私有财产的主体本质理解为劳动,也就不能真正理解私有财产及其运动,因而,他对私有财产的批判是不彻底的。

按照马克思的理解,经济学应该作为一门关于人的科学——"人的存在的现象学"不可或缺的一环而得以展现。马克思经济学与国民经济学在出发点上是根本不同的——前者是现实的人,而后者则是抽象的人。因此,马克思经济学必然提撕着对人的存在的终极关注。这种关注不是外在式附加,而是内在于其血脉之中的。在马克思那里,经济学是作为"人的存在的现象学"的历史叙事而存,"经济决定论"的说法不攻自破。"经济决定论"与国民经济学就其非历史态度而言并无差别,它们从源头处将历史性的人分割截取,导致"人已经死了"。因而"经济决定论"者和国民经济学家就必然只见抽象的人而看不到"人"了。马克思从不曾是一个真正意义上的"经济决定论"者,他对物质资料生产的强调是由其作为历史的世俗基础所决定的,对经济关系的重视是因为意识形态的解蔽不得不诉诸其根源——经济基础来实现。从根本上说,"人"的存在才是马克思哲学的至上

① 《马克思恩格斯文集》第3卷,第19页。

者和终极决定者。

再次是对青年黑格尔派唯心主义历史观的批判。

青年黑格尔派具有激进的现实批判的姿态和气质，“自我意识”“唯一者”及“实践”等概念就是“批判”的产物和工具。马克思思想成长的过程中显然受到青年黑格尔派的重要影响。麦克莱伦在专门考察了马克思与青年黑格尔派重要成员之间的思想关联和纠葛后指出：

> 马克思由于他具有特别敏锐和睿智的头脑，从他与同时代人的接触中获得了很多的启发。他采用了鲍威尔（布鲁诺鲍威尔——引者注）的尖锐的、甚至是可怕的宗教批判，把它当作自己分析政治学——经济学等等的样板；他接受了费尔巴哈对黑格尔哲学的系统改造，否认黑格尔思想是至高无上的，而已一种彻底的人本主义为出发点；施蒂纳是所有青年黑格尔分子中最具有否定精神的一个，他使马克思不得不超越有点静止的人本主义；最后，赫斯是德国共产主义思想的第一个宣传者，他首先把激进思想应用在经济学方面。我们指出马克思受他同时人的这些影响，甚至曾借用别人的思想，丝毫也没有损害马克思智慧形象的意思。①

麦克莱伦的上述结论是否属实，还有赖于我们对马克思早期文本进行深入细致的挖掘和研究。可以肯定的是，青年黑格尔派囿于意识形态的桎梏，未曾找到现实历史的真正入口而使其“批判”最终落入了意识形态之中。布鲁诺·鲍威尔作为青年黑格尔派的重要成员，其激进的批判哲学实际上只是和现实的影子作斗争。他对黑格尔辩证法的“头脚倒置”完全缺乏认识，终究成为“德意志意识形态家”。对于马克思的思想成长而言，

① 〔英〕戴维·麦克莱伦著，夏威仪、陈启伟、金海民译：《青年黑格尔派与马克思》，第171页。

如果说青年黑格尔派的影响的确是不可忽视的,那么这种影响就在于马克思通过其批判哲学的失足找到了另辟蹊径的思想契机。此后,马克思很快找到了进入"历史"之门的钥匙,而青年黑格尔派则始终逗留在历史与意识的夹缝中无力自拔,自甘堕落。

关于青年黑格尔派在德国哲学中的功过是非,恩格斯在《路德维希·费尔巴哈与德国古典哲学的终结》中曾作过一个十分中肯的论断。他说道:

> 施特劳斯、鲍威尔、施蒂纳、费尔巴哈,就他们没有离开哲学这块土地来说,都是黑格尔哲学的分支。[①] 黑格尔派虽然解体了,但是黑格尔哲学并没有被克服。施特劳斯和鲍威尔各自抓住黑格尔哲学的一个方面,在论战中相互攻击。费尔巴哈打破了黑格尔的体系,简单地把它抛在一旁。但是简单地宣布一种哲学是错误的,还制服不了这种哲学。像对民族的精神发展有过如此巨大影响的黑格尔哲学这样的伟大创作,是不能用干脆置之不理的办法来消除的。必须从它的本来意义上'扬弃'它,就是说,要批判地消灭它的形式,但是要救出通过这个形式获得的新内容。[②]

那么,马克思"通过这个形式获得的新的内容"是什么呢?

马克思揭破了青年黑格尔派唯心史观的内容及特点——历史和观念之间的根本颠倒,即:

> 不言而喻,人们的观念和思想是关于自己和人们的各种关系的观念和思想,是人们关于自身意识,关于人的意识(因为这不是仅仅单个人的意识,而是同整个社会联系着的单个人的意识),关于人们生活于其中的整个社会的意识。人们在其中生产自己生活的、不以他们为转移的条件,与这

① 〔德〕恩格斯:《路德维·希费尔巴哈与德国古典哲学的终结》,人民出版社2014年版,第37页。

② 〔德〕恩格斯:《路德维·希费尔巴哈与德国古典哲学的终结》,第15~16页。

> 些条件相联系的必然的交往形式，由这种交往形式产生的个人的关系和社会的关系，当它们以思想表现出来的时候，就不能不采取观念条件和必然关系的形式，即在意识中表现为从人的概念中、从人的本质中、从人的本性中、从人中产生的规定。人们是什么，人们的关系是什么，这反映在意识中就是关于人、关于人的存在方式或关于人的较贴切的定义的看法。于是，在意识形态家们假定观念和思想支配着迄今的历史，假定这些观念和思想的历史就是迄今存在的全部历史之后，在他们设想现实的关系要顺应人及其观念的关系即人的定义之后，特别是在他们把人们关于自身的意识的历史变为人们的现实历史的基础之后，要把意识、观念、圣物、固定观念的历史称为"人"的历史并用这种历史来偷换现实的历史，是再容易不过的了。[1]

物质生活本身作为历史的世俗基础，对于一切历史活动而言具有首要的和基础意义，因而成为判断一个时代变革的根据所在：

> 随着经济基础的变更，全部庞大的上层建筑也或慢或快地发生变革。在考察这些变革时，必须时刻把下面两者区别开来：一种是生产的经济条件方面所发生的物质的、可以用自然科学的精确性指明的变革，一种是人们借以意识到这个冲突并力求把它克服的那些法律的、政治的、宗教的、艺术的或哲学的，简言之，意识形态的形式。我们判断一个人不能以他对自己的看法为根据，同样，我们判断这样一个变革时代也不能以它的意识为根据；相反，这个意识必须从物质生活的矛盾中，从社会生产力和生产关系之间的现存冲突中去解释。[2]

① 〔德〕马克思、恩格斯：《德意志意识形态》（节选本），第82页。

② 《马克思恩格斯文集》第2卷，第592页。

现实历史在全部意识形态中的颠倒,也是从人们生活的历史过程中产生的。因而,只要找到了意识形态的起源,那么关于意识形态本身的生成和消亡就是很容易理解的事情了。在人类阶级斗争的历史中,意识形态在每个阶级夺取政权过程中都起过重要作用,即使无产阶级也不例外:“每一个力图取得统治的阶级,即使它的统治要求消灭整个旧的社会形式和一切统治,就像无产阶级那样,都必须夺取政权,以便把自己的利益说成是普遍的利益,而这是它在初期不得不如此做的。”[①]

马克思意识形态批判所特有的釜底抽薪性,是哲学回归本真“历史”的必然要求。就其实质而言,“人的存在的现象学”是一种历史观——唯物史观。它与唯心主义历史观的根本不同在于:“它不是在每个时代中寻找某种范畴,而是始终站在现实历史的基础上,不是从观念出发来解释实践,而是从物质实践出发来解释各种观念形态……”[②]“历史”作为一切批判的最终落脚点和最后根据,使辩证法作为人的感性存在的生成样式而获得了本真生命。

(三)辩证法作为人的存在的生成样式

在马克思语境中,“历史”和辩证法并非互相外在的两种东西,它们从内容和形式两个方面描述“人的存在”本身。“历史”作为“现实的个人”的生成和敞开,使辩证法成为人的感性存在的生成样式。

1. 辩证法只有作为人的存在的生成样式才是可能的

辩证法究竟是什么?熊伟先生在20世纪曾指出:“今日之中国,虽‘辩证法’之声甚嚣尘上,对辩证理则学其实是陌生的,

---

① 〔德〕马克思、恩格斯:《德意志意识形态》(节选本),第29页。

② 〔德〕马克思、恩格斯:《德意志意识形态》(节选本),第36页。

无论就建立新形而上学的人说抑就从事社会革命的人说皆然。”[①]毋庸讳言，这种情况在当下中国依然存在。在国内马克思主义哲学研究中，形而上学倾向的巨大惯性使辩证法根源的追寻在今天依然显得必要。

自哲学诞生以来，辩证法就是人们极为关注的难题之一。赫拉克利特可谓是杰出的古希腊辩证法思想家。

辩证法是否仅仅意味着几个毫无生命的“原理”？显然不是！就马克思哲学而言，首先，辩证法只有作为现象学才是可能的；其次，辩证法只有作为“人的存在的现象学”才能获得本真的生命性。

第一，辩证法只有作为现象学才是可能的。

辩证法在通常意义上是被纳入本体论的视野来理解的，即辩证法作为本体论的自我确证的方法而存在。这种理解可以追溯到古希腊关于“是”的追问中。有两种“是”：一是存在意义上的，二是逻辑意义上的。逻辑意义上的“是”乃本体论向辩证法转换的契机。本体论与辩证法的这种同一必然诉诸一个只能通过信仰来解决的具有绝对自明性的根据。据张志扬教授的理解，是巴门尼德完成了“存在”之具体动词向抽象动词不定式乃至动名词的转换，并坚持它的绝对性。“这种‘坚持’乃是超人的正义和信心的力量，虔信而明智的人才能在思想与表达上同它一致。可以说，巴门尼德开创了被信仰暗中支撑起来的所谓逻辑前提的自明性和绝对性，并以此作为没有根据的终极根据。”[②]这恰恰是后哲学时代辩证法遭遇诟病的症结所在。因为在现代生存论者看来，辩证法并不等于“三一式”的“铁的必然性”。它在始源性意义上更多表示一种生成性：

辩证法作为一种方法只要不纳入本体论同一性的虚幻

---

① 熊伟：《自由的真谛——熊伟文选》，第 50 页。

② 张志扬：《偶在论谱系》，第 109 页。

> 目的而还原它的有限性,那么,它就会显露出真面目,即辩证法不过是悖论转换成的一种模态形式。它可以造成某种可能性的或机缘性的同一运动,但并不能因此而取消作为偶在根底的悖论本身。就像生命保养得再好也不能根本消除"死的根性",时间的缺口总是存在的。[①]

的确,人的存在的"偶在"性,注定了辩证法在最宽泛的意义上不过是一种生成着的可能性而已。在诸种可能性之中,有一种是作为"否定的否定"的辩证法。在这种辩证法中,辩证法具有与现象学的同源性。二者都事关人的存在在存在论上的独特性。

辩证法与现象学之间存在一而二、二而一的关系,套用康德的话就是:现象学无辩证法则盲,辩证法无现象学则空。知性思维对真理是一种致命损害。近代哲学的自我迷失很大程度上是知性思维的必然结果。黑格尔认为,哲学得以拯救的关键在于将坚执而抽象的知性思维请出本体论地盘,从而使辩证法与现象学内在贯通。他主张应该"忘身于事情里"——"事情并不穷尽于它的目的,而穷尽于它的实现,现实的整体也不仅是结果,而是结果连同其产生的过程;目的本身是僵死的共相,正如倾向是一种还缺少现实性的空洞的冲动一样;而赤裸的结果则是丢开了倾向的那具死尸。"[②]在黑格尔看来,形而上学的知性思维不是在掌握事情,而是在脱离事情;不是停留在事情里并忘身于事情里,而是在把握另外的事情。黑格尔主张将事情的结果连同产生这一结果的过程内在贯穿起来,在事情自身的显现中把握其整体。此即现象学与辩证法的内在同源性。

辩证法与现象学的内在同源性,意味着辩证法具有"实践"的品格,即"让……是起来"的活动性质。于是,辩证法不再是指一个死的、预成的东西,而是指一种运动、一个过程。有趣的是,

---

① 张志扬:《偶在论谱系》,第237页。

② 〔德〕黑格尔著,贺麟、王玖兴译:《精神现象学》上卷,第2页。

海德格尔也经常使用诸如“物物起来(物物化)”“世界世界起来(世界世界化)”“时间时间起来(时间到时)”等表达方式。这样一来,将辩证法理解为一种外在工具,人们用它去认识客观事物,就完全抹杀了辩证法的生命性。在原初意义上,辩证法不是把自己看作一种外在于对象的工具,或一种主观的思维技巧,而是看作对于内容、对象的直接体验。它也有结构,但这种结构是生命性的,充满了生成的冲动和渴望。在黑格尔看来,辩证法的本性一方面是“方法与内容不分,另一方面是由它自己来规定自己的节奏”①。之所以如此,是因为辩证法只是事情得以“现象”的样态。离开了现象学,辩证法将是无法谈论的。就此而言,张志伟教授认为:“黑格尔对否定性的辩证理解是人类思想史上最为大胆的思考之一。”②黑格尔的确与众不同。在他看来,在自然万物之中,否定性是死亡的力量,任何事物都将由于它而丧失自我的存在。但是,精神的生活却是敢于承担死亡并在死亡中得以自存的生活:

> 精神只当它在绝对的支离破碎中能保全其自身时才赢得它的真实性。……精神所以是这种力量,乃是因为它敢于面对面地正视否定的东西并停留在那里。精神在否定的东西那里停留,这就是一种魔力,这种魔力就把否定的东西转化为存在。而这种魔力也就是上面称之为主体的那种东西;主体当它赋予在它自己的因素里的规定性以具体存在时,就扬弃了抽象的、也就是说仅只一般地存在着的直接性,而这样一来它就成了真正的实体,成了存在,或者说,成了身外别无中介而自身即是中介的那种直接性。③

在黑格尔那里,虽然“实践”并没有被作为一个始源性的基

---

① 〔德〕黑格尔著,贺麟、王玖兴译:《精神现象学》上卷,第39页。

② 张志伟主编:《形而上学的历史演变》,第201页。

③ 〔德〕黑格尔著,贺麟、王玖兴译:《精神现象学》上卷,第21页。

础概念来谈论,它只是绝对精神认识自身、实现自身的环节。但是通过"实践",黑格尔颠倒地表达了人的主体性自由地创造和改变世界的观点。黑格尔认为:"人的见解愈是把真理与错误视为固定的,就愈习惯于以为对某一现有的哲学体系的态度不是赞成就必须是反对……这种人不那么把不同的哲学体系理解为真理的前进发展,而毋宁在不同的体系中只看见了矛盾。"[①]他举例说,花朵是对花蕾的否定,果实又是对花朵的否定,这些形式不仅彼此不同,而且互相排斥、互不相容。但是,它们的流动性却使它们同时成为有机统一体的环节,它们在有机统一体中不仅不互相抵触,而且彼此都同样是必要的。黑格尔强调,整体生命的获得在于将不同的否定形式纳入统一体并使其作为统一体的必要环节而存在。问题是,精神本身的非生命性决定它无法成为自足的有机体。于是黑格尔不得不求助"实体即主体"的规定。但这种外在的解决方式只能给辩证法以虚假的生命。本然的生成和开启只能来自人的感性活动本身。马克思通过根本置换哲学原初出发点,使辩证法本真地获得了生命。

第二,辩证法的本真生命性只有作为"人的存在的现象学"才是可能的。

辩证法只有作为现象学才是可能的。这是黑格尔了不起的贡献。但是思辨辩证法是无根的,因为"绝对精神"本身的存在尚有待澄明。海德格尔正是在这个意义上提出"绝对"之绝对性应该得到清理。他认为:

> 我们试图根据前面关于意识之本性的思考所得出的结论来理解这种辩证的东西。人们或许也可以根据正题、反题和合题来理解这种辩证的东西。不过,任何方式的论题都在意识中有其本质,就连否定性——根据否定被理解的

① 〔德〕黑格尔著,贺麟、王玖兴译:《精神现象学》上卷,第2页。

> 否定性——也植根于意识之中。但意识的本质被认为只有通过它的本性的展开才能得到规定。同样地，辩证法是否仅仅是认识的方法，或者辩证法是不是作为某种实在的客观实在本身的一个特性——这个问题，我们且撇开不究。只要实在之实在性存在，这种实在性如何植根于意识之存在中，以及这种存在的情形如何等问题都还没有得到确定的解决，则上面的问题就还是一个假问题。关于辩证法的探究犹如人们根据静止的污水来解释喷涌的源泉。也许，通向源泉的道路还远着呢。[①]

海德格尔对无根的辩证法极为反感。在他看来，辩证法必须与存在内在贯通，而“此在”是通达存在的唯一在者。黑格尔辩证法的根基——绝对精神之实在性未曾得到确定的解决，辩证法也就始终处于悬而未决之中。这的确切中了黑格尔辩证法的要害——本真生命之源的阙如。

马克思将人的存在方式理解为“活动……出来”这一有作为的生成性结构，让“自然”和“社会”作为人的存在的敞开前来照面，从而使“历史”成为人的存在的敞开，同时也使辩证法获得了本真的生命。这一拯救辩证法的事业是通过对思辨哲学和费尔巴哈人本学的双重批判实现的。让哲学重返人的感性存在，同时将人的感性存在理解为感性活动，是哲学回归内在性要求的必然之路，也是辩证法获得本真“自否定”能力的必然要求。邓晓芒教授认为，“自否定”在逻辑上是一切哲学思考和哲学表达的预先承诺；哲学的开端作为经验的原始事态，就是人（指感性对象性存在的人）的开端。[②] 这种理解恰好道出了“人的存在的现象学”的运思理路，而且辩证法与“人的存在的现象学”之内在同源性也一同得以揭示。

---

① 〔德〕海德格尔著，孙周兴译：《林中路》，第196页。

② 参见邓晓芒：《实践唯物论新解——开出现象学之维》，第26页。

从认识论层面来把握辩证法固然必要,但这要以辩证法的存在论基础,即它与现象学的内在同源的先行澄清为前提。如果这一问题尚未思及,那么一切关于辩证法的道说就还没有真正触及问题实质。辩证法作为人的存在的生成样式,不仅使其存在论根基得以稳固,亦为其认识论意义得以可能提供了前提。谢遐龄先生道出了这种解决方式的优势之所在:“逻辑范畴体现了客观世界的规律。它是通过什么得来的?按照经验主义的解决,以为逻辑范畴来自客观世界,只能通过知觉得到;按照唯理主义的解决,当证明从知觉中得不到逻辑范畴后,又取消了它的发生之问题。这两种解决都不对,那末,出路何在呢?马克思提出了实践概念,指明了出路。”①

2. 人的存在得以历史地敞开的辩证形式

辩证法作为人的存在的生成样式,就是“现实的个人”之敞开。“三一式”作为其敞开的表达形式在马克思哲学中不可胜数。本文将着重考察以下三个:自由的有意识的活动—异化劳动—异化劳动之扬弃;人的依赖关系占统治地位的阶段—以物的依赖关系为基础的人的独立性的阶段—建立在个人全面发展和他们的共同的社会生产能力成为他们的社会财富这一基础上的自由个性阶段;个人的以自己劳动为基础的私有制—资本主义私有制—在协作和对土地及靠劳动本身生产的生产资料的共同占有的基础上的个人所有制。

(1)自由的、有意识的活动—异化劳动—异化劳动之扬弃。

1844 年,马克思满怀对费尔巴哈的热情景仰,凝视着这多灾多难的现实人间,要以普罗米修斯的拯救情怀,对资本主义私有制之下两大阶级的尖锐对立以及无产阶级的非人生活给出一种哲学上的解决。“异化劳动”是当时马克思所能找到的最好武

① 谢遐龄:《文化:走向超逻辑的研究》,山东文艺出版社 1989 年版,第 106～107 页。

器，成为《1844 年经济学哲学手稿》的重要概念。

“异化劳动”是马克思哲学孕育生长的转折点。虽然自由的、有意识的活动只是人类劳动的应然状态，它包含着本质存在与实存存在、潜能与现实之间的巨大张力，在形式上也依然带有近代哲学关于人的本质的预成论色彩。但在貌似形而上学的形式中，关于人的存在的现象学视野正在生长。因而，这一“三段式”体现出明显的过渡性，即由思辨的形而上学向“人的存在的现象学”的过渡。马克思也曾问及“人怎么使他的劳动外化、异化？”①然而，《1844 年经济学哲学手稿》终究没有给出答案。直到《德意志意识形态》才真正触及异化的根源——分工、交换和私有制的发展。

“异化劳动”的内涵是在实证的基础上推导而出的。它依次经历劳动结果的异化—劳动过程的异化—人与其类本质的异化—人与人相异化。

在劳动结果上，工人与自己的劳动产品相异化，即“工人对自己的劳动的产品的关系就是对一个异己的对象的关系”②。工人劳动的结果竟表现为：“工人生产的财富越多，他的产品的力量和数量越大，他就越贫穷。工人创造的商品越多，他就越变成廉价的商品。物的世界的增值同人的世界的贬值成正比。”③马克思区分了“对象化”和“异化”：一切劳动都是对象性关系，劳动结果都要对象化为劳动产品。只有劳动者创造的东西反客为主，成为在他之外，与他敌对、支配他、压制他时，对象化才表现为异化。在资本主义社会，“工人在他的产品中的外化，不仅意味着他的劳动成为对象，成为外部的存在，而且意味着他的劳动作为一种与他相异的东西不依赖于他而在他之外存在，并成为

---

① 〔德〕马克思：《1844 年经济学哲学手稿》，第 63 页。
② 〔德〕马克思：《1844 年经济学哲学手稿》，第 52 页。
③ 〔德〕马克思：《1844 年经济学哲学手稿》，第 51 页。

同他对立的独立的力量;意味着他给予对象的生命是作为敌对的和相异的东西同他相对立"①。也就是说,工人的劳动不仅是对象化的而且是异化的劳动,工人劳动的特殊性表现为异化劳动。

在劳动活动中,工人与自己的劳动相异化。"劳动对工人来说是外在的东西,也就是说,不属于他的本质";"他在自己的劳动中不是肯定自己,而是否定自己,不是感到幸福,而是感到不幸,不是自由地发挥自己的体力和智力,而是使自己的肉体受折磨、精神遭摧残";"他的劳动不是自愿的劳动,而是被迫的强制的劳动。因此,这种劳动不是满足一种需要,而只是满足劳动以外的那些需要的一种手段"②。也就是说,劳动不属于工人,工人在劳动中也不属于自己。

劳动产品和劳动都不属于工人是"异化劳动"概念的两个基本规定,由此推出第三个:人与自己的"类"本质相异化。马克思认为"自由的、有意识的活动"是人的"类"本质。"一个种的整体特性、种的类特性就在于生命活动的性质,而自由的有意识的活动恰恰就是人的类特性。""异化劳动,由于(1)使自然界,(2)使人本身,使他自己的活动机能,使他的生命活动同人相异化;对人来说,它把类生活变成维持个人生活的手段。第一,它使类生活和个人生活异化;第二,把抽象形式的个人生活变成同样是抽象形式和异化形式的类生活的目的。"③因为异化劳动从人那里夺走了他的生产的对象,即自然界,也就把人的自由自主活动贬低为维持人的肉体生存的手段,也就从人那里夺走了他的类生活。而这也就必然推出:

马克思继承了费尔巴哈"人是对象性存在物"的思想,认为

---

① 〔德〕马克思:《1844年经济学哲学手稿》,第53页。

② 〔德〕马克思:《1844年经济学哲学手稿》,第54~55页。

③ 〔德〕马克思:《1844年经济学哲学手稿》,第57页。

人对自身的关系，只有通过他人才得以表征和确证。“人的异化，一般地说，人对自身的任何关系，只有通过人对他人的关系才得到实现和表现”。因此，“当人与自身相对立的时候，他也同他人相对立……人同自己的劳动产品、自己的生命活动、自己的类本质相异化的直接结果就是人同人相异化”[①]。在马克思看来，工人与资本家之间尖锐的阶级对立，就是人与人的异化的最明显、最典型的确证和表征。资本家和工人以完全不同的方式处于异化之中：资本家在异化中感到自己的满足和保证，工人则感到受压迫和受屈辱。不仅如此，马克思还诙谐而辛辣地刻画了伴随动产和不动产的生死博弈而来的土地所有者和资本家之间的自我认同的幻化和扭曲。马克思说道：

> 当土地所有者和资本家回想起自己的对立面的产生，回想起自己的来历时，土地所有者才知道资本家是自己的目空一切的、获得自由的、发了财的昔日奴隶，并且看出他对自己这个资本家的威胁；而资本家则知道土地所有者是自己的坐享其成的、残酷无情的（自私自利的）昔日主人；他知道土地所有者使他这个资本家受损害，虽然土地所有者今天的整个社会地位、财产和享受都应归功于工业；资资本家把土地所有者看成自由工业和不依赖于任何自然规定的自有资本的对立面。他们之间的这种对立，而且各自说出对方的真相。只要看一看不动产对动产的攻击，并且反过来看一看，动产对不动产的攻击，对双方的卑鄙性就有一个明确的概念。[②]

当然，最后获得胜利是作为现代的合法的嫡子的动产。但是，动产的胜利所带来的政治的自由、博爱的商业、纯洁的道德以及令人愉悦的文化教养，意味着启蒙思想家孜孜以求的人间

---

① 〔德〕马克思：《1844年经济学哲学手稿》，第59页。
② 〔德〕马克思：《1844年经济学哲学手稿》，第69页。

天堂的到来吗?显然不是。动产的胜利造就的只能是资产阶级和无产阶级之间巨大的阶级对立和人类前所未有的生存异化。

需要指出的是,首先,工人和资本家都异化,一个为生计而发愁,一个为自己资本的升值而发愁:

> 有产阶级和无产阶级同是人的自我异化。但有产阶级在这种自我异化中感到自己是满足的和稳固的,它把这种异化看作自身强大的证明,并在这种异化中获得人的生存的外观。而无产阶级在这种异化中则感到自己是被毁灭的,并在其中看到自己的无力和非人的生存现实。这个阶级,用黑格尔的话来说,就是在被唾弃的状况下对这种状况的愤慨,是由于它的人类本性和它那种公开地、断然地、全面地否定这种本性的生活状况相矛盾。[①]

伊格尔顿也指出:"资本家和资本都是死亡了的生命形象,一方面有生命却麻木不仁,另一方面,没有生命的东西却活跃着。"[②]其次,人本主义是马克思哲学一以贯之的品格。在某种意义上,赫塞·姆普伦的看法是恰当的:马克思摒弃思辨的人的概念,并未导致根本更换理论框架,而是导致"真正人道主义"的出现,这是一种建立在把人看作由劳动及其需要的总和决定的科学理解之上的概念。[③] 成熟时期的马克思哲学并非像阿尔都塞所说,从社会关系及其结构出发,而是从"现实的个人",即处于一定社会关系中的个人出发。这决定了马克思哲学真正的人本主义性质。

从历史层面看,"异化劳动"有一个历史地生成和消解的过程。实践是历史地扬弃"异化劳动"的最终根据,即"要扬弃私有

---

① 〔德〕马克思、恩格斯:《神圣家族》,第 44 页。

② 〔英〕伊格尔顿著,王杰等译:《美学意识形态》,广西师范大学出版社 1997 年版,第 192 页。

③ 参见本书编辑部编:《马列主义研究资料》第 6 辑,人民出版社 1983 年版,第 191 页。

财产的思想,有思想上的共产主义就完全够了。而要扬弃现实的私有财产,则必须有现实的共产主义行动。历史将会带来这种共产主义行动,而我们在思想中已经认识到的那正在进行自我扬弃的运动,在现实中将经历一个极其艰难而漫长的过程"①。只有在实践中,通过消灭分工和私有制,实现共产主义,个人自由而全面的发展才是可能的。如何消灭分工和私有制呢?《1844 年经济学哲学手稿》给出的答案是:"只有通过发达的工业,也就是以私有财产为中介,人的激情的本体论本质才在其总体上、在其人性中存在。因此,关于人的科学本身是人自己的实践活动的产物。"②

与《1844 年经济学哲学手稿》侧重逻辑层面的分析相比,《德意志意识形态》则注重从历史层面揭示扬弃异化的现实道路。马克思认为:"个人力量(关系)由于分工而转化为物的力量这一现象,不能靠人们从头脑里抛开关于这一现象的一般观念的办法来消灭,而是只能靠个人重新驾驭这些物的力量,靠消灭分工的办法来消灭。"③"上述三个因素即生产力、社会状况和意识,彼此之间可能而且一定会发生矛盾,因为分工不仅使精神活动和物质活动、享受和劳动、生产和消费由不同的个人来分担这种情况成为可能,而且成为现实,要使这三个因素彼此不发生矛盾,则只有再消灭分工。"④马克思是在何种意义上谈论消灭分工的?《哥达纲领批判》给出了消灭分工的历史条件,即社会生产力的高度发达:

> 在共产主义社会高级阶段,在迫使个人奴隶般地服从分工的情形已经消失,从而脑力劳动和体力劳动的对立也

---

① 〔德〕马克思:《1844 年经济学哲学手稿》,第 128 页。

② 〔德〕马克思:《1844 年经济学哲学手稿》,第 140 页。

③ 〔德〕马克思、恩格斯:《德意志意识形态》(节选本),第 63 页。

④ 〔德〕马克思、恩格斯:《德意志意识形态》(节选本),第 27 页。

> 随之消失之后;在劳动已经不仅仅是谋生的手段,而且本身成了生活的第一需要之后;在随着个人的全面发展,他们的生产力也增长起来,而集体财富的一切源泉都充分涌流之后,——只有在那个时候,才能完全超出资产阶级权利的狭隘眼界,社会才能在自己的旗帜上写上:各尽所能,按需分配![①]

显然,情况应该是这样的:在共产主义高级阶段,劳动分工即劳动本身的划分和独立化将仍然存在,消失的是社会成员在各种劳动职能上的分配,因为在共产主义社会里个人能够得到自由而全面的发展,可以按照自己的意愿自由选择不同形式的劳动,即"任何人都没有特殊的活动范围,而是都可以在任何部门内发展,社会调节着整个生产,因而使我有可能随自己的兴趣今天干这事,明天干那事,上午打猎,下午捕鱼,傍晚从事畜牧,晚饭后从事批判,这样就不会使我老是一个猎人、渔夫、牧人或批判者"[②]。随着旧式分工和私有制的消灭以及对生产实行共产主义的调节,人们对于自己产品的异己关系也会随之消灭,交换、生产以及人们发生相互关系的方式将重新受自己支配,而这一切都要以生产力的巨大增长和高度发展为前提。值得注意的是,在历史生成的意义上,马克思把共产主义理解为历史本身朝向未来的运动及其过程:"共产主义对我们来说不是应当确立的状况,不是现实应当与之相适应的理想。我们所称为共产主义的是那种消灭现存状况的现实运动。这个运动的条件是由现有的前提产生的。"[③]共产主义作为历史朝向未来的生成,恰恰是"人的存在的现象学"题中应有之义。

马克思在《德意志意识形态》之后是否绝口不提异化了呢?

---

① 《马克思恩格斯文集》第3卷,第435~436页。

② 〔德〕马克思、恩格斯:《德意志意识形态》(节选本),第29页。

③ 〔德〕马克思、恩格斯:《德意志意识形态》(节选本),第31页。

回答是否定的。异化不仅没有游离于成熟时期的马克思哲学，而且得到更为深刻、更为理性地对待。《资本论》等重要论著对异化严肃而深沉的思考就是其表现。商品拜物教、货币拜物教以及资本拜物教是滋生于异化劳动土壤的人类意识的畸形果实，而剩余价值理论则是异化劳动的深化和发展。究其实，马克思之所以不可能放弃对异化的执着探究，是因为它是人的感性存在不得不承受的命运。

(2)人的依赖关系占统治地位的阶段—以物的依赖关系为基础的人的独立性的阶段—建立在个人全面发展和他们共同的社会生产能力成为他们的社会财富这一基础上的自由个性阶段。这一“三段式”原文如下：

> 每个个人以物的形式占有社会权力。如果你从物那里夺去这种社会权力，那你就必须赋予人以支配人的这种权利。人的依赖关系(起初完全是自然发生的)，是最初的社会形态，在这种社会形态下，人的生产能力只是在狭窄的范围内和孤立的地点上发展着。以物的依赖性为基础的人的独立性，是第二大形态，在这种形态下，才形成普遍的社会物质变换，全面的关系，多方面的需求以及全面的能力的体系。建立在个人全面发展和他们共同的社会生产能力成为他们的社会财富这一基础上的自由个性，是第三阶段。第二个阶段为第三个阶段创造条件。因此，家长制的，古代的(以及封建的)状态随着商业、奢侈、货币、交换价值的发展而没落下去，现代社会则随着这些东西一道发展起来。[①]

此前，马克思已就人类社会经济形态作过划分：“大体说来，亚西亚的、古希腊罗马的、封建的和现代资产阶级的生产方式可以看做是经济的社会形态演进的几个时代。资产阶级的生产关

① 《马克思恩格斯全集》第46卷上册，第104页。

系是社会生产过程的最后一个对抗形式……人类社会的史前时期就以这种社会形态而告终。”①在通常意义上,历史学家是在认识论层面来理解“三形态说”和“五形态说”的。而这只在派生的意义上有其合理性。“三形态说”和“五形态说”首先是存在论,然后才是认识论的。

人的依赖关系占统治地位的阶段。在经验的意义上,人在劳动中并通过劳动而证成自己:一方面,劳动过程是人的经验存在永恒的自然条件,“它不以人类生活的任何形式为转移,倒不如说,它为人类生活的一切社会形式所共有”②。在这个意义上,劳动是无法被消灭的。另一方面,劳动又是人的生命的确证和表征,人通过劳动使自身生命本质得以展现,潜力得以发挥。马克思说:

> 劳动首先是人和自然之间的过程,是人以自身的活动来引起、调整和控制人和自然之间的物质变换的过程。人自身作为一种自然力与自然物质相对立。为了在对自身有用的形式上占有自然物质,人就使他身上的自然力——臂和腿、头和手运动起来。当他通过这种运动作用于他身外的自然并改变自然时,也就同时改变他自身的自然。他使自身的自然中沉睡着的潜力发挥出来,并且使这种力的活动受他自己控制。③

一切劳动过程的简单要素是:有目的的活动或劳动本身以及劳动对象和劳动资料。前者是劳动的主体要素,后者是劳动的客体要素。人类最初的劳动是从个人占有劳动的客观条件开始的,即:

> 劳动者把自己劳动的客观条件看作自己的财产;这就

---

① 《马克思恩格斯文集》第 2 卷,第 592 页。

② 《马克思恩格斯文集》第 5 卷,第 215 页。

③ 〔德〕马克思:《资本论》第 1 卷,第 202 页。

> 是劳动同劳动的物质前提的天然的统一。因此，劳动者[甚至]不依赖劳动就拥有客观的存在。个人把自己看作所有者，看作自己现实条件的主人。个人看待其他个人也是这样，并且，根据这个前提是从共同体出发，还是从组成公社的各个家庭出发，个人或是把其他个人看作财产共有者即独立的私有者，或是把其他个人看作同自己并存的独立的所有者即独立的私有者，而在这些独立的私有者之外，原来囊括一切和包罗所有人的公共财产本身，则作为特殊的公有地与这些数量众多的土地私有者一起存在。[①]

显然，这是就人类社会早期而言。当时，个人拥有劳动条件的一个主要内容是拥有土地，而拥有土地必须作为原始共同体的一员才是可能的。也就是说：

> 这种把土地当作劳动的个人的财产来看待的关系（因此，个人从一开始就不表现为单纯劳动着的个人，不表现在这种抽象形式中，而是拥有土地财产作为客观的存在方式，这种客观的存在方式是他的活动的前提，并不是他的活动的简单结果，就是说，这和他的皮肤、他的感官一样是他的活动的前提，这些器官在他的生命过程中固然被他再生产着和发展着等等，但毕竟存在于这个再生产过程本身之前），直接要以个人作为某一公社成员的自然形成的、或多或少历史地发展了的和变化了的存在，要以他作为部落等等成员的自然形成的存在为媒介。[②]

因而，“孤立的个人是完全不可能有土地财产的，就像他不可能会说话一样……如果说，个人劳动的客观条件是作为属于他所有的东西而成为前提，那么，在主观方面个人本身作为某一公社的成员就成为前提，他以公社为媒介才发生对土地的关系。他

---

① 《马克思恩格斯全集》第 46 卷上册，第 471 页。

② 《马克思恩格斯全集》第 46 卷上册，第 483 页。

对劳动的客观条件的关系,要以他作为公社成员的身份为媒介"[1]。个人只有作为共同体的一员才可能作为个人而存在,此即"人的依赖关系"。在这种历史条件之下,不管是处在怎样狭隘的民族的、宗教的、政治的规定上,人始终表现为生产的目的,而且人与他自身以外的自然圆融一体。就像马克思所说:"野人在自己的洞穴——这个自由地给他们提供享受和庇护的自然要素——中并不感到陌生,或者说,感到同鱼在水中那样自由。"[2]人对自身关系的这种原始丰富性——人类童年时期的纯真,作为人自身成长过程中一种弥足珍贵的东西,为历史复归提供了某种参照。马克思以一个比喻来说明人类社会早期的某些纯朴本性可以作为历史向其复归的参照:

> 一个成人不能再变成儿童,否则就变得稚气了。但是,儿童的天真不使成人感到愉快吗?他自己不该努力在一个更高的阶梯上把儿童的真实再现出来吗?每一个时代的固有的性格不是纯真地活跃在儿童的天性中吗?为什么历史上的人类童年时代,在它发展得最完美的地方,不该作为永不复返的阶段而显示出永久的魅力呢?[3]

但他同时指出,那种建立于极度蒙昧之上的原始丰富性虽然美好,却不是人类发展的终极指归。因为"在这里,无论个人还是社会,都不能想象会有自由而充分的发展,因为这样的发展是同[个人和社会之间的]原始关系相矛盾的"[4]。马克思只是强调人类的成熟不应伴随婴孩式纯真的丧失,而是在一个更高的阶段上将其再现。黑格尔肯定孩童式天真在精神成长中的可贵,主张人应该通过精神文化的教养,将这种可贵的纯真之性在

---

① 《马克思恩格斯全集》第 46 卷上册,第 483~484 页。
② 〔德〕马克思:《1844 年经济学哲学手稿》,第 129 页。
③ 《马克思恩格斯全集》第 46 卷上册,第 49 页。
④ 《马克思恩格斯全集》第 46 卷上册,第 485 页。

一个更高的历史阶段上加以再现。他说:"婴儿式的天真,无疑地,有其可歆羡和感人之处,只在于促使我们注意,使我们知道这天真谐和的境界,须通过精神的努力才会出现的。在儿童的生活里所看见的谐和乃是自然的赐予,而我们所需返回的谐和应是劳动和精神的教养的收获。"因为"精神不只是直接的素朴的,它本质上包含有曲折的中介的阶段"①。显然,马克思对人类童年之纯真的欣羡依稀留有黑格尔的影子。

独立个人的出现作为历史过程的结果,只有在资本主义私有制之下才是可能的。这一结果是伴随人自身与其劳动的客观条件的分离而出现的。交换是造成这种孤立化的一种主要手段。在交换关系成为人与人之间的普遍关系以后,"社会"变成了外在的"手段",不再作为"目的"而内在于人。这一过程同时是独立的个人或"偶然的个人"的生成过程:

> 个人只是作为交换价值的所有者互相对立,作为各自用自己的产品即商品为对方提供某种物的存在的所有者相互对立。从在流通中发生的社会的物质变换的观点来看,没有这种客体的媒介,他们彼此就不会有任何关系。他们只是物质上彼此为对方存在,这种情况在货币关系中才得到进一步发展,在这种关系中,他们的共同体本身对一切人来说表现为外在的、因而是偶然的东西。通过独立的个人接触而形成的社会联系,对于他们既表现为物的必然性,同时又表现为外在的联系,这一点正好表现出他们的独立性,对于这种独立性来说,社会存在固然是必然性,但只是手段,因此,对个人本身来说表现为某种外在的东西,而在货币形式上甚至表现为某种可以捉摸的东西。他们是作为社会的个人,在社会里生产并为社会而生产,但同时这仅仅表

① 〔德〕黑格尔著,贺麟译:《小逻辑》,第 90 页。

> 现为使他们的个性物化的手段。因为他们既不从属于某一自然发生的共同体,另一方面又不是作为自觉的共同体成员使共同体从属于自己,所以这种共同体必然作为同样是独立的、外在的、偶然的、物的东西同他们这些独立的主体相对立而存在。这正是他们作为独立的私人同时又发生某种社会关系的条件。[①]

交换与分工之间存在内在关联性,分工作为交换的前提而出现。马克思哲学的"分工"概念,作为人的存在分裂的历史形式,根源于人的劳动活动的内在矛盾。首先,由需要和生产构成的劳动体系本身的无限可分解性就使分工的出现成为可能。马克思认为人的需要和动物需要的根本差别在于"已经得到满足的第一个需要本身、满足需要的活动和获得的为满足需要而用的工具又引起新的需要,而这种新的需要的产生是第一个历史活动"[②]。就是这种新的需要把人和动物真正区别开来,因为动物在本身的自然需要得以满足之后便不再有新的需要,而人的自我意识则使新的需要不断衍生出来,而且这些新的需要无不打着人的价值祈向的烙印。新的需要的衍生造就新的生产,而这意味着分工的可能且只有通过分工才能实现:"由于生产效率的提高,需要的增长以及作为二者基础的人口的增多,这种绵羊意识或部落意识获得了进一步的发展和提高。与此同时分工也发展起来。"[③]即使在共产主义社会,不同生产领域、不同生产部门之间的分工依然存在,不过已经不是人们被迫地、奴隶般服从的分工而已。其次,由于人的劳动活动一开始就是社会性活动,而社会性活动离不开不同个人之间的"联合"[④],而联合"本身则

---

① 《马克思恩格斯全集》第46卷下册,第469～470页。

② 〔德〕马克思、恩格斯:《德意志意识形态》(节选本),第23页。

③ 〔德〕马克思、恩格斯:《德意志意识形态》(节选本),第26页。

④ 〔德〕马克思、恩格斯:《德意志意识形态》(节选本),第66页。

意味着合作者在其合作过程中的必要的‘分工’”①。事实确实如此，劳动活动的展开只有在分工的基础上并依靠分工才能进行。在经历了自发形成的分工和社会形成的分工，直至精神劳动和物质劳动最终分离之后才正式确证人的肉体存在和精神存在的最终分裂。它起初“只是性行为方面的分工，后来是由于天赋(例如体力)、需要、偶然性等等才自发地或‘自然地’形成的分工”②。恩格斯所谓“三次大分工”，即游牧部落从其余的野蛮人群中分离出来、手工业和农业的分离以及商业与农业手工业的分离已经具有真正的社会分工的意义了，因为它是以人类生产能力的极大提高，即剩余产品的出现为前提的。此后，伴随分工愈益细密和精微，人的多方面特长得以发展，从而使分工成为迄今为止历史发展的主要动力之一。私有制、阶级、国家的出现无不是分工包含着的一系列矛盾生长的结果。一方面人的发展曾经需要分工，另一方面旧式分工又因成为人的发展障碍而丧失其存在理由。马克思认为：

> 我们越往前追溯历史，个人，从而也是进行生产的个人，就越表现为不独立，从属于一个较大的整体；最初还是十分自然地在家庭和扩大成为氏族的家庭中；后来是在由氏族间的冲突和融合而产生的各种形式的公社中。只有到18世纪，在“市民社会”中，社会联系的各种形式，对个人说来，才只是表现为达到他私人目的的手段，才表现为外在的必然性。但是，产生这种孤立个人的观点的时代，正是具有迄今为止最发达的社会关系(从这种观点看来是一般关系)的时代。③

建立在分工、交换、私有制发展基础上的独立个人是伴随

① 黄克剑：《人韵——一种对马克思的解读》，第347页。

② 〔德〕马克思、恩格斯：《德意志意识形态》(节选本)，第26页。

③ 《马克思恩格斯全集》第46卷上册，第21页。

“市民社会”的形成而出现的。这一过程的双重后果是:一方面人空前地物化了。就独立的个人来说,他的劳动的对象化产物——财富,表现为与他自身相异化的结果:

> 通过劳动本身,客观的财富世界作为与劳动相对立的异己的权力越来越扩大,并且获得越来越广泛和越来越完善的存在,因此相对地来说,活劳动能力的贫穷的主体,同已经创造出来的价值即创造价值的现实条件相比较,形成越来越鲜明的对照。劳动本身越是客体化,作为他人的世界,作为他人的财产而同劳动相对立的客观价值世界就越来越扩大。劳动本身通过创造剩余资本而迫使自己不得不一再地去创造新的剩余资本,等等。①

另一方面,这一物化的过程同时就是社会生产力迅猛发展,从而为人再度成为他自己准备条件的过程。没有这个漫长的历史阶段,不经历异化的痛苦,个人自由而全面的发展就只能是一种空想。

(3)个人的以自己劳动为基础的私有制—资本主义私有制—在协作和对土地及靠劳动本身生产的生产资料的共同占有的基础上的个人所有制。这一“三段式”在《资本论》第1卷中得到完整表达:

> 从资本主义生产方式产生的资本主义占有方式,从而资本主义的私有制,是对个人的、以自己劳动为基础的私有制的第一个否定。但资本主义生产由于自然过程的必然性,造成了对自身的否定。这是否定的否定。这种否定不是重新建立私有制,而是在资本主义时代的成就的基础上,也就是说,在协作和对土地及靠劳动本身生产的生产资料的共同占有的基础上,重新建立个人所有制。②

---

① 《马克思恩格斯全集》第46卷上册,第452页。

② 《马克思恩格斯文集》第5卷,第874页。

“以自己劳动为基础的私有制”即“人的依赖关系占统治地位”的阶段；“资本主义私有制”对应“以物的依赖关系为基础的人的独立性的阶段”；而“在协作和对土地及靠劳动本身生产的生产资料的共同占有的基础上的个人所有制”则大致相当于“建立在个人全面发展和他们的共同的社会生产能力成为他们的社会财富这一基础上的自由个性阶段”。两个“三段式”是基于不同划分标准的结果。前者基于人的发展，后者则以所有制形式为着眼点。二者内在地统一于人的存在。

首先，所有制形式的变革是“历史”的自我展开，即“现实的个人”活动的结果。马克思说：

> 历史什么事情也没有做，它“并不拥有任何无穷无尽的丰富性”，它没有“在任何战斗中作战”！创造这一切、拥有这一切并为这一切而斗争的，不是“历史”，而正是人，现实的、活生生的人。“历史”并不是把人当作达到自己目的的工具来利用的某种特殊的人格。历史不过是追求着自己目的的人的活动而已。①

在这个意义上，“现实的个人”具有“剧作者”和“剧中人”的双重身份。马克思指出，在蒲鲁东那里，“剧中人”和“剧作者”之所以割裂开来，其症结在于蒲鲁东从所谓永恒原理出发的做法，错失了现实的、世俗的历史：

> 如果为了顾全原理和历史我们再进一步自问一下，为什么该原理出现在11世纪或者18世纪，而不出现在其他某一世纪，我们就必然要仔细研究一下：11世纪的人们是怎样的，18世纪的人们是怎样的，他们各自的需要、他们的生产力、生产方式以及生产中使用的原料是怎样的；最后，由这一切生存条件所产生的人与人之间的关系是怎样的。

① 《马克思恩格斯全集》第2卷，人民出版社1957年版，第118～119页。

> 难道探讨这一切问题不就是研究每个世纪中人们的现实的、世俗的历史,不就是把这些人既当成他们本身的历史剧的剧作者又当成剧中人物吗?但是,只要你们把人们当成他们本身历史的剧中人物和剧作者,你们就是迂回曲折地回到真正的出发点,因为你们抛弃了最初作为出发点的永恒的原理。①

由此看来,"所有制"变革的"三段式"既不意味着马克思哲学的"无人身"性质,也不意味着其"经济决定论"的论调。

其次,资本主义私有制只是"暂时的必然性",而非"永恒的必然性"。资本主义私有制的历史使命就是发展生产力,为个人自由而全面的发展创造条件。一旦做到了这一点,它也就为埋葬自身准备了所有条件。资本主义的辩证法就是这样:它的存在的现实性的实现,同时也是其现实性的丧失。也只有在这个意义上,资本才是值得肯定的。马克思特别指出:"有人责难他(指李嘉图——引者注),说他在考察资本主义时不注意'人',只看到生产力的发展,而不管这种发展以人和资本价值的多大牺牲为代价。这正好是他的学说中的重要之处。发展社会劳动的生产力,是资本的历史任务和存在理由。"②一旦资本完成了这个使命,它自身的存在也就丧失了本己的根据。当股份公司出现以后,资本本身的存在危机日益暴露,资本主义私有制本身无法解决的矛盾变得更为突出,它甚至使资本家的存在成为多余。这是由于股份公司的发展以及监督和指挥的劳动的充分发展所造成的。一方面,"(股份公司的成立)使:1. 生产规模惊人地扩大了,个别资本不可能建立的企业出现了。同时,以前曾经是政府企业的那些企业变成了社会的企业。2. 那种本身建立在社会生产方式的基础上并以生产资料和劳动力的社会集中为前提的

① 《马克思恩格斯文集》第1卷,第607～608页。
② 《马克思恩格斯文集》第7卷,第288页。

资本，在这里直接取得了社会资本(即那些直接联合起来的个人的资本)的形式，而与私人资本相对立，并且它的企业也表现为社会企业，而与私人企业相对立。这是作为私人财产的资本在资本主义生产方式本身范围内的扬弃"[①]；另一方面，监督和指挥的劳动虽然为一切以阶级对立为基础的生产方式所共有，但没有哪一个社会能像资本主义社会那样使那种完全同资本所有权分开的指挥劳动比比皆是。这种指挥劳动在股份公司制下由经理担任这一事实，就使资本家作为生产上的管理人员的存在成为多余。资本主义生产方式在自身内的这种扬弃，显然表现为通往一种新的生产形式的单纯过渡点，即向个人共同占有社会财富的公有制过渡的趋向。资本主义私有制自身更为深刻的矛盾在于："资本在具有无限度地提高生产力趋势的同时，又在怎样程度上使主要生产力，即人本身片面化，受到限制等等……"[②]国民经济学家从资本主义私有制本身出发，虽然也能意识到生产方式本身的某些矛盾，但他们始终无法突破"抽象的人"的视野，而从历史的人的存在出发来考察资本主义私有制的历史性和暂时性，从而陷入关于"历史"的抽象而外在的理解之中。

再次，审视"历史"的双重尺度——历史尺度和价值尺度的确立。在马克思那里，历史尺度具有终极根本性，是价值尺度的基础；价值尺度统一于历史尺度，并为历史尺度提供价值趋向。马克思一方面揭示资本的残酷性和血腥性；另一方面又肯定这个不自觉地充当历史工具的资本，对于历史发展所起的巨大作用。比如，对于英国殖民统治给印度社会带来的巨大灾难，他指出：

> 从人的感情上来说，亲眼看到这无数辛勤经营的宗法

① 《马克思恩格斯文集》第7卷，第494～495页。

② 《马克思恩格斯全集》第46卷上册，第410页。

> 制的祥和无害的社会组织一个个土崩瓦解,被投入苦海,亲眼看到它们的每个成员既丧失自己的古老形式的文明又丧失祖传的谋生手段,是会感到难过的;但是我们不应该忘记,这些田园风味的农村公社不管看起来怎样祥和无害,却始终是东方专制制度的牢固基础,它们使人的头脑局限在极小的范围内,成为迷信的驯服工具,成为传统规则的奴隶,表现不出任何伟大的作为和历史首创精神。……的确,英国在印度斯坦造成社会革命完全是受极卑鄙的利益所驱使,而且谋取这些利益的方式也很愚蠢。但是问题不在这里。问题在于,如果亚洲的社会状态没有一个根本的革命,人类能不能实现自己的使命?如果不能,那么,英国不管犯了多少罪行,它造成这个革命毕竟是充当了历史的不自觉的工具。①

历史作为人的存在的展开,不得不经历"否定"阶段。只有通过"否定"并在"否定"中,历史才能通达澄明之境。资本主义作为历史展开自身的特定阶段,就其造成人的空前异化而言是"恶"。作为通达自由的中介,异化是人不得不承担的命运。没有这种"恶",自由就是一句空话。因而它也可以在另一种意义上被理解为"善"。就审视历史而言,单纯的历史尺度意味人在历史中迷失的可能;而单纯的价值尺度则必然陷于对历史单纯的道德谴责。启蒙思想家对"理性王国"的困惑以及浪漫主义的悲观情结,就是割裂历史尺度和价值尺度的结果。对于英国殖民统治的后果,马克思显然没有停留于单纯的道德谴责,而是严肃而庄重地将历史本身的厚重加以彰显:在谴责英国给印度造成巨大灾难的同时,又肯定其对印度社会发展的历史意义。因而,"英国无论干了多少罪行,它造成的这个革命毕竟是充当了历史的

① 《马克思恩格斯文集》第2卷,第682~683页。

不自觉的工具”。历史尺度和价值尺度的有机统一，使马克思同时超越了理性主义和浪漫主义。总之，人的存在的辩证运动呈现以下特点：

一是自由是人的存在的辩证法之终极指归。

首先，在马克思那里，自由就是“由自”，意指人摆脱了各种偶然的、外在的关系的制约而自我主宰。也就是说，个人打破性别、职业和旧式分工的限制，不再从事以谋生为目的的劳动，从而可以自由地凭其兴趣和爱好从事自己的事业。马克思在描述的意义上给出了这种自由的境界：

> 在共产主义社会里，任何人都没有特殊的活动范围，而是都可以在任何部门内发展，社会调节着整个生产，因而使我有可能随自己的兴趣今天干这事，明天干那事，上午打猎，下午捕鱼，傍晚从事畜牧，晚饭后从事批判，这样就不会使我老是一个猎人、渔夫、牧人或批判者。①

其次，自由在历史中并通过历史得以实现，这是一个极其漫长的过程，即：

> 共产主义和所有过去的运动不同的地方在于：它推翻一切旧的生产关系和交往关系的基础，并且第一次自觉地把一切自发形成的前提看作是前人的创造，消除这些前提的自发性，使它们受联合起来的个人的支配。因此，建立共产主义实质上具有经济的性质，这就是为这种联合创造各种物质条件，把现存的条件变成联合的条件。共产主义所造成的存在状况，正是这样一种现实的基础，它使一切不依赖于个人而存在的状况不可能发生，因为这种存在状况只不过是各个人之间迄今为止的交往的产物。这样，共产主义者实际上把迄今为止的生产和交往所产生的条件看作无

① 〔德〕马克思、恩格斯：《德意志意识形态》(节选本)，第29页。

> 机的条件。然而,他们并不以为过去世世代代的意向和使命就是给他们提供资料,也不认为这些条件对于创造它们的个人来说是无机的。①

自由通过改变世界而获致。这超越了宗教的、审美的以及认识论层面的“自由”,凸显了马克思哲学“改变世界”的理论品格。

二是异化是人的感性存在无法逃脱的命运。

就异化而言,马克思无疑受到黑格尔的极大影响,但哲学原初出发点的根本差异又使他们的异化思想迥然不同。前者发生在人的存在的真实历史中,而后者仅仅发生在思想中。

人的感性对象存在预示着人类异化的可能。分工、交换和私有制的发展,又使劳动的异化成为必然。然而,异化并非历史的“迷误”,而是人的存在的展现不得不经受的命运。而且,人是能够承担这种命运的存在,犹如一个新生命的诞生必须以其母亲的痛苦分娩为代价。显然,将异化的罪责归结于资本和资本的人格化——资本家身上,并非马克思的致思理路。马克思秉持历史尺度与价值尺度相统一的原则来看待人类的异化。他一方面揭露资本的血腥性,“要使资本主义生产方式的‘永恒的自然规律’充分表现出来,要完成劳动者同劳动条件的分离过程,要在一极使社会的生产资料和生活资料转化为资本,在另一极使人民群众转化为雇佣工人,转化为自由的‘劳动贫民’这一现代历史的杰作,就需要经受这种苦难。如果按照奥日埃的说法,货币‘来到世间,在一边脸上带着天生的血斑’,那么,资本来到世间,从头到脚,每个毛孔都滴着血和肮脏的东西”②;另一方面他更为深刻地指出,作为资本人格化的资本家个人,只是一定的阶级关系和利益的承担者,是不应该为这一切负责的。资本家自己也充当了历史的不自觉的工具,“资本家只有作为人格化的

① 〔德〕马克思、恩格斯:《德意志意识形态》(节选本),第66～67页。

② 《马克思恩格斯文集》第5卷,第870～871页。

资本，他才有历史的价值……也只有这样，他本身的暂时必然性才包含在资本主义生产方式的暂时必然性中。但既然这样，他的动机，也就不是使用价值和享受，而是交换价值和交换价值的增殖了。作为价值增殖的狂热追求者，他肆无忌惮地迫使人类去为生产而生产，从而去发展社会生产力，去创造生产的物质条件；而只有这样的条件，才能为一个更高级的、以每一个个人的全面而自由的发展为基本原则的社会形式建立现实基础。只有作为资本的人格化，资本家才受到尊敬”①。对于作为“类”的资本家——资产阶级在历史中的作用，马克思给予充分肯定：

> 资产阶级在历史上曾经起过非常革命的作用……资产阶级揭示了，在中世纪深受反动派称许的那种人力的野蛮使用，是以极端怠惰作为相应补充的。它第一个证明了，人的活动能够取得什么样的成就。它创造了完全不同于埃及金字塔、罗马水道和哥特式教堂的奇迹；它完成了完全不同于民族大迁徙和十字军征讨的远征……资产阶级在它的不到一百年的阶级统治中所创造的生产力，比过去一切世代创造的全部生产力还要多，还要大。自然力的征服，机器的采用，化学在工业和农业中的应用，轮船的行驶，铁路的通行，电报的使用，整个整个大陆的开垦，河川的通航，仿佛用法术从地下呼唤出来的大量人口——过去哪一个世纪料想到在社会劳动里蕴藏有这样的生产力呢？②

既充分肯定资产阶级的历史作用，又对其起作用的方式予以无情揭露和批判，这正是“人的存在的现象学”特有的视野。

海德格尔也深刻洞察了人的生存异化，将其表达为“存在者切近的远去”。他说：

> 人类在最短的时间内走过了最漫长的路程。人类把最

① 《马克思恩格斯文集》第 5 卷，第 683 页。

② 《马克思恩格斯文集》第 2 卷，第 33、34、36 页。

> 大的距离抛在后面,从而以最小的距离把一切都带到自己面前。不过,这种对一切距离的匆忙消除并不带来任何切近;因为切近并不在于距离的微小。在路程上离我们最近的东西,通过电影的图像,通过收音机的声响,也可能离我们最远。在路程上十分疏远的东西,也可能离我们最近。小的距离并不就是切近。大的距离也还不是疏远……令人惊恐者就是那个东西,它使一切存在者从它原先的本质中脱离出来。这个令人惊恐者是什么呢?它以万物如何在场的方式自行显示并且自行遮蔽,也即以这样的方式:尽管有种种对距离的克服,存在者的切近却仍然杳无影踪。[①]

海德格尔相信异化乃"此在"的命运,它是技术作为一种存在的解蔽方式的结果。在他看来,技术带来的异化原本是可以避免的,即通过保持"物之为物",而不是"一味地去追逐、推动那种在订造中被解蔽的东西,并且从那里采取一切尺度"[②]。然而,既然人已经走到了一种可能性的边缘,即异化的边缘,那就只能等待拯救了。谁来担当此任呢?海德格尔诉诸一种虔诚的相信:"但哪里有危险,哪里也生救渡。"[③]

这种态度昭示着一种"神学关怀",它根源于对未来一厢情愿的圣徒式浪漫主义的憧憬。正是在这里,马克思表现出超越海德格尔的地方:在历史中追寻异化的根源及扬弃的道路。

三是"经济关系"作为"普照的光",较其他关系具有优先地位。

马克思在《政治经济学批判》导言中指出:"在一切社会形式中都有一种一定的生产决定其他一切生产的地位和影响。这是一种普照的光,它掩盖了一切其他色彩,改变着它们的特点。这

---

① 〔德〕海德格尔,孙周兴译:《演讲与论文集》,第172、173页。
② 〔德〕海德格尔,孙周兴译:《演讲与论文集》,第25页。
③ 〔德〕海德格尔,孙周兴译:《演讲与论文集》,第28页。

是一种特殊的以太，它决定着它里面显露出来的一切存在的比重。”[①]作为历史的世俗基础，物质资料生产决定了这种“普照的光”“特殊的以太”是一切社会变革的基础。然而，经济关系对人的存在的优先性决不意味马克思是“经济决定论”者。实际上，就人的存在的终极意义而言，马克思哲学中具有一贯优先性的是人的“自由”。马克思终生的追问、探索和寻求都致力于解决这一问题。他从不曾是一个“经济决定论者”，反倒是“经济决定论者”的坚决批判者。马克思哲学（经济学在马克思的学说中并不具有独立的意义，它只是人的存在的现象学内在而不可或缺的一环）始终彰显着独特的人本主义视野。“经济决定论”乃是抽象而知性地理解历史的结果。

马克思使用了一种独特的方法——“人体解剖对于猴体解剖是一把钥匙”，来透视“普照的光”。他并未像历史学家那样按部就班地遵循人类历史的时间顺序进行研究，而是直接从资本主义私有制开始，通过资本主义私有制来透视一切已经覆灭的社会形式的结构和生产关系，并预言未来社会可能的趋势和形式，即：

> 资产阶级社会是最发达的和最多样的历史的生产组织。因此，那些表现它的各种关系的范畴以及对于它的结构的理解，同时也能使我们透视一切已经覆灭的社会形式的结构和生产关系。资产阶级社会借这些社会形式的残片和因素建立起来，其中一部分是还未克服的遗物，继续在这里存留着，一部分原来只是征兆的东西，发展到具有充分意义，等等。人体解剖对于猴体解剖是一把钥匙。反过来说，低等动物身上表露的高等动物的征兆，只有在高等动物本身已被认识之后才能理解。因此，资产阶级经济为古代经

① 《马克思恩格斯全集》第46卷上册，第44页。

济等等提供了钥匙。[①]

这表现出马克思超越那个时代任何历史学家的远见卓识。

四、经济学:"人的存在的现象学"的历史叙事

长期以来,马克思主义被人为地割裂为三块:马克思主义哲学、马克思主义政治经济学以及科学社会主义。三者之间因缺乏一以贯之的联系而彼此孤立。这种划分一度牢牢占据马克思主义研究的阵地。学科归属对于准确把握马克思思想无疑具有重大意义。何中华教授的研究得出的结论是:马克思思想总体上是一种哲学,而不是其他学科。这既是由马克思思想的人的存在的现象学性质所决定的,也是由马克思思想固有的批判立场所内在地要求的;马克思主义就是广义的马克思主义哲学,马克思主义哲学就是狭义的马克思主义。[②] 上述见解的启示性在于,哲学革命将伴随一种新的视野之开启而到来,它是视野转换的必然要求。

显然,马克思主义是"一块整钢"。马克思一生学术领域的不断转换,即由哲学到经济学,再到人类学和社会学等的转换,并不能给相反的看法提供任何根据。它只能说明人的存在的现象学建构不得不涉及以上学科。

(一)经济学作为"人的存在的现象学"不可或缺的环节

马克思转向经济学研究的原因究竟是什么?这一问题如果不从"人的存在的现象学"内在地引出,那么各种各样的答案都将因外在于问题而不着边际。

---

① 《马克思恩格斯全集》第46卷上册,第43页。

② 参见何中华:《马克思主义哲学与现时代》,《山东大学学报(哲学社会科学版)》2004年第5期。

据马克思自己的说法，他转向经济学研究的最初动因是关于自由贸易和保护关税的辩论。同时，和《奥格斯堡总汇报》的一次争论，使马克思认识到自己经济学修养的匮乏，于是转而从社会退回到书房。对黑格尔法哲学的批判性分析使他认识到："法的关系正像国家的形式一样，既不能从它们本身来理解，也不能从所谓人类精神的一般发展来理解，相反，它们根源于物质的生活关系，这种物质的生活关系的总和，黑格尔按照 18 世纪的英国人和法国人的先例，概括为'市民社会'，而对市民社会的解剖应该到政治经济学中去寻求。"①

毫无疑问，马克思的贡献并不仅仅在于发现了"历史不过是追求着自己目的的人的活动而已"（几乎与他同时代的狄尔泰等人也已提出类似的说法），更为重要的是他第一次发现了人类历史的世俗基础——物质资料生产，从而为揭开"历史之谜"找到了恰当的入口。物质资料生产不仅是使历史成为可能的东西，而且就是历史本身。马克思说道：

> 我们首先应当确定一切人类生存的第一个前提，也就是一切历史的第一个前提，这个前提是：人们为了能够"创造历史"，必须能够生活。但是为了生活，首先就需要吃喝住穿以及其他一些东西。因此第一个历史活动就是生产满足这些需求的资料，即生产物质生活本身，而且，这是人们从几千年前直到今天单是为了维持生活就必须每日每时从事的历史活动，是一切历史的基本条件。因此任何历史观的第一件事情就是必需注意上述基本事实的全部意义和全部范围，并给予应有的重视。大家知道，德国人从来没有这样做过，所以他们从来没有为历史提供世俗基础，因而也从未拥有过一个历史学家。②

① 《马克思恩格斯文集》第 2 卷，第 591 页。
② 《马克思恩格斯文集》第 1 卷，第 531 页。

物质资料生产本身作为历史的世俗基础就是历史这一事实,刚好可以说明马克思转向经济学研究并非出于偶然,而是人的存在的现象学的内在要求,即“始终必须把‘人类的历史’同工业和交换的历史联系起来研究和探讨”[①]。在经验的意义上,物质资料生产对于人的存在具有永恒的意义,但是这种生产本身却是一个具有历史性的事件。人们生产什么、怎么生产,在每一个时代都表现出特有的内容。德国古典哲学无视人的存在的世俗基础的历史观,遭到马克思的无情批判:

> 这样的历史在德国是写不出来的,这也是很明显的,因为对于德国人来说,要做到这一点不仅缺乏理解能力和材料,而且还缺乏“感性确定性”;而在莱茵河彼岸之所以不可能有关于这类事情的任何经验,是因为那里再没有什么历史。由此可见,人们之间一开始就有一种物质的联系。这种联系是由需要和生产方式决定的,它和人本身有同样长久的历史;这种联系不断采取新的形式,因而就表现为“历史”,它不需要用任何政治的或宗教的呓语特意把人们维系在一起。[②]

市民社会作为物质资料生产发展的一定历史阶段的产物,其秘密就在政治经济学中。因而,经济学作为“人的存在的现象学”的历史叙事,构成马克思哲学展开自身不可或缺的一环。

(二)马克思经济学的人本主义性质

马克思经济学并非单纯意义上的经济学,而是作为“人的存在的现象学”不可或缺的一环。因而,它既不同于古典经济学与庸俗经济学对人的存在的冷漠和无动于衷,也不同于蒲鲁东幼稚的拯救情怀。马克思怀着对人的存在的深沉肯认和终极关

---

① 《马克思恩格斯文集》第1卷,第533页。

② 《马克思恩格斯文集》第1卷,第533页。

照，以一种庄重而严肃的历史主义态度来规定和分析经济学领域的各个范畴。

1. 经济学“属人”性的内在之源

在《资本论》第一版序言中，马克思说道：

> 一个国家应该而且可以向其他国家学习。一个社会即使探索到了本身运动的自然规律——本书的最终目的就是揭示现代社会的经济运动规律，——它还是既不能跳过也不能用法令取消自然的发展阶段。但是它能缩短和减轻分娩的痛苦。
>
> 为了避免可能产生的误解，要说明一下。我决不用玫瑰色描绘资本家和地主的面貌。不过这里涉及的人，只是经济范畴的人格化，是一定的阶级关系和利益的承担者。我的观点是把经济的社会形态的发展理解为一种自然史的过程。不管个人在主观上怎样超脱各种关系，他在社会意义上总是这些关系的产物。同其他任何观点比起来，我的观点是更不能要个人对这些关系负责的。①

“缩短和减轻分娩的痛苦”彰显了马克思哲学特有的人本主义性质。在此，有必要对人本主义作一辨析。任何形式的“人本主义”必然包含一个对“人的本质”的理解。这是由人本主义视“人”为“第一原则”所决定的。海德格尔在《关于人道主义的书信》中批判了形而上学人本主义致思模式。他指出：“每一种人道主义（不包括海德格尔自己的人道主义——引者注）或者建基于一种形而上学中，或者它本身就成了这样一种形而上学的根据。对人之本质的任何一种规定都已经以那种对存在之真理不加追问的存在者解释为前提……”②“第一个人道主义，即罗马的人道主义，以及此后直到当代出现的一切种类的人道主义，都

① 《马克思恩格斯文集》第5卷，第9～10页。

② 〔德〕海德格尔，孙周兴译：《路标》，第376～377页。

把人的最普遍的'本质'假定为不言自明的。"[1]海德格尔特别声明:他对形而上学人道主义的批判并不意味自己走向人道的反面——非人道,而在于强调他的人道主义有着不同于形而上学人道主义的致思理路,即对人的本质是绽出之生存的先行澄明。这是人道主义之道说的前提和关键所在。他说:

> 人在其本己本质中向着存在而在场的方式,就是绽出地内立于存在之真理中。这一对人之本质的规定并没有宣布把人解释为 animal rationale[理性的动物]、'人格'、精神——灵魂——肉体的生物的做法是错误的,也没有摒弃这些做法。毋宁说,唯一的想法倒是:对人之本质的最高的人道主义规定尚未经验到人的本真尊严。[2]

海德格尔人道主义为马克思哲学中人的存在的敞开提供了难得的启示。"自然""社会"作为人的感性对象性活动的生成和敞开,就是马克思超越形而上学人道主义之根基的确证和表征。马克思并非首先将"人"的本质规定为一种未经澄明的属性,比如人是理性的动物,而是通过先行澄明人的存在方式——"实践",来规定人之为人。为了凸显人的自由和尊严,他提出"人是人的最高本质"和"自由的有意识的活动是人的类特性"的命题。前者的确脱不掉形而上学性的嫌疑,因为当时(1843 年)马克思还没有对人的存在方式——感性对象性活动作出明确阐释。后者则伴随"人的感性对象性存在"的澄明一道而来,它无疑已经决定性地离开形而上学的地基了。就此而言,"人的存在的现象学"是真正的人本主义。这决定了经济学作为人的存在展现的重要环节——"人的存在的现象学"的历史叙事,必然带有人本主义属性。一种新视野的敞开不得不借助旧哲学的语言和形式,这是哲学史上常有的事。就马克思哲学革命来说,关键是看

---

① 〔德〕海德格尔,孙周兴译:《路标》,第 377 页。

② 〔德〕海德格尔,孙周兴译:《路标》,第 388 页。

它开启了一种怎样的视野，而不是看它是否仍然使用着近代的语言。

2.经济学的人本主义性质的体现

第一，马克思经济学对人的存在的终极关注。马克思转向经济学研究的最初动因，在于找到人的存在的异化根源及其扬弃之路。人是自由的存在物。劳动作为人的生命的确证，何以成为对生命的压抑和摧残？人类能否避免异化的苦难？如何扬弃异化通达自由？这些追问含聚着崇高的救世情结。马克思要从人的存在本身来论证资本主义的历史性和暂时性，从而重新挺立起“自由”的价值祈向。

首先，将经济学中物的关系归结为人的关系。

马克思经济学研究是从资本主义社会的细胞——商品开始的。然而，这个表现为物的东西的背后却隐藏着人与人之间最隐秘的联系：

> 商品形式在人们面前把人们本身劳动的社会性质反映成劳动产品本身的物的性质，反映成这些物的天然的社会属性，从而把生产者同总劳动的社会关系反映成存在于生产者之外的物与物之间的社会关系。由于这种转换，劳动产品成了商品，成了可感觉而又超感觉的物或社会的物……商品形式和它借以得到表现的劳动产品的价值关系，是同劳动产品的物理性质以及由此产生的物的关系完全无关的。这只是人们自己的一定的社会关系，但它在人们面前采取了物与物的关系的虚幻形式。[①]

这个伟大发现是通过揭示生产商品的劳动二重性，即具体劳动和抽象劳动来实现的。马克思说：“商品中包含的劳动的这种二重性，是首先由我批判地证明了的。这一点是理解政治经

---

① 《马克思恩格斯文集》第5卷，第89～90页。

济学的枢纽。”[①]恩格斯对此给予高度评价。他说:

> 政治经济学从商品开始,即从产品由个别人或原始公社相互交换的时刻开始。进入交换的产品是商品。但是它成为商品,只是因为在这个物中、在这个产品中结合着两个人或两个公社之间的关系,即生产者和消费者之间的关系,在这里,两者已经不再结合在同一个人身上了。在这里我们立即得到一个贯穿着整个经济学并在资产阶级经济学家头脑中引起过可怕混乱的特殊事实的例子,这个事实就是:经济学研究的不是物,而是人与人之间的关系,归根到底是阶级和阶级之间的关系;可是这些关系总是同物结合着,并且作为物而出现。[②]

人本主义性质是马克思经济学所特有的品格。资本家和工人是作为经济范畴的人格化化身而存在的。古典经济学与马克思经济学对此并无分歧。然而,后者胜过前者之处在于,它首先将工人和资本家作为具体的、历史的个人来看待,因而必然要对资本家和工人成为经济范畴的人格化这一事实作出历史的考察,并在历史中找到扬弃它的条件。如果说《1844 年经济学哲学手稿》体现了某种不成熟,那么,没有把资本家当作经济范畴的人格化来看待就是其表现。因而,它对资本主义私有制的批判还带有某种程度的道德谴责的印记。1857～1858 经济学手稿则完全以成熟的历史主义视野来解剖资本主义社会了。国民经济学却无法做到这一点,它只能“把无产者即既无资本又无地租,全靠劳动而且是靠片面的、抽象的劳动为生的人,仅仅当作工人来考察。因此,它可以提出这样一个论点:工人完全像每一匹马一样,只应得到维持劳动所必须的东西。国民经济学不考察不劳动时的工人,不把工人作为人来考察,却把这种考察交给

---

① 〔德〕马克思:《资本论》第 1 卷,第 55 页。

② 《马克思恩格斯文集》第 2 卷,第 604 页。

刑事司法、医生、宗教、统计表、政治和乞丐管理人去做”①。正是在这里，马克思从根本上超越了国民经济学。

“劳动”是马克思经济学的基础概念。如果说 1845 年之前马克思主要是从哲学角度，即人本主义逻辑来谈论劳动及其异化，那么 19 世纪 50 年代以后的经济学研究并没有抛开这一概念，而是继续将其作为整个政治经济学大厦的基石。不同的是，经济学对劳动的考察是在市民社会的具体历史中进行的。

其次，个人自由而全面的发展是马克思经济学的归宿。

为物的虚幻形式所掩盖的人的关系是马克思经济学研究的对象。问题在于，只有当“自由”从人的存在中得到内在澄清之后，经济学的归宿才是可理解的。马克思对自由的认识，经历了由渴望和虔信到理性把握的转变：先是通过对基督的爱表达对自由的向往，之后转而从伊壁鸠鲁的原子偏斜理论中寻找自由的根据——自此开始走上解决这一问题的哲学之路。然而问题的真正解决却是在对“现实的个人”的存在方式作出哲学上的彻底澄清之后。从此，自由就无需借助外在的东西加以确认，而是内在于向未来敞开着的人的存在本身之中了。市民社会时期，现实的个人在遭遇无以复加的异化的同时，也在准备着扬弃异化的历史条件。当股份公司出现以后，现存的生产力和交往表现出消灭分工和私有制的日趋成熟的历史条件。因而马克思再次重申 1845 年的主张：

> 要消灭关系对个人的独立化、个性对偶然性的屈从、个人的私人关系对共同的阶级关系的屈从等等，归根到底都取决于分工的消灭。我们也曾指出，分工的消灭取决于交往和生产力的发展达到这样普遍的程度，以致私有制和分工变成了它们发展的桎梏。我们还曾指出，私有制只有在

① 〔德〕马克思：《1844 年经济学哲学手稿》，第 14 页。

> 个人得到全面发展的条件下才能消灭，因为现存的交往和现存的生产力是全面的，而只有全面发展的个人才可能占有它们，即把它们变成这些个人生活的自由活动。我们也曾指出，现代的个人必须消灭私有制，因为生产力和交往形式已经发展到这样的程度，以致它们在私有制的统治下竟成了破坏的力量，还因为阶级对立已登峰造极。最后，我们曾指出，私有制和分工的消灭同时也就是个人在现代生产力和世界交往所建立的基础上的联合。①

黑格尔认为无中介的自由并非真自由。马克思无疑继承了这一现象学方法，认为自由的实现必须通过私有制的中介。这样一来，就从哲学上解决了经济学的归宿。因而，马克思经济学与哲学之间并不存在断裂，经济学归根结底属于哲学——人的存在的现象学。国民经济学自觉或不自觉地为资本主义的永恒存在做辩护，则是从“抽象的人”出发的必然结果。如果说它曾经是科学的，“那就只有在阶级斗争处于潜伏状态或只是在个别的现象上表现出来的时候，它（国民经济学——引者注）还能够是科学的”②。马克思进而断言：“德国社会特殊的历史发展，排除了‘资产阶级’经济学在德国取得任何独创的成就的可能性，但是没有排除对它进行批判的可能性。就这种批判代表一个阶级而论，它能代表的只是这样一个阶级，这个阶级的历史使命是推翻资本主义生产方式和最后消灭阶级。这个阶级就是无产阶级。”③

第二，辩证法作为经济学研究的方法。在《资本论》（第1卷）第二版跋中，马克思说道：

> 人们对《资本论》中应用的方法理解得很差，这已经由对这一方法的各种相互矛盾的评论所证明。

① 〔德〕马克思、恩格斯：《德意志意识形态》（节选本），第99～100页。
② 《马克思恩格斯文集》第5卷，第16页。
③ 《马克思恩格斯文集》第5卷，第18页。

> 巴黎的《实证论者评论》一方面责备我形而上学地研究经济学，另一方面责备我——你们猜猜看！——只限于批判地分析既成的事实，而没有为未来的食堂开出调味单（孔德主义的吗？）[①]。

马克思另外指出：

> 彼得堡的《欧洲通报》在一篇专谈《资本论》的方法的文章（1872 年 5 月号 427～436 页）中，认为我的研究方法是严格实在论的，而叙述方法不幸是德国辩证法的。作者写道：“如果从外表的叙述形式来判断，那么最初看来，马克思是最大的唯心主义哲学家，而且是德国的极坏的唯心主义哲学家。而实际上，在经济学的批判方面，他是他的所有前辈都无法比拟的实在论者……决不能把他称为唯心主义者。”[②]

马克思回应道：“这位作者先生把他称为我的实际方法的东西描述得这样恰当，并且在谈到我个人对这种方法的运用时又抱着这样的好感，那他所描述的不正是辩证方法吗？”[③]

在自身发展历程中，辩证法经历了由认识论到存在论的转向。在这一过程中，亚里士多德和黑格尔是两位里程碑式的人物。可以说，黑格尔完成了辩证法的存在论转向。但是，这位辩证法大师是在思辨的意义上完成转向的。马克思则在人的存在的意义上拒绝了辩证法的思辨哲学性，赋予辩证法以真实的生命感和历史感。应该指出，在辩证法问题上，马克思与恩格斯秉持着各自的思想取向。前者从扬弃的层面构建了宏大的历史辩证法，后者从永恒生成和灭亡的层面阐发出自然辩证法。恩格斯在《自然辩证法》中指出：

---

① 《马克思恩格斯文集》第 5 卷，第 19 页。

② 《马克思恩格斯文集》第 5 卷，第 20 页。

③ 《马克思恩格斯文集》第 5 卷，第 21 页。

> 辩证法直到今天也只有两位思想家曾做过较仔细的研究,这就是亚里士多德和黑格尔。然而对于现今的自然科学来说,辩证法恰好是最重要的思维形式,因为只有辩证法才为自然界中出现的发展过程,为各种普遍的联系,为一个研究领域向另一个研究领域过渡提供类比,从而提供说明方法。①

因而,蔑视辩证法是不能不受惩罚的。因为没有理论思维,就无法使自然界中的两件事实联系起来。黑格尔的命题——自然界无发展应该在哪个意义上理解呢?恩格斯给出了自己的看法。他说道:"在黑格尔的体系中,自然界的时间上的历史是排除任何发展的,否则自然界就不是精神的自我外在了。但是在人类历史中,黑格尔承认无限的进展过程是'精神'的唯一真实的存在形式,只不过他以幻想的方式设想这个发展有一个终点——这个终点就是黑格尔哲学德确立。"②人类历史与自然界,同样是"精神"的外化,为什么黑格尔承认人类历史的发展而否认自然界的发展呢?这应该还要归结为:在历史领域中进行活动的是具有理性能力的、怀有自己特定目的的人们。以理性尺度衡量,黑格尔认为历史高于自然界。我国学界存在的忽视,甚至轻视自然辩证法的倾向,应予纠正。今天,生态文明建设要求我们摒弃这种偏见。因为恩格斯的自然辩证法对于正确处理人与自然的关系仍然具有重要的启示意义。譬如,恩格斯早就警示人们:"我们不要过分陶醉于我们人类对于自然界的胜利。对于每一次这样的胜利,自然界都对我们进行报复。每一次胜利,起初确实取得了我们预期的效果,但是往后和再往后却发生完全不同的、出乎预料的影响,常常把最初的结果又消除了。"③自然界

① 〔德〕恩格斯:《自然辩证法》,第 42 页。
② 〔德〕恩格斯:《自然辩证法》,第 120 页。
③ 〔德〕恩格斯:《自然辩证法》,第 313 页。

对人的征服行为的报复，在今天已全面展开。人类不得不重新定位他和自然的关系——和谐共生，多么耐人寻味的自然辩证法！

为了避免可能的误解，马克思不得不多次澄清自己与黑格尔的根本区别。他说：“我的辩证方法，从根本上来说，不仅和黑格尔的辩证方法不同，而且和它截然相反。在黑格尔看来，思维过程，即甚至被他在观念这一名称下转化为独立主体的思维过程，是现实事物的创造主，而现实事物只是思维过程的外部表现。我的看法则相反，观念的东西不外是移入人的头脑并在人的头脑中改造过的物质的东西而已。”[①]在辩证法问题上，恩格斯也努力澄清黑格尔与马克思之间的联系与区别。恩格斯说道：“马克思的功绩在于，他和‘今天在德国知识界发号施令的、愤懑的、自负的、平庸的模仿者们’相反，第一个把已经遗忘的辩证方法、它和黑格尔辩证法的联系以及差别重新提到人们面前，同时在《资本论》中把这个方法应用到一种经验科学即政治经济学的事实上去。”[②]在马克思那里，辩证法抽离了思辨性，蜕变为人的存在的辩证法。这一蜕变根源于马克思所做的实践存在论的奠基。没有这种奠基，辩证法的生命性就是无源之水。

辩证法的本义是生成，因而只有在人的生存的意义上才能够获得本己的含义。在派生的意义上，辩证法作为一种认识方法，通过内容和形式的有机统一而达到认识的科学性。在黑格尔那里，逻辑学、本体论和认识论达到了统一。但由于“绝对精神”本身不具有原初的生命性，因而不得不加以“实体即主体”的规定。马克思经济学也同时在两种意义上指涉辩证法：总体上说，它是在生命的意义上，即人的存在的生成性上来谈论辩证法的。其中，最大的“三段式”是：“人的依赖关系占统治地位的阶

① 《马克思恩格斯文集》第 5 卷，第 22 页。
② 《马克思恩格斯文集》第 9 卷，第 440～441 页。

段—以物的依赖关系为基础的人的独立性的阶段—建立在个人全面发展和他们的共同的社会生产能力成为他们的社会财富这一基础上的自由个性阶段”。在人的存在的意义上,辩证法必然包含历史主义的视野:“对我们来说更为重要的是,我们的方法表明必然包含着历史考察之点,也就是说,表明仅仅作为生产过程的历史形式的资产阶级经济,包含着超越自己的、对早先的历史生产方式加以说明之点。”[①]就具体经济范畴的内在运动来说,为了达到认识的准确性和明晰性,辩证法也常常被作知性意义上的理解。比如,商品形态变化的三一式:“W—G—W”,即商品形式、商品形式的抛弃、商品形式的复归;资本形态变化的三一式:“G—W—G”,即资本的货币形式、资本的货币形式向资本的商品形式的转化、资本的货币形式的复归等。

① 《马克思恩格斯全集》第46卷上册,第458页。

第四章　马克思“人的存在的现象学”在现象学运动中的地位及优势

一、马克思“人的存在的现象学”是现象学运动的重要组成部分

关于现象学运动的开端，似乎早有成见，即认为胡塞尔是这场运动的发起者。只要翻一下有关的书籍就不难获得这种印象。应当承认，胡塞尔的确发起了一场影响深远的现象学运动。他的现象学方法作为20世纪哲学的“眼睛”，几乎不同程度上为当时所有有所建树的哲学家提供了看待问题的方法。但哲学的发展有自己内在的逻辑，胡塞尔又何尝不是从他的前辈，尤其是笛卡尔、黑格尔那里汲取灵感呢！回眸现象学的基本精神——“面向实事本身”，我们才蓦然发现：黑格尔才是现象学运动的先驱。在黑格尔那里，“绝对精神”的自否定实现了哲学对内在性的渴望，漂泊已久的近代哲学终于“还乡”了。就此而言，“头脚倒置”的思辨哲学，居然成为影响深远的现象学运动的开启者。

马克思从未将自己的哲学称为“现象学”，这和他的哲学的确包含现象学视野并不矛盾。伴随马克思现象学视野的开启，我们完全有理由将“人的存在的现象学”纳入现象学运动之中。如此一来，现象学运动两次高潮的发展脉络就变得清晰起来：第

一次是“黑格尔——马克思”阶段;第二次是“胡塞尔——海德格尔”阶段。两次高潮的相似之处在于:第一,每一次高潮的发起者——黑格尔和胡塞尔,都以“意识”这块在他们看来最稳固的哲学“陆地”为基础。“绝对精神”显然是人类意识的抽象化身,而先验意识也无非是人类意识的纯化。然而,意识毕竟不是始源性的存在,其实在性尚是有待澄清的。奠基于人类意识的解决方式在实现了哲学内在性的同时,却也早已疏离人的现实存在。黑格尔似乎并未意识到这种缺陷,他高举“哲学是把握在思想中的它的时代”的旗帜呐喊助威,终其一生的精力完成思辨哲学。胡塞尔晚年已深感“意识”现象学可能具有危机,着手构筑“生活世界”来加以弥补。第二,每一次高潮的继起者在接续前者现象学方法的同时,都断然抛开意识而进入始源性的人的存在:在马克思那里是“现实的个人”,在海德格尔那里是“此在”。因而,继起者都表现为对其前辈的革命。

在对待黑格尔哲学遗产上,马克思体现出非凡的“取其精华,去其糟粕”的洞识。他从“现实的个人”出发,踏上了历史唯物主义的发现之途;对历史世俗基础的揭示,内在要求马克思经济学作为“人的存在的现象学”不可或缺的环节而存在。从而为资本主义的历史性和暂时性做出严格而科学的论证。哲学第一次实现了和正在实现着“改变世界”的伟大抱负。“人的存在的现象学”至今仍然具有不可超越的优势。

二、马克思“人的存在的现象学”迄今不可超越的优势

(一)历史主义视野

作为“人的存在的现象学”的内在要求,历史主义视野成为马克思哲学独特而鲜明的品格。它主张历史本身只有在历史中

并通过历史才得以说明，除此之外，任何形式的说明都无法达到哲学本己的内在性；历史主义视野孕育出马克思所特有的釜底抽薪式的批判方式，为我们提供了真正历史地看待问题的根本方法；历史主义视野既是对黑格尔辩证法的超越，也是对近代哲学知性思维方式的超越。

1. 马克思的历史主义视野及其对黑格尔辩证法的超越

历史主义视野主张历史本身只有在历史中并通过历史才得以说明，除此之外，任何形式的说明都无法达到哲学本己的内在性。它从不离开具体的历史前提而抽象地、一般地谈论任何问题，而是要求每一结论都要在相应的历史条件下得出。

有趣的是，马克思从未在方法论意义上来谈论一种运思方式，正如他始终没有写就一本关于辩证法的小册子。历史主义视野更多是通过对国民经济学家、青年黑格尔派以及蒲鲁东等人非历史态度的批判中彰显出来。

在马克思语境中，非历史地看待问题主要表现在两个方面：首先，将问题植根于思辨的幻想之上。黑格尔以及青年黑格尔派的症结即在这里。需知，恩格斯所谓黑格尔哲学具有“巨大的历史感”，是就辩证法层面而言。就哲学原初出发点来说，从“概念”出发这一事实，已经决定了黑格尔哲学从根基处就与真实的历史失之交臂。也就是说，它的历史感具有巨大的虚假性。马克思也仅仅是在辩证法意义上肯定它的“历史感”，即“黑格尔的《现象学》及其最后成果——辩证法，作为推动原则和创造原则的否定性——的伟大之处首先在于，黑格尔把人的自我产生看作一个过程，把对象化看作非对象化，看作外化和这种外化的扬弃；可见，他抓住了劳动的本质，把对象性的人、现实的因而是真正的人理解为他自己劳动的结果”[①]。马克思通过根本置换哲

① 〔德〕马克思：《1844 年经济学哲学手稿》，第 101 页。

学原初出发点——人的感性活动,使辩证法获得了真实生命;青年黑格尔派批判意识之强烈并不逊色于马克思,但由于思辨哲学的根基没有遭到决定性的摧毁,“批判的批判”最终犹如昙花一现,枯萎在“历史”门外。正如马克思指出的那样:

> 现代德国的批判着意研究旧世界的内容,而且批判的发展完全拘泥于所批判的材料,以致对批判的方法采取完全非批判的态度,同时,对于我们如何对待黑格尔的辩证法这一表面上看来是形式的问题,而实际上是本质的问题,则完全缺乏认识。对于现代的批判同黑格尔的整个哲学,特别是同辩证法的关系问题是如此缺乏认识,以致像施特劳斯和布鲁诺·鲍威尔这样的批判家——前者是完全地,后者在自己的《符类福音作者》中(与施特劳斯相反,他在这里用抽象的人的“自我意识”代替了“抽象的自然界”的实体),甚至在《基督教的真相》中,至少有可能完全地——还是拘泥于黑格尔的逻辑学。①

其次,把需要论证的东西直接当作既定历史形式加以肯定的坚执而抽象态度。针对国民经济学家把资本主义生产方式当作不加考察的前提而加以接受,马克思批判道:

> 不要像国民经济学家那样,当他想说明什么的时候,总是置身于一种虚构的原始状态。这样的状态什么问题也说明不了。国民经济学家只是使问题堕入五里雾中。他把应当加以推论的东西即两个事物之间的例如分工和交换之间的必然关系,假定为事实、事件。神学家也是这样用原罪来说明恶的起源,就是说,他把他应当加以说明的东西假定为一种具有历史形式的事实。②

马克思认为在国民经学家那里,“劳动”这一概念恰恰没有得到

---

① 〔德〕马克思:《1844年经济学哲学手稿》,第94页。

② 〔德〕马克思:《1844年经济学哲学手稿》,第51页。

真正澄清而陷于抽象:“劳动这个例子确切地地表明,哪怕是最抽象的范畴,虽然正是由于它们的抽象而适用于一切时代,但是就这个抽象的规定性本身来说,同样是历史条件的产物,而且只有对于这些关系并在这些关系之内才具有充分的意义”①。针对蒲鲁东对待私有制的非历史态度及其必然后果,马克思指出:

> 他(蒲鲁东——引者注)对科学辩证法的秘密了解得多么肤浅,另一方面他又是多么赞同思辨哲学的幻想,因为他不是把经济范畴看作历史的、与物质生产的一定发展阶段相适应的生产关系的理论表现,而是荒谬地把它看作历来存在的、永恒的观念,并且指出了,他是如何通过这种迂回的道路又回到资产阶级经济学的立场上去。②

非历史态度就其实质来看是一种历史领域的唯心主义。费尔巴哈恰恰也在这里失足了。

> 他把人只看作是“感性对象”,而不是“感性活动”,因为他在这里也仍然停留在理论的领域内,没有从人们现有的社会联系,从那些使人们成为现在这种样子的周围生活条件来观察人们——这一点且不说,他还从来没有看到现实存在着的、活动的人,而是停留于抽象的“人”,并且仅仅限于在感情范围内承认“现实的、单个的、肉体的人”,也就是说,除了爱与友情,而且是理想化了的爱与友情外,他不知道“人与人之间”还有什么其他的“人的关系”。他没有批判现在的爱的关系。可见,他从来没有把感性世界理解为构成这一世界的个人的全部活生生的感性活动……当费尔巴哈是一个唯物主义者的时候,历史在他的视野之外;当他去探讨历史的时候,他不是一个唯物主义者。在他那里,唯物

① 《马克思恩格斯全集》第46卷上册,第43页。
② 《马克思恩格斯文集》第3卷,第19页。

主义和历史是彼此完全脱离的。①

非历史态度的顽固性与德国唯心主义传统的根深蒂固有直接关系。与黑格尔同时代的哲学家贝内克(一个很大程度上被人遗忘了的哲学家),因讲授经验论、实在论哲学而被列入黑名单,不久就遭受免职的“惩罚”。当时普鲁士的文化部长给出的理由竟是:“一种不是从‘绝对’中推导出一切的哲学,一个不是把一切同‘绝对’联系到一起的哲学,根本不是哲学,也不能容忍它为哲学。”②在唯心主义哲学占据绝对统治地位的时代,人的经验存在在哲学上遭到无以复加的蔑视,以至于连这样一种在今天看来妇孺皆知的事实,即“现实的个人”就是“从事活动的,进行物质生产的,因而是在一定的物质的、不受他们任意支配的界限、前提和条件下活动着的”,都需要做无数次哲学上的提醒。实际上整个欧洲自柏拉图以来理性主义传统就一直占据主导地位。直至费尔巴哈,感性哲学的曙光才开始照亮德国乃至欧洲大地。澄清这一点,就不难理解马克思对思辨哲学猛烈批判的用心了。

无疑,黑格尔辩证法是马克思历史主义视野的重要思想史资源。恩格斯有过明确交代,他说:

> 黑格尔的思维方式不同于所有其他哲学家的地方,就是他的思维方式有巨大的历史感作基础。尽管形式是那么抽象和唯心,他的思维发展却总是与世界历史的发展平行着,而后者按他的本意只是前者的验证……这个划时代的历史观是新的唯物主义观点的直接的理论前提,单单由于这种历史观,也就为逻辑方法提供了一个出发点。③

辩证法作为精神展现自身的形式,使黑格尔哲学具有形式

---

① 〔德〕马克思、恩格斯:《德意志意识形态》(节选本),第22页。

② 转引自靳希平、吴增定编著:《十九世纪的非主流哲学》,第98页。

③ 《马克思恩格斯文集》第2卷,第602页。

上的巨大历史感。黑格尔认为：

> 从笛卡尔起，我们踏进了一种独立的哲学。这种哲学明白：它自己是独立地从理性而来的，自我意识是真理的主要环节。在这里，我们可以说到了自己的家园，可以像一个在惊涛骇浪中长期漂泊之后的船夫一样，高呼“陆地”……在这个新的时期，哲学的原则是从自身出发的思维，是内在性……按照这个内在性原则，思维，独立的思维，最内在的东西，最纯粹的内在的顶峰……①

在黑格尔看来，哲学内在性就是从自身出发，而从自身出发就是从思维出发。这不能不说是一种巨大偏见。他忘记了最为重要的一点：理念的存在不具有真实的生命性。海德格尔认为黑格尔把“存在”规定为“无规定性的直接性”，是与本体论的传统思维方式保持着相同的思维视界的。② 这是他将黑格尔归入形而上学家之列的主要理由。

1835 年前后，历史主义视野至少已在孕育中。这在《黑格尔法哲学批判》及《导言》中已有明显体现。国家决定市民社会是“概念”作为哲学原初出发点的必然结果。马克思“实证”分析得出的结论是：不是国家决定市民社会，而是市民社会决定国家。为了更清楚地说明问题，他又在《导言》中从宗教问题说起，指出宗教的根源在于它的世俗基础本身的分裂：

> 反宗教的批判的根据是：人创造了宗教，而不是宗教创造了人。就是说，宗教是还没有获得自身或已经再度丧失自身的人的自我意识和自我感觉。但是，人不是抽象的蛰居于世界之外的存在物。人就是人的世界，就是国家，社会。这个国家、这个社会产生了宗教，一种颠倒的世界意

---

① 〔德〕黑格尔著，贺麟、王太庆译：《哲学史讲演录》第 4 卷，第 59 页。

② 参见旷三平：《马克思哲学：思维方式变革与本体论重建》，《人文杂志》2003 年第 2 期。

识,因为它们就是颠倒的世界。……因此,反宗教的斗争间接地就是反对以宗教为精神抚慰的那个世界的斗争。[①]

1844～1845年,历史主义视野逐渐走向成熟。《1844年经济学哲学手稿》频繁使用着"实践"概念。比如"我们看到,理论的对立本身的解决,只有通过实践方式,只有借助于人的实践力量,才是可能的;因此,这种对立的解决绝对不只是认识的任务,而是现实生活的任务,而哲学未能解决这个任务,正是因为哲学把这仅仅看作理论的任务"[②];在《关于费尔巴哈提纲》中,"实践"概念正式成为马克思哲学的基石。尤为重要的是,当人的独特存在方式——感性对象性活动得到确定阐释之后,历史主义视野便决定性地走向成熟了。

历史主义视野在马克思认识论中亦有很好的体现,即感性、知性、理性"三一式"辩证认识的运用。马克思的经济学研究特别注重抽象力的作用。他说:"分析经济形式,既不能用显微镜,也不能用化学试剂。二者都必须用抽象力来代替。"[③]他以人口问题为例加以说明。经济学在它产生时期在历史上走过的道路是:从生动的整体开始,最后从分析中找出一些有决定意义的一般关系,一旦这些个别要素多少抽象出来,各种各样的经济学体系就形成了。而这样形成的体系只达到知性思维,尚未进入理性思维。马克思主张思维的形成要依次经历如下过程:完整的表象蒸发为抽象的规定;抽象的规定在思维行程中导致具体的再现。[④] 这样一来,我们得到的就是一个具有许多规定和关系的丰富的总体了。这显然是黑格尔关于感性、知性、理性三阶段的认识学说。不同的是,马克思把从抽象上升到具体的方法,当

---

① 《马克思恩格斯文集》第1卷,第3页。

② 〔德〕马克思:《1844年经济学哲学手稿》,第88页。

③ 《马克思恩格斯文集》第5卷,第8页。

④ 参见《马克思恩格斯全集》第46卷上册,第38页。

作思维用来掌握具体，即把它当作一个精神上的具体再现出来的方式，而不是把思维的自我运动、自我深化和自我综合当作实在产生的过程。我国哲学教科书把马克思的认识三段论理解为两段论，即感性认识和理性认识。这不能不说是一种简单化。它既不能体现马克思与黑格尔在认识论上的重要传承，也无法突出马克思对黑格尔认识论的根本改造。这已为许多学者所揭破。例如，王元化先生指出：

> 就马克思在《导言》(即《政治经济学批判·导言》——引者注)中对这问题的说明来看，我认为马克思也是运用了感性——知性——理性三段式的。如果这样去理解他对“由抽象上升到具体”所做的说明，问题就变得明白易晓了。马克思在《导言》中仔细地阐释了这个方法的全部过程。我们可以把他说的过程分为三个阶段：第一阶段“从混沌的关于整体的表象开始”(即指感性)——第二阶段“分析的理智所做的一些简单的规定”(即指知性)——第三阶段“经过许多规定的综合而达到多样性的统一”(即指理性)。问题太明显了，这三个阶段不是阐明感性——知性——理性又是什么呢？①

另有学者对此问题亦有相似的看法。②

2. 历史主义视野孕育出马克思所特有的釜底抽薪式批判方式

历史主义视野使马克思养成了在那个时代独一无二的批判方式，即通过从根源处消除批判对象存在的历史条件而一劳永逸地解决问题。其实质就是解蔽意识形态，返归人的始源存在。

“历史”是一切存在的最后根据。针对资本主义私有制下尖

---

① 王元化：《读黑格尔》，新星出版社 2006 年版，第 4～5 页。

② 参见王树人：《关于知性的若干探讨》，《马克思主义来源研究论丛》(第 5 辑)，商务印书馆 1984 年版。

锐的阶级对立和无产阶级的非人境遇,饱含拯救情怀的思想家们纷纷为时代病症开出诊治的药方。然而,浪漫主义和空想社会主义最终陷入乌托邦。马克思主张从源头处消除私有制存在的历史前提,从而消除它所造成的一切社会苦难。他一方面肯定异化在历史中曾经起过和正在起着的积极作用,另一方面断言异化必将随着旧式分工、交换以及私有制的消灭而消灭。自然科学和工业文明的发展并非异化的真正根源。因为二者是分工与私有制发展的结果。马克思给出的解决方式是:“对私有财产的积极的扬弃,作为对人的生命的占有,是对一切异化的积极的扬弃,从而是人从宗教、家庭、国家等等向自己的人的存在的复归。”因而,“整个革命运动必然在私有财产的运动中,即在经济的运动中,为自己既找到经验的基础,也找到理论的基础”[①]。就“批判”而言,青年黑格尔派和作为该派异端的费尔巴哈,都无法与马克思相提并论。这并非因为他们批判意识的缺乏。视野盲区的存在——历史主义视野的缺失,是造成他们陷入意识形态陷阱的根本原因。马克思对以割断历史的片段式思维为特征的启蒙情结的反感,表现在他对货币作为支付手段的职能所包含的一个直接矛盾(即在各种支付互相抵消时,货币就只是在观念上执行计算货币或价值尺度的职能。而在必须进行实际支付时,货币又不是充当流通手段,而是充当社会劳动的单个化身,充当交换价值的独立存在,充当绝对商品。这种矛盾在生产危机和商业危机中称为货币危机的那一时刻暴露得特别明显。)的揭露中。他认为:“昨天,资产者还被繁荣所陶醉,怀着启蒙的骄傲,宣称货币是空虚的幻想。只有商品才是货币。今天,他们在世界市场上到处叫嚷:只有货币才是商品!他们的灵魂渴求货币这唯一的财富,像鹿渴求清水一样。”[②]这启示我们,不要在启蒙意义上

---

① 〔德〕马克思:《1844年经济学哲学手稿》,第82页。

② 《马克思恩格斯文集》第5卷,第162页。

来理解和阐释马克思哲学，而要回到它的运思方式本身。

历史只有作为暂时性来理解才是合理的。这种致思取向就是人的存在的辩证法。在《资本论》第 1 卷第 2 版跋中，马克思道出了这部经济学著作的叙述方法——辩证法，同时向我们展露出辩证法作为人的存在的生成样式所特有的魅力。他说：

> 辩证法，在其神秘形式上，成了德国的时髦东西，因为它似乎使现存事物显得光彩。辩证法，在其合理形态上，引起资产阶级及其空论主义的代言人的恼怒和恐怖，因为辩证法在对现存事物的肯定理解中同时包含对现存事物的否定的理解，即对现存事物的必然灭亡的理解；辩证法对每一种既成的形式都是从不断的运动中，因而也是从它的暂时性方面去理解；辩证法不崇拜任何东西，按其本质来说，它是批判的和革命的。①

当人在商品拜物教、货币拜物教以及资本拜物教的神秘面纱前迷失时，马克思冷静地指出：商品、货币和资本都是历史范畴。商品的出现只有在人作为可以让渡的物的私有者存在的时候才是可能的，而这只有在原始人类共同体的尽头才是可能的。而且，“有了商品流通和货币流通，决不是就具备了资本存在的历史条件。只有当生产资料和生活资料的所有者在市场上找到出卖自己劳动力的自由工人的时候，资本才产生；而单是这一历史条件就包含着一部世界史。因此，资本一出现，就标志着社会生产过程的一个新时代”②。资本主义社会人对商品、货币和资本的崇拜乃是典型的“虚假意识”。历史本身的发展必将为它们的消亡准备条件。

3. 历史主义视野是对近代哲学知性思维方式的超越

马克思的历史主义视野一度被遮蔽了，代之以执着于物化

---

① 《马克思恩格斯文集》第 5 卷，第 22 页。

② 《马克思恩格斯全集》第 23 卷，人民出版社 1972 年版，第 193 页。

的知性思维。有学者将其称为“哲学研究中的笛卡尔主义倾向”[①]。其主要表现在于:一是撇开具体的历史条件来抽象谈论马克思哲学的某个结论。比如:在人与自然的关系上,撇开人与自然在历史中的生成,抽象划定人是主体、自然是客体。从而将自然在人的活动中生成的根本性维度掩蔽了;在对待共产主义的理解上,割断共产主义与当下历史生成之间的关系,使其成为遥远的、不可企及的乌托邦;二是无视马克思经济学著作的哲学视野及其与国民经济学的根本区别,无视《资本论》之于人的感性存在的终极关切,甚而认为它对当下历史的价值已经化为乌有,从而完全可以将其束之高阁。上述偏执是知性思维的必然结果。

知性思维的出现是人的主体性意识和人类思维成熟的必然结果。康德在《纯粹理性批判》中将人的认识能力区分为感性、知性和理性并第一次对知性作了明确的论述。他说:“如果把我们的心灵的接受力——心灵在任何方式中被刺激时接受表象的能力——叫做感性,那么,相反,心灵从其自身产生表象的能力,即认识的主动性,就应该叫做知性。”[②]康德已经注意到知性使用的范围,他指出:“范畴史这样的概念,它们先天地把法则加诸现象和作为现象全体的自然界之上。”[③]知性一旦超出现象,企图认识“物自体”时,就会产生先验幻相。黑格尔认为康德对人的认识能力的区分是人类精神认识史上的巨大贡献,他说:“在精神的范围内,应以分为三部分为主,这一点我们不能不说是康德的功绩,他曾首先促使人注意到精神应分而为三的事实。”[④]在康德之前,培根和洛克试图将知性思维从自然科学和数学领

① 谢遐龄:《文化——走向超逻辑的研究》,第 44 页。

② 〔德〕康德著,蓝公武译:《纯粹理性批判》,第 80 页。

③ 转引自赵敦华:《西方哲学简史》,北京大学出版社 2001 年版,第 273 页。

④ 〔德〕黑格尔著,贺麟译:《小逻辑》,第 415 页。

域扩展到哲学领域，使其成为哲学上普遍适用的思维方式。这在一定意义上造就了知性思维在人类认识中的强势地位。黑格尔惊叹道：“知性是一切势力中最惊人的和最伟大的，甚至可以说是绝对的势力。”①知性思维固守抽象的同一性，不能把握矛盾的具体的同一，是“在非现实的思想里推论过来推论过去的”思维，是一种“有点呆板的、哲学上不合适的思维方式”②。尼采也看出了其中的端倪：“我们的知性不是用来把握生成的，它致力于证明普遍静止，因为它来源于图像。”③知性作为感性与理性的桥梁，在人类认识中具有重要意义。但知性的僭越必然造成人类思维的形而上学性，尽管知性思维本身并不具有形而上学性。恩格斯曾就知性思维的必要性及其僭越所造成的后果做过深刻论述。他指出，知性思维是人类认识的历史需要，是自然科学研究不可缺少的基本方法。为了达到弄清细节、更具体地把握整体的目的，就必须把认识对象从自然的或历史的联系中抽出来，从它们的特性、特殊原因和结果等方面加以研究。这种方法是人类在认识自然界方面获得巨大进展的基本条件。无论从人类总的认识发展过程，还是对各门具体科学的研究看，知性都是必要的环节，具有重要的认识论意义。但是由于长时间开展把自然和过程孤立起来、撇开整体联系的研究，以至于人们习惯地把所研究的事物看作静止不变的死东西，而不是看作运动变化的活东西。再加上培根、洛克等哲学家有意识地将知性方法向哲学研究中的移植，就不可避免地导致了形而上学思维方式的产生。④ 可见，知性思维在人类认识中是不可或缺的，却不是哲学上普遍适用的思维方式。

---

① 〔德〕黑格尔著，贺麟、王太庆译：《哲学史讲演录》第1卷，第20～21页。

② 〔英〕芬德莱著，杨寿堪等编译：《黑格尔之谜》，北京师范大学出版社1988年版，第147页。

③ 参见周国平：《尼采与形而上学》，湖南教育出版社1990年版，第91页。

④ 参见《马克思恩格斯文集》第9卷，第23～25页。

问题是,知性的滥用所造成的形而上学思维的阴翳,依然笼罩在马克思哲学研究的上空,因而给历史主义视野以应有的强调是非常必要的。

历史主义视野对知性思维的超越表现在:首先,历史主义视野使个人自由而全面的发展成为可能。哲学上的"发展"是属人的,只有人才配称发展,而发展的可能性寓于人的存在的生成性。凝固、坚执和抽象的知性视野所见只是抽象的人。个人自由而全面的发展不仅无从谈起,而且压根就无法前来照面;其次,历史主义视野作为"人的存在的现象学"的内在要求,从内部给出人的自由的根本保证。

综上所述,历史主义视野作为马克思哲学最可贵的品格,在今天仍具有无法超越的优势。在某种意义上,我们研究马克思哲学就是为了习得这种视野。

(二)人的存在的辩证法

辩证法作为人的存在的生成样式,成就了"人的存在的现象学"至今不可超越的优势。其主要表现:一是人的存在的辩证法敞开了"历史之谜",从而使马克思哲学区别于一切悲观主义,给人以无比的朝向未来的勇气;二是人的存在的辩证法从根源处"保证"人是自己命运的主宰,从而别无选择地担负起救赎的历史责任。

1. 人的存在的辩证法是一种积极的历史观

辩证法作为人的存在的展现方式,展示的是一种积极的历史观。"共产主义"是马克思哲学一个极具特色的概念。表面看来,共产主义与基督教的天堂、佛教的西方极乐、犹太教的"弥赛亚时代"等彼岸世界的概念极为相似。因为,马克思毕竟在超验的意义上对共产主义作过精彩描述:

> 共产主义是私有财产即人的自我异化的积极扬弃,因而是通过人并且为了人而对人的本质的真正占有;因此,它

> 是人向自身、向社会的即合乎人性的人的复归，这种复归是完全的，自觉的和在以往发展的全部财富的范围内生成的。这种共产主义，作为完成了的自然主义＝人道主义，而作为完成了的人道主义＝自然主义，它是人和自然界之间、人和人之间的矛盾的真正解决，是存在和本质、对象化和自我确证、自由和必然、个体和类之间的斗争的真正解决。它是历史之谜的解答，而且知道自己就是这种解答。①

这种通透而澄明的境界的确具有宗教彼岸性的意味。问题是，作为无神论者，马克思何以要构想一个“共产主义”的理想社会呢？

少年马克思曾怀着对人的自由的深沉肯认，将基督作为人类自由的象征而大加称颂。可是不久，他就开始了对宗教的无情批判。马克思认为宗教是典型的意识形态，它在给人以幻想的安慰的同时，移离人类投向现实的忧郁而愤怒的目光，让人逐渐丧失改造世界的意识、勇气和能力。如此一来，在无知的麻醉中人不得不永远承受现实人间的苦难。马克思说：“宗教是被压迫生灵的叹息，是无情世界的情感，正像它是无精神活力的制度的精神一样。宗教是人民的鸦片……宗教只是虚幻的太阳，当人没有围绕自身转动的时候，它总是围绕着人转动。”②如果把这种宗教批判与正在形成中的历史主义视野联系起来看，结论就是：1843年马克思已经开始了与黑格尔思辨哲学的决裂，即“废除作为人民的虚幻幸福的宗教，就是要求人民的现实幸福。要求抛弃关于人民处境的幻觉，就是要求抛弃那需要幻觉的处境。因此，对宗教的批判就是对苦难尘世——宗教是它的神圣光环——的批判的胚芽”③。因为思辨哲学是另一种意义上的

---

① 〔德〕马克思：《1844年经济学哲学手稿》，第81页。

② 《马克思恩格斯文集》第1卷，第4页。

③ 《马克思恩格斯文集》第1卷，第4页。

宗教,它使人逃避现实历史而躲入意识的密室。

毫无疑问,马克思哲学不属于个人体验式的。但个人体验有时可以帮助我们更好地理解马克思哲学,特别是其共产主义概念。试想,一个没有未来的人,我在此是指一个人患上绝症,生命进入倒计时,求生而不得。或者,基于种种可能的原因丧失生的希望,为一种先于死亡的死所逼迫,每天能做的只是等待死亡的来临。那么,他可能因无法忍受的绝望而选择自杀。诚如克尔凯戈尔所说:绝望是致死的疾病。在克尔凯戈尔那里,绝望是对人生有限性的一种体验,毕竟,生就是不断向死的过程。绝望是对人向死的悲哀的表达,但绝望不就是死亡。克尔凯戈尔说:“如果死亡是最大的危险,那么人希望生活;如果人们知道有比死亡更可怕的危险,那么人们希望死亡。如果危险如此之大,使死亡成为希望的话,那么绝望就是毫无希望性,它连死也办不到。”[①]没有什么比绝望更让人绝望的了。现实的个人在没有未来的境遇中将不再善待生命,甚至选择死亡这一事实,对我们理解作为“类”的存在——人类社会来说,具有同样的意义。如果没有未来,人类的意义世界和信念世界就会轰然坍塌,还有比这更危险、更可怕的事情吗?后现代主义思潮对意义世界的解构,某种程度上就是人类自我迷失的表现。“共产主义”作为历史向着未来的敞开,犹如一盏明灯,温暖着人类的心灵。就此而言,它同宗教的彼岸世界确实具有极大的相似性。正是在这个意义上,有人将马克思哲学视为宗教。实际上,此乃大谬不然。作为无神论者,马克思从不否认宗教可以给人以幻想的安慰。然而,对于宗教的麻痹作用,他有更为理智的洞察。马克思揭穿宗教的世俗基础——现实世界的颠倒,主张通过改变现实来消除宗教存在的历史根源。因而,“共产主义”作为“历史”的生成和敞

---

① 转引自靳希平、吴增定编著:《十九世纪德国非主流哲学》,第 214 页。

开,恰恰否证了对其宗教性的指认。在马克思语境中,共产主义不仅作为超验性的终极关怀而存在,它同样是作为历史生成的现实运动而存在:“共产主义对我们来说不是应当确立的状况,不是现实应当与之相适应的理想。我们所称为共产主义的是那种消灭现存状况的现实的运动。这个运动的条件是由现有的前提产生的。”[①]或许马克思早已预见到可能的误解,1845 年以后就很少谈论共产主义的超验纬度了。他甚至还对共产主义做出具有经济性质的说明:

> 共产主义和所有过去的运动不同的地方在于:它推翻一切旧的生产关系和交往关系的基础,并且第一次自觉地把一切自发形成的前提看作是前人的创造,消除这些前提的自发性,使它们受联合起来的个人的支配。因此,建立共产主义实质上具有经济的性质,这就是为这种联合创造各种物质条件,把现存的条件变成联合的条件。[②]

对共产主义的非历史理解还有另外一种倾向,即黑格尔主义倾向(施蒂纳就是代表人物),马克思同样予以无情批判:“在‘施蒂纳’那里,‘共产主义’是从寻找‘本质’开始的;它作为善良的‘青年’,又想只‘洞察事物的底蕴’。而共产主义是用实际手段来追求实际目的的最实际的运动,只是在德国,这个运动面对的是德国哲学家,才会稍为研究一下‘本质’问题,——对于这一点,我们的圣者当然是不予考虑的。”[③]

辩证法作为人的存在的生成样式,是“现实的个人”通过改变世界而无限趋向自由的过程。物质实践是这一过程的现实基础。1845 年马克思已经穿透意识形态的迷障,让本真的“历史”得以显现。他说:

① 〔德〕马克思、恩格斯:《德意志意识形态》(节选本),第 31 页。
② 〔德〕马克思、恩格斯:《德意志意识形态》(节选本),第 66 页。
③ 〔德〕马克思、恩格斯:《德意志意识形态》(节选本),第 90～91 页。

> 这种历史观和唯心主义历史观不同,它不是在每个时代中寻找某种范畴,而是始终站在现实历史的基础上,不是从观念出发来解释实践,而是从物质实践出发来解释各种观念形态,由此还可得出下述结论:意识的一切形式和产物不是可以通过精神的批判来消灭的,不是可以通过把它们消融在"自我意识"中或化为"怪影"、"幽灵"、"怪想"等等来消灭的。而只有通过实际地推翻这一切唯心主义谬论所由产生的现实的社会关系,才能把它们消灭;历史的动力以及宗教哲学和任何其他理论的动力是革命,而不是批判。[①]

人在历史生成中不得不承受异化的命运;而且,人是能够担当此命运的存在。面对工业文明发展所带来的一系列后果:资本主义社会尖锐的阶级对立,工人阶级肉体遭摧残、精神遭压抑的非人境遇,人对商品、货币、资本的占有所表现出的无限的贪婪以及人类道德的沉沦……人如何承受这种命运?是改变自我还是改变世界?笛卡尔早就说过:"永远只求克服自己,不求克服命运,只求克服自己的愿望,不求改变世间的秩序。"[②]这种内在性倾向与"我思故我在"的哲学根基密不可分。毋宁说,"我思"之出发点必然导致一种处理人与世界关系的"内求"倾向。因为"我思"从源头上拦堵了人与世界的原初关联。奇怪的是,维特根斯坦也有类似的想法,他说:"如果生活变得难以忍受,我们会想到改变我们的环境。但是,最重要和最有效的改变,即改变我们自己的态度,我们甚至都几乎没有想到过。下决心去采取这样一个步骤,这对我们来说是太难了。"[③]这种"改变自我"的态度实乃意味着逃避——对现实存在的无奈的逃避。人的存

---

① 〔德〕马克思、恩格斯:《德意志意识形态》(节选本),第36~37页。

② 〔法〕笛卡尔著,王太庆译:《谈谈方法》,商务印书馆2000年版,第21页。

③ 〔奥地利〕维特根斯坦著,许志强译:《文化与价值》,浙江文艺出版社2002年版,第94页。

在的辩证法旨在“改变世界”。它不因人的异化痛苦而悲观，而是乐观地向着未来而生成。因为“从历史的观点来看，我们有权同歌德一起歌唱：‘我们何必因这痛苦而伤心，既然它带给我们更多欢乐’”①。

2. 人的存在的辩证法与人的自我拯救

“改变世界”的理论品格折射出马克思哲学前所未有的担当感。人的存在的辩证法从源头处“保证”了人之自由的同时，也肯认了人对自身的拯救。从而使关于救世主的观念失去了存在的可能。

假如辩证法不是作为人的存在的生成样式，那会是一番什么景象呢？费尔巴哈的宗教哥白尼革命——“上帝是人的本质的异化”，给人以极大鼓舞和振奋。19 岁的尼采曾满怀豪情地说道：

> 上帝变成了人，这一点仅仅表明，人不应该在无限中寻找自己的幸福，而是应该在大地上建立天堂。一个超越大地之世界的妄念，把人的精神导向了一种对大地世界的虚假态度：这是一个民族童年时期的证明……经过艰难的怀疑和战斗，人类变得富有男性气概：他在自身中看到了“宗教的开始、中间和终结”。②

可是挣脱上帝怀抱后的人类会不会记得回家的路？张志扬先生深为忧虑地说：“尼采说‘上帝死了’，要‘超人’取上帝而代之，人类是否就摆脱了虚无主义的命运？”③实际上，尼采本人已经敏锐洞察了人在永恒创造和毁灭中极度厌倦的可能性。他在《快乐的科学中》说道：

> 假如恶魔在某一天或某个夜晚闯入你最难耐的孤寂

① 《马克思恩格斯文集》第 2 卷，第 683 页。

② 靳希平、吴增定编著：《十九世纪德国非主流哲学》，第 366 页。

③ 张志扬：《门——一个不得其门而入者的记录》，第 136～137 页。

中,并对你说:"你现在和过去的生活,就是你今后的生活。它将周而复始,不断重复,绝无新意,你生活中的每种痛苦、欢乐、思想、叹息,以及一切大大小小、无可言说的事情皆会在你身上重现,会以同样的顺序降临,同样会出现此刻树丛中的蜘蛛和月光,同样会出现现在这样的时刻和我这样的恶魔。存在的永恒沙漏将不停地转动,你在沙漏中,只不过是一粒尘土罢了!"你听了这恶魔的话,是否会瘫倒在地呢?你是否会咬牙切齿,诅咒这个口出狂言的恶魔呢?你在以前或许经历过这样的时刻,那时你回答恶魔说:"神明,我从未听见过比这更神圣的话呢!"倘若这想法压倒了你,恶魔就会改变你,说不定会把你碾得粉碎。"你是否还要这样回答,并且一直这样回答呢?"这是人人必须回答的问题,也是你行为的着重点!或者,你无论对自己还是对人生,均宁愿安于现状、放弃一切追求。[①]

尼采洞察到那曾经支撑起人生最高意义的柏拉图主义消解后,人类陷入虚无深渊的巨大可能性。永不停息地创造和毁灭的"权力意志"无疑是对理性主义的彻底颠覆。然而,后现代主义的兴起却意味着一个不争的事实:终极价值的丧失,必然导致作为"类"的人要么滑向冷漠的犬儒主义,要么堕落为卑劣的纵欲主义。的确,作为感性个体,价值目标的缺失或许并不足以使他的生活发生畸变,可是,价值目标一旦在作为"类"的人那里丧失了,虚无主义就是人类无法逃避的命运;"上帝死了"以后,人的主体性无限提升的结果是,人对自然、大地无以复加的征服所致的"诸神"退场。面对现代技术对人的"摆置"(统治——引者注),海德格尔曾侥幸地揣度:"技术之本质现身,就在自身中蕴含着救度的可能升起。"[②]这与荷尔德林的诗——"但哪里有危

① 靳希平、吴增定编著:《十九世纪德国非主流哲学》,第367～368页。

② 〔德〕海德格尔著,孙周兴译:《演讲与论文集》,第33页。

险,哪里也生救度”的启示不无关系。可是,晚年海德格尔在接受《明镜》记者采访时,却认为“只还有一个上帝可以救度我们”。这无疑流露出海德格尔在“自生救度”和“上帝救度”之间的游移不定。它是海氏现象学缺失辩证法维度的结果。相反,人的感性存在的辩证法,一方面给出人类通过改变世界从而改变自己的态度,给人以无限的朝向未来的希望;另一方面又让人无可推卸地承担起自身救赎的历史责任。因为人向来已经在自由之中。这使马克思哲学根本区别于悲观主义和盲目的乐观主义。治疗作为哲学的功能,通过哲学家的拯救情结得以体现。正如尼采所说:“哲学家,正如我们、我们自由精神所理解的那样——作为肩负最广泛责任的人,拥有承担人的全面发展的良知:这种哲学家将利用宗教来为自己的培养和教育事业服务,就像他利用当时的政治经济状态一样。”[①]尼采以“永恒轮回”的“超人”来实现其救世理想,恰如海德格尔所言,是柏拉图主义的最后完成。“共产主义”亦是哲学家救世情结的体现。不同的是,扎根于经验世界的共产主义运动,使马克思哲学拥有了鲜明而独特的历史主义品格。

如果继续追问:辩证法何以是人的存在的生成样式?哲学追求第一因的冲动恐怕只能诉诸信仰来解决了。哲学上理性和信仰地互相缠绕耐人寻味。需要强调:马克思对宗教虚假性的无情批判,与他对“共产主义”的信仰并不矛盾。因为共产主义就是历史朝向未来的经验过程本身。

(三)“改变世界”

在马克思之前,哲学能否改变世界是有待追问的。古希腊先哲们着重表达了哲学“爱智慧”的品格。从“认识你自己”到

---

① 转引自靳希平、吴增定编著:《十九世纪德国非主流哲学》,第465～466页。

“吾爱吾师,但吾尤爱真理”,都突出了哲学作为人生智慧之修习的品格;在漫长的中世纪,哲学智慧主要表现为对上帝存在所作的种种证明;在近代,随着主客二分思维方式的确立而来的是对人的认识何以可能的各种解释。总之,马克思之前的西方哲学似乎确认了一个难以移易的事实:哲学的功能在于解释世界。

“哲学家们只是用不同方式解释世界,问题在于改变世界。”[①]马克思哲学何以能够获得“改变世界”的理论品格呢?

1.“改变世界”的理论品格源于人的存在的敞开

“改变世界”足以成为“人的存在的现象学”与其他现象学划界的标志。综观现象学运动的两次高潮,精神现象学犹如密纳发的猫头鹰,早已习惯于黄昏时起飞。它对世界的改变仅仅发生于思想中。因为“精神”本身是没有“世界”的。因而,精神现象学只能是“改变意识”的哲学。“改变意识”的哲学属于“意识形态”。在“人的存在的现象学”语境中,“改变意识”只能诉诸“改变世界”。因为“不是意识决定生活,而是生活决定意识”[②]。青年黑格尔派的批判和斗争就是典型的“改变意识”的哲学。马克思批判地指出:“这种改变意识的要求,就是要求用另一种方式来解释现存的东西,也就是说,借助于另外的解释来承认它。”[③]意识形态批判在于穿透“虚假意识”的遮蔽而回到“历史”本身,是“人的存在的现象学”的题中应有之义。它又只能诉诸“改变世界”来实现:“只有在现实的世界中并使用现实的手段才能实现真正的解放……‘解放’是一种历史活动,不是思想活动,‘解放’是由历史的关系,是由工业状况、商业状况、农业状况、交往状况促成的”[④]。因此,“改变世界”恰好是“人的存在的现象

---

① 《马克思恩格斯文集》第1卷,第502页。

② 〔德〕马克思、恩格斯:《德意志意识形态》(节选本),第17页。

③ 〔德〕马克思、恩格斯:《德意志意识形态》(节选本),第10页。

④ 〔德〕马克思、恩格斯:《德意志意识形态》(节选本),第19页。

学”的内在要求;胡塞尔的意识现象学,正像他本人所意愿的那样,是为认识的绝对明证性提供可靠基础。其出发点归根结底还是笛卡尔的“我思”。而“我思”故“我在”之“我在”正是有待澄明的。只要“我在”未曾先行得到交代,那么一切“我思”与“世界”的关系就都是成问题的。胡塞尔现象学派的人声称“现象学对历史的发展、对任何意义的知识的起源,不感兴趣”[1],恰好说明这种哲学的无根性。“生活世界”依然是意识中的生活世界,它无能彰显本真生活的历史性。熊伟先生评论道:“胡塞尔的现象学讲了先验意向性的意识以其与对象世界有关联的行动有所经历,但只讲到经历以至行动的非时间的本质结构而止,故谈不上活。”[2]海德格尔凸显了“此在”的存在对存在意义的澄明,却无法从根源处保证“此在”对世界的改变。此在的存在“表面上显出[与超历史的概念]对立的一面,即历史性的概念。但他(海德格尔——引者注)把人从一切真实的历史中抽象出来,让人自己独立,把人置于人的孤立状态之中,从这全部的故事之中他创造出一个抽象概念,即历史性概念,或者说‘具有历史能力’的概念。这一概念使人成为人。但是这一观念恰好否定了与历史的一切具体联系”[3]。因而,“此在”的现象学无法内在获得“改变世界”的品格。关于“改变世界”,海德格尔发表了如下议论:“[让我们]来考察以下这个论题:解释世界与改变世界之间是否存在着真正的对立?难道对世界的每一个解释不都已经是对世界的改变了吗?对世界的每一项解释不都预设了:解释是一种真正的思之事业吗?另一方面,对世界的每一个改变不都把一种理论前见(Vorblick)预设为工具吗?”[4]在《康德的关于在的论

① 〔德〕黑格尔著,贺麟、王玖兴译:《精神现象学》上卷,第12页。

② 熊伟:《自由的真谛——熊伟文选》,第170页。

③ 〔美〕保罗·蒂里希著,何光沪选编:《蒂里希选集》上卷,第57～58页、第111页。

④ 丁耘摘译:《晚期海德格尔的三天讨论班纪要》,《哲学译丛》2001年第3期。

题》中,他又提出类似的看法:“康德以来的时代,人们已向哲学提出要求,要它不可再局限于解释世界而只在抽象思辨中转来转去,而是要争取在实践中改变世界了。然而,如此想到的改变世界首先要求思想本身起变化,要在上述要求背后已经有一番思想的改变出现了。”[①]在“解释世界”与“改变世界”两种不同的哲学路向面前——前者表征知识论路向,后者乃存在论路向,这位当代哲学大师也犯起糊涂来。他继续说道:

> 那么,在马克思那里谈到的是哪样一种改变世界呢?是生产关系中的改变。生产在哪里具有其地位呢?在实践中。实践是通过什么被规定的呢?通过某种理论,这种理论将生产的概念塑造为对人的(通过他自身的)生产。因此,马克思具有一个关于人的理论的想法,一个相当确切的想法,这个想法作为基础包含在黑格尔哲学之中。[②]

海德格尔如此这般地将马克思导回到黑格尔:改变世界→实践→理论→黑格尔。于是,结论不得不是:

> 马克思以他的方式颠倒了黑格尔的观念论,这样他就要求给予存在先于意识的优先地位……对于马克思来说,存在就是生产过程,这个想法是马克思从形而上学那里,从黑格尔的把生命解释为过程那里接受来的。生产之实践概念只能立足在一种源于形而上学的存在概念上。[③]

这不能不说是一种误读。海德格尔误读之处,在于对“实践”概念的形而上学理解,即仅仅将其当作“生产活动”来理解。在马克思那里,“实践”首先是人的始源性存在方式,然后才是“生产活动”。如果说“实践”是生产性的,那么“‘生产’既是名词,又是动词。它是实践所固有的内在本性。实践本然地是生

---

① 转引自熊伟:《自由的真谛——熊伟文选》,第155页。

② 丁耘摘译:《晚期海德格尔的三天讨论班纪要》,《哲学译丛》2001年第3期。

③ 丁耘摘译:《晚期海德格尔的三天讨论班纪要》,《哲学译丛》2001年第3期。

产性的。实践的生产性不是狭义的而是广义的。在本体论的层面上，它不是指那种狭隘的生产活动（即某种特定的产品制造活动），而是指生产人的世界，生产人的存在本身”[①]。在存在论上，“实践”的始源性是无法被规定的，海德格尔将其导回到“某种理论”，显然未能理解其存在论含义。一旦将“实践”视为人的原初存在方式，其内涵就远远大于生产实践。虽然生产实践是人的存在的主要内容。指认马克思关于存在的想法是从形而上学而且是从黑格尔那里来的，的确是海德格尔的误读。

“改变世界”的理论品格内在根源于人的存在方式——“实践”在哲学上的始源性和本然性地位。正是“实践”之“活动……出来”的性质使“改变世界”从源头上得到了“保证”。在存在论上，“自然”“社会”作为人的“世界”，是由“实践”“活动”出来的。世界作为人的无机的身体首先并不外在于人而独立存在。因而，“世界”对人的生成本身就是一种“改造”。也就是说，人的感性对象性活动的“外求”必然导致世界的生成和改变。而世界的改变同时也是人自身的改变。所以马克思说：“关于环境和教育起改变作用的唯物主义学说忘记了：环境是由人来改变的，而教育者本人一定是受教育的。因此，这种学说必然会把社会分成两部分，其中一部分凌驾于社会之上。环境的改变和人的活动或自我改变的一致，只能被看作是并合理地理解为革命的实践。”[②]改变世界与改变自我之间相互生成的关系归根结底是由“实践”造就的。在这个意义上，“改变世界”不受外在他律的约束，是一种“自觉”和“自由”。它并非一种空洞的宣言式战斗口号，而是有着扎实而深厚的哲学保证。

既然意识形态批判只能诉诸“改变世界”，那么革命性和批

① 何中华：《实践唯物主义的奠基之作——再读马克思〈关于费尔巴哈的提纲〉》，《东岳论丛》2006年第3期。

② 《马克思恩格斯文集》第1卷，第500页。

判性就是"人的存在的现象学"必然表达方式,即"辩证法在对现存事物的肯定的理解中同时包含对现存事物的否定的理解,即对现存事物的必然灭亡的理解;辩证法对每一种既成的形式都是从不断的运动中,因而也是从它的暂时性方面去理解;辩证法不崇拜任何的东西,按其本质来说,它是革命的和批判的"①。离开人的存在本身的生成性,辩证法的批判功能就是不可理解的,"改变世界"的品格也将失去内在的根据。就此而言,马克思哲学是真正行动的"做"的哲学。

2."改变世界"与"解释世界"在存在论层面不可通约

如果囿于认识论层面来理解,那么"解释世界"和"改变世界"之间就存在着一个"解释学"循环,即"解释世界"要以"改变世界"为基础,而"改变世界"又少不了以对世界的解释为前提。海德格尔就曾询问:"解释世界与改变世界之间是否存在着真正的对立?难道对世界的每一个解释不都已经是对世界的改变了吗?对世界的每一项解释不都预设了:解释是一种真正的思之事业吗?另一方面,对世界的每一个改变不都把一种理论前见(Vorblick)预设为工具吗?"②在认识论领域,"解释世界"与"改变世界"的确并不存在非此即彼的对立。可是一旦进入存在论层面,它们之间的视野分别就会成为非此即彼——要么"解释世界",要么"改变世界"。这是由理解"世界"的两种不同视野造成的。近代哲学将"世界"理解为外在于"人"的现成存在者,从而使"世界"本身的存在成为有待证明的问题。如此一来,为"世界"的存在做出令人信服的证明就成为哲学的使命。康德就把始终还没有人为"我们之外的物的此在"提出一种令人信服的足以扫除一切怀疑的证明这件事称为"哲学和一般人类理性的耻

① 《马克思恩格斯文集》第5卷,第22页。

② 丁耘摘译:《晚期海德格尔的三天讨论班纪要》,《哲学译丛》2001年第3期。

辱”①。而“改变世界”对哲学来说就成为遥远的、彼岸的东西。因为把“世界”当成现成存在者来理解，早已先行遮蔽了照亮世界的光，让世界变得不可通达，然后再试图由“人”来证明它的存在。于是，哲学就停留在“解释世界”的王国。“实践”作为马克思哲学的逻辑起点，其“活动……出来”的生成性使“世界”作为人的生成和敞开而成为它自己，于是就无需追问“谁生出了第一个人和自然界”。就像海德格尔所说：如果有谁还一而再再而三地期待着、尝试着这样的证明（我之外的世界存在的证明——引者注），那才真正是“哲学的耻辱”。② “实践”作为人的存在的敞开早已使哲学告别“解释世界”而来到“改变世界”的地平上。在存在论上，马克思哲学并不存在“解释世界”和“改变世界”的纠葛。它只能是“改变世界”而不是“解释世界”。

“改变世界”是“人的存在的现象学”的题中应有之义。在人的存在的敞开中，近代哲学那个似乎无解的问题——人的思维是否具有客观的真理性，也一同消解了。因为它“不是一个理论的问题，而是一个实践的问题。人应该在实践中证明自己思维的真理性，即自己思维的现实性和力量，自己思维的此岸性。关于思维——离开实践的思维——的现实性或非现实性的争论，是一个纯粹经院哲学的问题”③。张汝伦教授认为：

> 理解一个哲学家，尤其是有原创性的哲学家的适当途径，是看他对哲学的理解。一般而言，原创性哲学家之所以为原创，就是因为他们首先对现有的哲学不满，而想另辟新径。哲学上要另辟新径，必然以重新理解哲学为前提。没有对哲学的重新理解，哲学的突破或创新实际是不可能的。从柏拉图到海德格尔，哲学史上里程碑式的人物之所以是

① 参见〔德〕海德格尔著，陈嘉映、王庆节译：《存在与时间》，第234页。

② 参见〔德〕海德格尔著，陈嘉映、王庆节译：《存在与时间》，第236页。

③ 《马克思恩格斯文集》第1卷，第500页。

> 里程碑，就因为他们根本改变了哲学的面貌，带给世界一种新的哲学。他们对哲学的独特理解，决定了他们哲学的内容、方法和方向。[①]

“改变世界”就是马克思对哲学的重新理解。

① 张汝伦：《论海德格尔哲学的起点》，《复旦学报（社会科学版）》2005 年第 2 期。

结 语

马克思哲学革命究竟发生在何处？这一问题的悬而未决似乎已经成为马克思哲学研究的“耻辱”。在马克思哲学的各种阐释模式中，“实践唯物主义”迈出了关键一步，但又因“实践”之存在论意义的含混不清而裹步不前。

马克思哲学思想史资源的深度挖掘、历史意识觉醒与马克思哲学的诠释学意蕴的再体认以及《存在与时间》的问世，都为马克思哲学及其革命性的敞开提供了历史性契机。海德格尔认为：只有“在”才真正是“思”的事情。“此在”是通达存在唯一可能的在者。“此在”的本质是生存——“让存在”，正是“此在”这一存在方式使“世界”成为世界，“历史”就是“此在”的敞开。存在论只有作为现象学才是可能的。而现象作为就其自身显现其自身，意味着某种东西的别具一格的照面方式。现象学就是让人从显现的东西本身那里如它从其本身所显现的那样来看它。此在的现象学就是诠释学。

海德格尔现象学的旨趣在于为哲学找到最后的前提——人的始源存在，从而使哲学回归本己的内在性——自我决定、自我敞开。它之所以成为解蔽马克思哲学及其革命性的诱因，就在于其“观”“此在”的视野对于理解马克思“实践”概念给出的开启性。“实践”作为人的存在方式，本质上具有“活动……出来”（即在……出来）的品格。它使包括“自然”和“社会”在内的其他一切在者作为人的存在的生成和敞开前来照面。这正是其作为“人的存在的现象学”之逻辑起点的资格所在。

在马克思那里,“历史”就是“现实的个人”的生成和敞开,辩证法则是人的感性存在的生成样式。意识形态批判作为马克思哲学的历史使命,通过祛除意识形态之蔽,敞显人的本真存在。异化是人的存在之展开不得不承担的命运,它有一个历史地生成和消解的过程。共产主义是历史向着未来的不断生成。物质资料生产作为历史的世俗基础,决定了经济学作为“人的存在的现象学”的历史叙事,成为马克思哲学内在的、不可或缺的环节。

“人的存在的现象学”不仅是现象学运动的重要环节,而且具有至今不可超越的优势。这表现在它所特有的历史主义视野、人的存在的辩证法和“改变世界”的理论品格。

总之,实践“活动……出来”的品格使其成为“现实的个人”和现存感性世界的开启者;“历史”及其辩证法作为“现实的个人”向着未来的敞开,构成马克思哲学的主要内容。就此而言,“人的存在的现象学”是对马克思哲学及其革命性的本真阐释。

主要参考文献

一、著　作

1.《马克思恩格斯文集》,人民出版社 2009 年版。

2.〔德〕马克思、恩格斯:《神圣家族》,人民出版社 1958 年版。

3.〔德〕马克思:《1844 年经济学哲学手稿》,人民出版社 2000 年版。

4.〔德〕马克思:《德意志意识形态》(节选本),人民出版社 2003 年版。

5.〔德〕马克思:《资本论》,人民出版社 1975 年版。

6.《马克思恩格斯全集》第 1 卷,人民出版社 1956 年版。

7.《马克思恩格斯全集》第 2 卷,人民出版社 1957 年版。

8.《马克思恩格斯全集》第 3 卷,人民出版社 1960 年版。

9.《马克思恩格斯全集》第 19 卷,人民出版社 1963 版。

10.《马克思恩格斯全集》第 21 卷,人民出版社 1965 年版。

11.《马克思恩格斯全集》第 40 卷,人民出版社 1982 年版。

12.《马克思恩格斯全集》第 42 卷,人民出版社 1979 年版。

13.《马克思恩格斯全集》第 46 卷上册,人民出版社 1979 年版。

14.《马克思恩格斯全集》第 46 卷下册,人民出版社 1980 年版。

15.《列宁选集》,人民出版社 1995 年版。

16.〔德〕梅林著,青载繁译:《德国社会民主党史》第 1 卷,三联书店 1963 年版。

17.〔意〕葛兰西著,中央编译局编译:《葛兰西文选》,人民出版社 1992 年版。

18.〔匈〕卢卡奇著,杜章智等译:《历史与阶级意识——关于马克思主义辩证法的研究》,商务印书馆 1999 年版。

19.〔英〕戴维·麦克莱伦著,王珍译:《卡尔·马克思传》,中国人民大学出版社 2005 年版。

20.〔英〕戴维·麦克莱伦著,夏威仪等译:《马克思主义以前的马克思》,社会科学文献出版社 1992 年版。

21.〔英〕戴维·麦克莱伦著,李智译:《马克思以后的马克思主义》,中国人民大学出版社 2004 年版。

22.〔英〕戴维·麦克莱伦著,夏威仪、陈启伟、金海民译:《青年黑格尔派与马克思》,商务印书馆 1982 年版。

23.〔德〕卡尔·洛维特著,李秋零译:《从黑格尔到尼采》,三联书店 2006 年版。

24.〔波〕兹维·罗森著,王谨等译:《布鲁诺·鲍威尔和卡尔·马克思》,中国人民大学出版社 1984 版。

25.〔法〕德里达著,何一译:《马克思的幽灵》,中国人民大学出版社 1999 年版。

26.复旦大学哲学系现代西方哲学研究室编译:《西方学者论〈1844 年经济学—哲学手稿〉》,复旦大学出版社 1983 年版。

27.中国社会科学院哲学研究所马克思主义哲学史研究室《哲学译丛》编辑部编译:《马克思哲学思想研究译文集》,人民出版社 1983 年版。

28.〔苏〕尼·伊·拉宾著,马哲译:《论西方对青年马克思思想的研究》，人民出版社 1981 年版。

29.〔苏〕B. A. 马利宁、B. И. 申卡鲁克著，曾盛林译：《黑格尔左派批判分析》，社会科学文献出版社 1987 年版。

30.〔英〕伊格尔顿著，王杰等译：《美学意识形态》，广西师范大学出版社 1997 年版。

31. 李秀林、王于、李淮春主编：《辩证唯物主义和历史唯物主义原理》，中国人民大学出版社 2004 年版。

32. 高菘等主编：《马克思主义来源研究论丛》第 4 辑，商务印书馆 1983 年版。

33. 高菘等主编：《马克思主义来源研究论丛》第 5 辑，商务印书馆 1984 年版。

34. 杨金海主编：《马列主义研究资料》第 6 辑，人民出版社 1983 年版。

35. 北京大学哲学系外国哲学史教研室编译：《西方哲学原著选读》(上、下册)，商务印书馆 1982 年版。

36.〔法〕笛卡尔著，王太庆译：《谈谈方法》，商务印书馆 2000 年版。

37.〔德〕康德著，蓝公武译：《纯粹理性批判》，商务印书馆 1960 年版。

38.〔德〕黑格尔著，贺麟、王玖兴译：《精神现象学》(上、下卷)，商务印书馆 1979 年版。

39.〔德〕黑格尔著，杨一之译：《逻辑学》(上、下卷)，商务印书馆 1966 年版。

40.〔德〕黑格尔著，贺麟译：《小逻辑》，商务印书馆 1980 年版。

41.〔德〕黑格尔著，范扬、张企泰译：《法哲学原理》，商务印书馆 1961 年版。

42.〔德〕黑格尔著，王造时、谢诒徵译：《历史哲学》，商务印书馆 1936 年版。

43.〔德〕黑格尔著,贺麟、王太庆译:《哲学史讲演录》第1卷,商务印书馆1981版。

44.〔德〕黑格尔著,贺麟、王太庆译:《哲学史讲演录》第4卷,商务印书馆1978年版。

45.〔德〕费尔巴哈著,荣震华译:《基督教的本质》,商务印书馆1984年版。

46.〔德〕费尔巴哈著,荣震华等译:《费尔巴哈哲学著作选集》(上、下卷),商务印书馆1984年版。

47.〔英〕斯密著,郭大力、王亚男译:《国民财富的性质和原因的研究》(上、下卷),商务印书馆1972年版。

48.〔德〕尼采著,陈涛、周辉荣译:《历史的用途和滥用》,上海人民出版社2000年版。

49.〔德〕胡塞尔著,倪梁康译:《现象学的观念》,上海译文出版社1986年版。

50.〔德〕胡塞尔著,李幼蒸译:《纯粹现象学通论》(节选本),商务印书馆2002年版。

51.〔德〕胡塞尔著,吕祥译:《现象学与哲学的危机》,国际文化出版公司1988年版。

52.〔德〕胡塞尔著,杨富斌译:《内在时间意识现象学》,华夏出版社2000年版。

53.〔德〕胡塞尔著,张庆熊译:《欧洲科学的危机与超验现象学》,上海译文出版社2005年版。

54.〔德〕海德格尔著,陈嘉映、王庆节译:《存在与时间》,三联书店1987年版。

55.〔德〕海德格尔著,孙周兴译:《路标》,商务印书馆2000年版。

56.〔德〕海德格尔著,孙周兴译:《演讲与论文集》,三联书店2005年版。

57.〔德〕海德格尔著,孙周兴译:《在通向语言的途中》,商务印书馆 1997 年版。

58.〔德〕海德格尔著，熊伟、王庆节译：《形而上学导论》，商务印书馆 1996 年版。

59.〔德〕海德格尔著，陈小文、孙周兴：《面向思的事情》，商务印书馆 1996 年版。

60.〔德〕海德格尔著，孙周兴译：《林中路》，上海译文出版社 2004 年版。

61. M. Heidegger, *Hegel's Phenomenology of Spirit*, Indiana University Press, 1998.

62.〔奥〕维特根斯坦著，贺少甲译：《逻辑哲学论》，商务印书馆 1996 年版。

63.〔奥〕维特根斯坦著，许志强译：《文化与价值》，浙江文艺出版社 2002 年版。

64.〔奥〕维特根斯坦著，李步楼译：《哲学研究》，商务印书馆 1996 年版。

65.〔丹麦〕克尔凯戈尔著，张祥龙等译：《致死的疾病》，工人出版社 1997 年版。

66.〔丹麦〕克尔凯戈尔著，晏可佳、姚蓓琴译：《克尔凯戈尔日记选》，上海社会科学院出版社 2002 年版。

67.〔法〕萨特著，徐懋庸译：《辩证理性批判》，商务印书馆 1963 年版。

68.〔德〕伽达默尔著，夏镇平、宋建平译：《哲学解释学》，上海译文出版社 2004 年版。

69.〔美〕保罗·蒂里希著，何光沪选编：《蒂里希选集》上卷，三联书店 1999 年版。

70.〔美〕赫伯特·施皮格伯格著，王炳文、张金言译：《现象学运动》，商务印书馆 1995 年版。

71. 张世英主编：《新黑格尔主义论著选辑》（上、下卷），商务印书馆 1997 年版。

72.〔美〕W.考夫曼编,陈鼓应、孟祥森、刘琦译:《存在主义》,商务印书馆1987年版。

73.〔法〕华尔著,马清槐译:《存在主义简史》,商务印书馆1962年版。

74.〔美〕M.怀特编著,杜任之主译:《分析的时代》,商务印书馆1981年版。

75.倪梁康编:《面对实事本身——现象学经典文选》,东方出版社2000年版。

76.洪汉鼎编:《理解与解释——诠释学经典文选》,东方出版社2001年版。

77.郑昕:《康德学述》,商务印书馆1984年版。

78.〔英〕芬德莱著,杨寿堪等编译:《黑格尔之谜》,北京师范大学出版社1988年版。

79.王元化:《读黑格尔》,新星出版社2006年版。

80.洪汉鼎:《诠释学——它的历史和当代发展》,人民出版社2001年版。

81.洪汉鼎:《现象学十四讲》,人民出版社2008年版。

82.叶秀山:《思·史·诗》,人民出版社1988年版。

83.张世英:《论黑格尔的逻辑学》,上海人民出版社1959年版。

84.张世英:《自我实现的历程——解读黑格尔〈精神现象学〉》,山东人民出版社2001年版。

85.张祥龙:《朝向事情本身》,团结出版社2003年版。

86.谢遐龄:《文化:走向超逻辑的研究》,山东文艺出版社1989年版。

87.赵敦华:《西方哲学简史》,北京大学出版社2001年版。

88.黄克剑:《人韵——一种对马克思的解读》,东方出版社1996年版。

89.赵鑫珊:《科学·艺术·哲学断想》,三联书店1985

年版。

90. 周国平:《尼采与形而上学》,湖南教育出版社 1990 年版。

91. 王炜:《王炜学术文集》,上海译文出版社 2006 年版。

92. 邓晓芒:《思辨的张力——黑格尔辩证法探析》,湖南教育出版社 1992 年版。

93. 邓晓芒:《实践唯物论新解:开出现象学之维》,武汉大学出版社 2007 年版。

94. 邓晓芒:《黑格尔辩证法讲演录》,北京大学出版社 2005 年版。

95. 张一兵:《马克思历史辩证法的主体向度》,河南人民出版社 1995 年版。

96. 俞吾金:《重新理解马克思——对马克思哲学的基础理论和当代意义的反思》,北京大学出版社 2005 年版。

97. 张志扬:《门——一个不得其门而入者的记录》,同济大学出版社 2004 年版。

98. 周国平:《尼采:在世纪的转折点上》,上海人民出版社 1986 年版。

99. 何中华:《哲学:走向本体澄明之境》,山东人民出版社 2002 年版。

100. 鲁鹏:《制度与发展关系研究》,人民出版社 2002 年版。

101. 姜涌:《政治文化简论》,山东大学出版社 2000 年版。

102. 商逾:《马克思历史决定论及其历史命运》,山东大学出版社 2003 年版。

103. 杨适:《马克思〈经济学—哲学手稿〉述评》,人民出版社 1982 年版。

104. 刘永佶:《马克思经济学手稿的方法论》,河南人民出版社 1993 年版。

105. 张一兵:《马克思历史辩证法的主体向度》,河南人民出版社 1995 年版。

106. 中国社会科学院哲学研究所西方哲学研究室编:《论康德黑格尔哲学》,上海人民出版社 1981 年版。

107. 吴晓明:《形而上学的没落——马克思与费尔巴哈关系的当代解读》,人民出版社 2006 年版。

108. 王东:《马克思学新奠基——马克思哲学新解读方法论导言》,北京大学出版社 2006 年版。

109. 张一兵:《回到马克思——经济学语境中的哲学话语》,江苏人民出版社 1999 年版。

110. 靳希平、吴增定编著:《十九世纪德国非主流哲学——现象学史前史札记》,北京大学出版社 2004 年版。

111. 吴晓明:《思入时代的深处——马克思哲学与当代世界》,北京师范大学出版社 2006 年版。

112. 湖北大学哲学研究所、《德国哲学》编委会编:《德国哲学论文集》第 16 辑,北京大学出版社 1997 年版。

113. 湖北大学哲学研究所、《德国哲学》编委会编:《德国哲学论文集》第 12 辑,北京大学出版社 1992 年版。

114. 中国人民解放军总参谋部政治部编:《现代外国哲学思潮评论讲座》,军事谊文出版社 1985 年版。

115. 洪汉鼎、傅永军主编:《中国诠释学》第 4 辑,山东人民出版社 2007 年版。

116. 熊伟:《自由的真谛——熊伟文集》,中央编译出版社 1997 年版。

117. 佘碧平:《梅罗-庞蒂历史现象学研究》,复旦大学出版社 2007 年版。

118. 涂成林:《现象学运动的历史使命》,中央编译出版社 2007 年版。

119. 刘永佶:《主体辩证法》,中国经济出版社 2004 年版。

120. 倪梁康等编著:《中国现象学与哲学评论》第 1 辑,上海译文出版社 1995 年版。

121. 张志扬:《偶在论谱系》,复旦大学出版社 2010 年版。

122. 毛韵泽:《葛兰西——政治家、囚徒和理论家》,求实出版社 1987 年版。

二、论 文

1. 何中华:《实践唯物主义的奠基之作——再读马克思〈关于费尔巴哈的提纲〉》,《东岳论丛》2006 年第 3 期。

2. 何中华:《实践、辩证法与马克思主义哲学新诠》,《学术月刊》1996 年第 11 期。

3. 何中华:《重读马克思:可能性及其限度》,《山东社会科学》2004 年第 11 期。

4. 何中华:《"人学与哲学":一个再思考》,《江海学刊》1997 年第 3 期。

5. 何中华:《马克思哲学的超验性维度之我见》,《山东社会科学》2003 年第 4 期。

6. 何中华:《马克思实践本体论:一个再辩护》,《学习与探索》2007 年第 2 期。

7. 何中华:《近年来国内哲学研究状况检讨——一个有限的观察和评论》,《文史哲》2007 年第 3 期。

8. 王德峰:《论马克思哲学对现象学原则的包含与超越》,《复旦学报(社科版)》1997 年第 5 期。

9. 王德峰:《海德格尔与马克思:在历史之思中相遇——论历史唯物主义的存在论境域》,《天津社会科学》1999 年第 6 期。

10. 森原:《巴赫金:在现象学与马克思主义之间——评伯纳德·唐纳尔斯的新作》,《国外文学》1997 年第 1 期。

11. 戴茂堂:《马克思美学的现象学解读》,《湖北大学学报(哲社版)》1998 年第 1 期。

12. 黄克剑:《现象学旨趣辨略》,《哲学研究》1998 年第 8 期。

13. 张溟久:《马克思的历史现象学和经济学批判》,《江苏社会科学》1999 年第 2 期。

14. 张一兵:《从精神现象学到人学现象学——析青年马克思〈1844 年手稿〉中对黑格尔的批判》,《社会科学研究》1999 年第 2 期。

15. 张一兵:《思辨天国与现实大地之隐秘谱系——黑格尔哲学与古典经济学关系之解蔽》,《张一兵自选集》,广西师范大学出版社 1999 年版。

16. 张一兵:《似自然性:社会历史发展异在为自然过程的特殊历史状态》,《张一兵自选集》,广西师范大学出版社 1999 年版。

17. 张一兵:《物役性:马克思哲学新视域中的科学批判话语》,《张一兵自选集》,广西师范大学出版社 1999 年版。

18. 张一兵:《论哲学创新的前提》,《张一兵自选集》,广西师范大学出版社 1999 年版。

19. 张一兵:《〈资本论〉:一种历史现象学的成熟表述》,《社会科学战线》1999 年第 3 期。

20. 张亮:《〈精神现象学〉的使命和体系:一个再考察》,《理论探讨》1999 年第 3 期。

21. 邓晓芒:《论先验现象学与黑格尔辩证法的差异》,《江苏社会科学》1999 年第 6 期。

22. 邓晓芒:《马克思的人学现象学思想》,《江海学刊》1996 年第 3 期。

23. 夏凡:《"历史现象学"背后的隐性人本主义逻辑》,《南京社会科学》2005 年第 2 期。

24. 俞吾金:《论马克思对德国古典哲学遗产的解读》,《中国社会科学》2006 年第 2 期。

25. 俞吾金:《重新认识马克思的哲学与黑格尔哲学的关系》,《哲学研究》1995 年第 3 期。

26. 俞吾金:《现代性现象学》,《江海学刊》2003 年 1～2 期。

27. 赵敦华:《研究马克思哲学与西方哲学的"正本清源"方案》,《学术研究》2006 年第 3 期。

28. 吴晓明:《重估马克思哲学革命的性质和意义》,《新哲学》第 4 辑,大象出版社 2005 年版。

29. 亚・沙夫:《马克思论异化》,《马克思哲学思想研究译文集》,人民出版社 1983 年版。

30. D. 温科:《论西方关于异化概念的使用》,《哲学译丛》1980 年第 5 期。

31. 黑尔德:《胡塞尔与海德格尔的"本真"时间现象学》,《中国现象学与哲学评论(第 6 辑)艺术现象学与时间意识现象学》,上海译文出版社 2004 版。

32. 海德格尔:《现象学的基本问题导论》(摘译),《文艺理论研究》1998 年第 3 期。

33. 倪梁康:《现象学运动的基本意义》,《中国社会科学》2000 年第 4 期。

34. 孙向晨:《现象学,抑或犹太哲学? ——对莱维纳斯哲学犹太性的探讨》,《哲学研究》2001 年第 1 期。

35. 伊・费切尔:《马克思主义和黑格尔的关系》,《马列主义研究资料》1984 年第 5 辑,人民出版社 1984 年版。

36. 路・阿尔都塞:《马克思与黑格尔的关系》,《马列主义研究资料》1984 年第 5 辑,人民出版社 1984 年版。

37. 吴晓明:《马克思的哲学革命与全部形而上学的终结》,《江苏社会科学》2000 年第 6 期。

38. 张世英:《现象学口号"面向事情本身"的源头——黑格尔的〈精神现象学〉——黑格尔与胡塞尔的一点对照》,《江海学刊》2007 年第 2 期。

39. R. J. 安德森:《现象学》,《哲学译丛》1990 年第 2 期。

40. 张祥龙:《海德格的现象学起点》,《哲学译丛》1993 年第 10 期。

41. 何中华:《实践本体论被证伪了吗?——答孙亮先生》,《东岳论丛》2008 年第 1 期。

42. 仰海峰:《重读葛兰西》,《中国图书评论》2008 年第 1 期

43. 丁耘摘译:《晚期海德格尔的三天讨论班纪要》,《哲学译丛》2001 年第 3 期。

44. 仰海峰:《〈精神现象学〉中的主人—奴隶的辩证法——科耶夫〈黑格尔导读〉的核心理念》,《现代哲学》2007 年第 3 期。

45. 王雨辰:《论马尔库塞的马克思主义哲学观》,《山东社会科学》2008 年第 3 期。

46. 卜祥记:《"青年黑格尔派与马克思哲学革命"研究的回顾与展望》,《上海行政学院学报》2005 年第 1 期。

47. 张汝伦:《论海德格尔哲学的起点》,《复旦学报(社会科学版)》2005 年第 2 期。

48. 张蓬:《马克思哲学的历史存在论意义》,《河北学刊》2005 年第 6 期。

49. 吴仁平:《论实践的泛化及其理论困难》,《求实》2005 年第 11 期。

50. 旷三平:《马克思哲学:思维方式变革与本体论重建》,《人文杂志》2003 年第 2 期。

后 记

这本小册子是在我的博士毕业论文的基础上扩充而成的。孕育于西方哲学传统的马克思哲学，可以也必须从多种视野和路向加以解读和阐释。其中，马克思哲学和现象学之间的内在关联就值得认真研究。本书在借鉴前辈成果的基础上，试图将马克思哲学阐释为人的存在的现象学。由于我自身功力不足，浅薄和不当之处，敬请读者批判。

在本书撰写和修改的过程中，我的导师何中华教授在资料的发掘、思路的开拓以及谋篇布局等方面给予我诸多帮助。可以说，这本书凝结着何老师的殷切关怀和期冀。在本书的出版过程中，山东大学出版社的编辑陈海军、张瑞老师及其同事们提供了鼎力支持。本书得以付梓还有赖于山东省委党校的领导和同事们，特别是科研处的同志们的支持和帮助。在此，一并表示感谢！

孙成竹

2018 年夏于济南

图书在版编目(CIP)数据

马克思哲学:人的存在的现象学/孙成竹著.
—济南:山东大学出版社,2018.8
ISBN 978-7-5607-6132-9

Ⅰ.①马… Ⅱ.①孙… Ⅲ.①马克思主义哲学—研究
Ⅳ.①B0-0

中国版本图书馆 CIP 数据核字(2018)第 195189 号

责任编辑:张　瑞
封面设计:牛　钧

出版发行:山东大学出版社
社　址　山东省济南市山大南路 20 号
邮　编　250100
电　话　市场部(0531)88363008
经　　销:山东省新华书店
印　　刷:济南景升印业有限公司
规　　格:880 毫米×1230 毫米　1/32
8.25 印张　212 千字
版　　次:2018 年 8 月第 1 版
印　　次:2018 年 8 月第 1 次印刷
定　　价:39.00 元
